モスコウィッツ博士の
ものづくり実験室
「心 の 中 の 商 品」を 作 ろ う !

著
ハワード・モスコウィッツ
アレックス・ゴフマン

訳
渡部 典子

英治出版

モスコウィッツ博士の
ものづくり実験室

「心の中の商品」を作ろう！

ハワード・モスコウィッツ
アレックス・ゴフマン ［著］

渡部典子 ［訳］

SELLING BLUE ELEPHANTS
How to Make Great Products that People Want
Before They Even Know They Want Them

by

Howard Moskowitz and Alex Gofman

Copyright © 2007 by Pearson Education, Inc.
Publishing as Wharton School Publishing
Upper Saddle River, New Jersey 07458
Japanese translation rights arranged with
PEARSON EDUCATION, INC.
publishing as Wharton School Publishing
through Japan UNI Agency, Inc., Tokyo.

モスコウィッツ博士の
ものづくり実験室──目次

SELLING BLUE ELEPHANTS
HOW TO MAKE GREAT PRODUCTS THAT PEOPLE WANT
BEFORE THEY EVEN KNOW THEY WANT THEM

モスコウィッツ博士の ものづくり実験室
「心の中の商品」を作ろう！

序章 実験と学習の文化を生み出す RDE 9
ドクター・スースの絵本に見るビジネスの知恵 10
RDE とは何か 12
■コラム：RDE のルーツ 15
なぜ RDE なのか 17
フォックス・ハンティングとビジネス 19
企業は実は RDE を使っている 21
RDE でイノベーションを 24

●第 1 部　科学的アプローチで収益を生む

第 1 章 ヒューレット・パッカードのギアシフト 27
ヒューレット・パッカードの試行錯誤 29
明らかになった 2 つのコンセプト 33

第 2 章 マックスウェルハウスのコーヒー算 37
マックスウェルハウスの挑戦——おいしさとブランド力の向上 39
■コラム：コーヒーのロマン 39
現代のコーヒー事情——ロマンから白衣の科学者へ 40
収益性を高めるより良いブランド 42
マックスウェルハウスがとったプロセス 44
幸せになれるコーヒーの発見 54

第3章 おいしい製品を「呼び出す」： ブラシックとプレゴの大発見 57

- ■コラム：ピクルスの歴史　58
- ピクルスの棚に顧客を呼ぼう　61
- パスタソースでお気に召すまま　64
- ■コラム：トマトは庭を飾るもの？　64
- 規律的なアプローチの意義　72
- 失敗は成功の母　73
- ■コラム：パスタソースとiPodの共通点　74

第4章 顧客に気前よく支払ってもらう方法　79

- 香港で新しいクレジットカードを立ち上げよ　81
- HSBCの必勝サービス　82
- ■コラム：技術面の補足情報　87
- 母の日に贈る宝石の購買単価を上げる　90
- 科学的アプローチでジュエリーのカタログを作る　92
- 適切なメッセージの重要性　95

第5章 競合企業のことは当人よりも知っている　99

- イージンは競合情報の宝庫　101
- イージンを解剖する　103
- ■コラム：技術面の補足情報2　108
- 10代の若者は何を考えているのか　111
- 月並みの結果であれば異なるマインドセットを探せ　114
- ナレッジから新しい創造へ　114

●第2部　RDEで新しい未来を切り開く

第6章　家電製品のイノベーション　119

組み合わせを用いたR&Dの手法　123
アバカスの合理化された発明プロセス　125
戦略から製品仕様へ　126
■コラム：コンセプトの不完備性　129
新製品「ゲームスター」の作り方　133
相乗効果が生まれるアイディア　134
組み合わせで勝率を上げる　136

第7章　デザインと技術を結びつける　139

日曜大工派向け雑誌の表紙　143
■コラム：ビジュアル上の空白部分を補う　144
レイヤー構造のデザインを利用　147
反応時間で評価する　149
注目される表紙を作る　153
3D画像もお手のもの　154
プレッツェルのパッケージ　155
シャンプーのパッケージ　158
■コラム：RDEは「芸術王国」でも通用するか　160
芸術と技術の結婚　161

●第3部　未知なる宇宙へ旅立とう

第8章　マインド・ゲノミクス：顧客マインドに注目せよ　165

マインド・ゲノミクスを用いたデータベース　168
RDEでデータベースを作る　170
30製品をカバーするバイ・イット！データベース　175
データベースから得たインサイト　177
チーズケーキを食べたいと思わせる秘訣　185
■コラム：アメリカ人の大好物　189
データベースのライブラリ構想　190

第9章 大統領と世論を「商品」として扱う 193

商品としての大統領　195
大統領になるためにケリーは何を言うべきか　199
公共部門のマインドを探れ　205

第10章 マーフィーの法則と株式市場への挑戦 213

企業PRと世論の把握　216
ウォール街の法則　221
行動経済学とバイオックスの実験　222
立場が変われば同じメッセージへの反応も変わる　227
投資家やファンドマネジャーの新しい武器　229

第11章 アジア・コーリング社：中国を視野に入れよ 233

RDEが中国で成功する8つの理由　235

第12章 RDEが導く新世界へと踏み出そう 243

RDEに関するQ&A　244

エピローグ　248

謝辞　250

訳者あとがき　252

INTRODUCTION

序章

実験と学習の文化を生み出すRDE

ドクター・スースの絵本に見るビジネスの知恵

　果敢な開発やマーケティングで知られる「革命的食品」といえば、ドクター・スース*の絵本 *Green Eggs and Ham* に出てくる緑色の目玉焼きとハムだろう[(1)]。

　物語は、無愛想な客がのんびりと新聞を読んでいるシーンで始まる。主人公のサム（Sam-I-am）はさまざまな戦略を駆使して自作の「緑色の目玉焼きとハム」という革命的な製品を食べさせようとするが、その都度、自分の好みではないと客に断わられてしまう。

　サムは電車や車の中で勧めてみたり、木陰のピクニックに誘ったりと、行き当たりばったりにアイディアを試すが、どれもうまくいかない。「ホームメード」という表現を使ったり、パッケージを変更してネズミやキツネとの友好的な会食を提案したりするが、客は耳を貸そうともしない。サムはついに鋭いインサイト（洞察）を得て、暗闇の中で色のどぎつさを和らげようとするが、その時は手遅れだ。顧客は「嫌だ」「はた迷惑だ」という思いを募らせてしまっていた。

　サムはマーケターであり新製品の開発者であり、世の優秀なセールスマンと同じように、エネルギーと情熱にあふれている。しかし、手を尽くしても実を結ばなければ、そのうち試行錯誤の連続にうんざりするだろう。特に生産的でもなく、つらいことばかりで、高くつくことさえある。どこかで聞いたことのある話ではないだろうか。

　スースの物語では、サムは最終的に売り込みに成功し、顧客は大満足してハッピーエンドとなる。しかし、場当たり的なトライアル・アンド・エラー（試行錯誤）のアプローチはなんとも効率が悪い。しつこく粘っているうちに、サムは顧客の反感を買いかねなかった。そうなれば、顧客はその製品に強い拒絶反応を示すだけでなく、サムが扱うブランドをすべて拒むようになったかもしれない。

何が問題なのだろう。サムは最善を尽くしてきたし、よく行われている戦略に愚直に従ってきた。つまり、「場当たり的で無作為に見える実験」を通して、販売の方程式を見つけようとしてきた。しかし、マーケティング目標を実現するために、多大なエネルギーを費やし、とんでもなく遠回りをしたのだから、決して大成功とはいえない。サムに欠けている重要な要素は、実験における計画性だ——もっと正確に言うと、計画性がまったくないことが問題なのだ。

　さて、ここで本書の各章末に登場する人物、アリソンについて紹介しよう。彼女は最近 MBA を取得したばかりの野心的な起業家だ。サムにすっかり心酔し、彼の経験を見習いながら、緑の卵以上に革命的な製品を市場に投入しようと意気込んでいる。熾烈な競争が繰り広げられる卵製品の市場で、アリソンはどのようにイノベーティブな食品の開発や拡販に取り組んでいくのだろうか。

　アリソンは無作為で場当たり的なアプローチの代わりに「法則開発実験法（RDE: Rule Developing Experimentation）」を最大限に活用する。各章末で紹介するアリソンの歩みを通して、厳しい競争環境の中で、新しい開発ツールがサム以上の成果を、つまり、より少ない労力でより多くの成功をもたらすことがわかることだろう。アリソンは実際に RDE が迅速な製品開発、マーケティング、販売などに役立つことを学んでいく。RDE を使えば、「青い象を売る」というような奇抜なアイディアでさえ現実味を帯びてくるのだ！

---

1) Dr. Seuss, *Green Eggs and Ham* (Random House: New York, 1976). ルイス・メナードによると("Cat People: What Dr. Seuss Really Taught Us?", *The New Yorker*, 23 and 30 December 2002)、児童書（ハードカバー部門）のベストセラー第 4 位を維持している本である。この本が執筆されたのは、セオドア・ガイゼル（スースの本名）と出版社のベネット・サーフが 50 単語以内で本を書けるかどうかの賭けをしたことがきっかけだ。スースは 49 の一音節単語を使って書き上げ、この賭けに勝った。サーフはうまく立ち回ったようだ。「サーフは賭け金を 1 セントも支払わなかった」とスースは書き残している。

★ アメリカの絵本作家。1904 〜 1991 年。

RDEとは何か

　RDEは計画的な実験を用いたソリューション（解決策）志向のビジネスプロセスで、アイディア、パッケージ、製品、サービスの代替案について一定の方法で設計、試験、修正を行う。たとえ顧客が自分のニーズやソリューションをはっきりと自覚していない場合でも、開発者やマーケターは顧客が魅力を感じるものを見つけ出せる。

　たとえば、銀行で新しいクレジットカードの立ち上げという業務を与えられたとしよう。無数にある類似品から、自社の新製品を選んでもらうには、どうすればよいのか。

　この場合、マーケターは「対象顧客層を調査しよう」と考える。お客様はどんなクレジットカードのサービスなら採用してくれるだろうか。たとえば、年利、特典、年会費、外見、名前などについて、お客様の好みを聞いてみようか……。

　これは一見すると、顧客インサイトを獲得しイノベーションを導くための思慮深い方法のようだ。実際に、非常に多くの顧客調査は依然としてこのやり方で行われている。そして、その結果は予想に違わず、非常に予測しやすい。顧客が望むのは年利0％、年会費なし、手数料なしのサービスだ。もちろん、有意義で豪華な特典がたくさんあって、すぐに当たったりプレゼントがもらえるものがいい。なんとも「インサイトに富む」発見だ。

　しかし、これは果たして実現可能だろうか。この結果に基づいて意思決定はできるのだろうか。ここから、実務で活用してより良い結果をもたらすような法則を見つけ出せるのか。これらのソリューションを提供するだけのゆとりはあるのだろうか。

　さらに難しいのは、顧客が自分のニーズやウォンツを正確に把握していないケースが多いことだ。フォーカスグループ*を用いた調査をすればするほど、開発者やマーケターは最善を尽くしているにもかか

わらず往々にして行き詰まってしまう。

　しかし、クレジットカードの特徴であれ、ソフトドリンクの甘味料であれ、パッケージの色や絵であれ、特別な広告メッセージであれ、開発者やマーケターが顧客の興味を喚起する要因を見極めて実験的に探索すれば、ソリューションはすぐに明らかになる。顧客に「計画的に設計された」プロトタイプをいくつか提示したり試してもらい、どれが好きか、どれが嫌いか、違いのない部分はどこかを語ってもらう。それによって、どの特徴（あるいは、オプションや構成要素）が有効かということが魔法のように見て取れる。これが、成功へと導く法則のつくり方だ。そうした特徴を最適な形で組み合わせれば、実際に顧客にそれを試してもらわなくても、新しい売れ筋商品やサービスを開発することができる。本書ではこれから多数の事例を紹介しながら、この簡単で体系的なプロセスを紹介していく。

　タイプの違うRDEの調査でも、そのプロセスは驚くほど似ている。次のような正攻法のステップを踏んでいけばよい。

　　❶**問題について考え、対象製品の特徴をいくつか特定する**。たとえばソフトドリンクの原材料なら砂糖の量や酸味の度合いが、クレジットカードでは年会費、年利、特典などの特徴が、RDEで用いる変数となる。変数（特徴とするアイディア）の値を変えることで、何種類かのオプションが導き出される。飲料の場合、砂糖の量が6単位、8単位、10単位、クレジットカードなら年率0%、4%、9.99%、15%、21.99%というように。

　　つまり、最初のステップは下調べをして問題を構造化することだ。これは最も難しい作業で、専門知識を持つ人々の腕の見せ所となる。このステップの重要性は、「ガーベッジ・イン・ガーベッジ・アウト（ゴミを入れればゴミしか出てこない）」の原則を思い出してみればわかるだろう。ただ幸いなことに、このステップを踏むことによって、消費者テストにかけるためのアイディア箱に多数のアイディアを

★　市場調査の手法の1つ。対象者を5〜8人程度集めて、インタビューや討議を行う。

溜め込むことができる。この作業が終われば、プロセスの残りの部分はある程度自動的に進むので、苦しさは軽減する。

❷実験計画法（要素を統合するための概要）[2] に基づいて要素の混合やマッチングを行い、プロトタイプを生成する。このステップは通常、回答者ごとに個別設計プログラムによって自動的に行われる。回答者ごとに個別の効用モデル（プロトタイプやテストサンプル）が用意される。

❸顧客にプロトタイプを提示し（製品の場合は試してもらい）、その反応（購買意向、好き嫌い、そのアイディアへの関心の有無など）を見る。第3のステップは通常、自動化されたインターネット調査か、会場での味覚テストという形で行われる。

❹回帰分析により結果を分析する（個別モデルの構築）。[3] 実験計画法は魔法のように、顧客がつけたスコア（選好度）に個々の要素がそれぞれどのように寄与しているかを示し、選好の度合い（高低）を評価する。言い換えると、回答者がすべての要素をどう受けとめているかがこの分析でわかる。この分析は自動的に行われ、調査後すぐにRDEのツールが新製品の構成要素を示す効用表（各要素のスコア表）を作成する。

❺最適化する。最適な製品やアイディアを発見するためには、効用の合計が最も大きくなる最適な組み合わせを見つければよい。これも通常は自動的なプロセスで行われるので、とても簡単だ！

❻類似パターンの効用から態度に基づくセグメントを特定する。セグメント（同じタイプの人々の集団）は自然発生的なもので、人口動態や社会的な観点からのセグメンテーションを補う。態度に基づくセグメントを使って法則を導き出すことで、新製品やサービスの受容度は10〜50％以上高まる。特定の対象者向けにとびきり優れた製品を作り出せるので、「万人向けでそれなりに良い平均的な製品」で終わってしまう懸念はなくなる。この作業も自動的なプロセスで行われる。

❼**導き出された法則を適用して、新製品やサービスを作る。**クレジットカードをバリュー志向の中年顧客向けに最適化したいなら、ツールのパラメーターに入力するだけで最適な組み合わせがわかる。若手プロフェッショナル向けにクレジットカードを提供する場合も、すでにデータが手元にあるので、ただ望むように入力すれば、すぐに法則を導き出せる。[4] このステップは使っているときが一番楽しい。

　RDE は、特定要素が顧客の受容や拒絶にどう影響するかを明らかにし、そこから得られる知識を通して、市場での成功へと導いてくれる。しかも、仮説としての提案を示すというよりも、ビジネス上するべきことを指示してくれるのだ。プロセスの初期段階で方向性がまったく見えないときでも、RDE は実行可能な法則（指示）を導き出す。その法則はものごとがどう機能するかを示し、持続的な競争優位の源泉となりうる。

RDE のルーツ

　RDE の起源をたどってみよう。RDE には実験心理学やビジネスの実用主義の要素、社会科学の新分野のビジョンに満ちあふれた、興味深い歴史がある。

❶実験心理学のツール

　RDE は、知見と行動は相互に関係するという認識に基づいている。たとえば、ペプシコーラの甘味料を増やせば、甘みが増す。すると顧客の味の好みも変化して、より甘いペプシを好むようになる。最適なペプシを作る戦略の1つは、甘味料のレベルを変えて、甘さと選好度を測定し、選好度が最高あるいは最適レベルに達するポイントを探すことだ。これが RDE の簡単な例である。RDE では、刺激を変えて反応を測定してパターンや法則を見つけ、製品を作り出す。それがうまくいけば、市場で過去の実績以上の成果が上げられる。このように、

---

2) 詳細は第4章を参照。
3) シンプルなテストでは、ステップ4～6は1ステップとして扱われることが多い。
4) たとえば、第4章に取り上げたクレジットカードの事例では、新規顧客獲得数が2倍以上に増えた。

RDEは実験心理学の一分野と言えるだろう。

❷ビジネスの原動力

ビジネスでは多くの場合、製品をつくり、サービスを提供して、利益を獲得しようとする。競争が増してくると、提供する製品やサービスに「新しさ（少なくとも、新しいアイディアとして認められること）」、「（購入者にとって）より良いこと」、「収益性（全コストを吸収できた状態でその日を終えること）」が備わっていれば良い状態を保てる。

話術に長け、独自路線を行く、真に才能に恵まれた人であれば、製品やビジネスに関するメッセージを正確に推測できるかもしれないが、そうした幸運な預言者は1%程度にすぎない。残りの99%の人は、世の中の動きを知り、より良いものを安く提供し、常に迅速に行動するための法則を心得ておいたほうが、ビジネスはうまくいく。

RDEが導き出す法則は、味を良くするための勝利の配合、顧客の心をつかむメッセージ、より良いパッケージ、棚からすぐになくなる人気雑誌などを生み出す方法を教えてくれる。RDEはそれぞれの課題に応じて最適な方法をとる。プロセスに要する時間は年単位ではなく、何日かで済み、ほんの数時間で結果が得られることもある。こうしたスピードと正確さはビジネス上とても有意義だ。

❸社会科学の世界観

法則を導くという明示的な目的で行う社会科学の正式な実験は、まだ始まったばかりだ。心理学者やビジネスマンの実験という形では、ほとんど何も行われていない。しかし、RDEは適応実験あるいは適応管理と呼ばれる分野に関係している[5]。

適応実験では、次のステップへと進むために試行錯誤とフィードバックを用いながら、環境や社会問題に対する答えを見つけようとする。プロセスの各ステップでは、研究者はデータを見て、起こりそうなパターンの識別を試み、状況を適応させていく。環境、理論科学、社会学などの分野で行われる長期に及ぶ大がかりな適応実験の一大プロジェクトは世間に公表されることも多い。適応実験では法則は導き出されないが、実験プロセスを通して有効な解決策を探っていく。限られたステップの単純な経験的システムでは定義できず、一定の時間

枠にも収まらない。

実験的方法を用いて市民のマインドの方程式を理解しようとする点で、RDE は社会科学に含まれる。

RDE は新しいアイディアではない。その一部は以前から行われていたが、定着には時間がかかった。RDE はある意味で、わかりきった決まり文句のようなものだ。

- 「宿題をしなさい。そうすれば、2 年生になれますよ」と母親がよく子供に言い聞かせるように、すべての親はこの単純な真実を理解している。

- ほとんどの農業関係者はアイルランドの有名な諺「農夫の足跡は一番の肥やし」に多くの真実が含まれていることを知っている。

なぜ RDE なのか

RDE が他の実験分野から発展してきた背景には、企業が競争環境の性格を認識して、もっと進歩しなくてはならないと悟り、一定の方法論に基づく開発の価値を認識しはじめたことがある。

ヒューレット・パッカードは数年前、自社製品が競合製品よりも同等あるいは勝っているにもかかわらず、市場での自社の地位を侵食され続けていた。そこで、経営陣はマーケティング戦略を見直し、根拠に基づいた意思決定システムを構築しようと決心した。RDE はヒューレット・パッカードの再建の一助となった（第 1 章を参照）。

5) 米マーケティング協会のマーケティング用語辞典では、適応実験（Adaptive Experimentation）についてこう記述されている。「経験的に市場の反応機能を確立する継続的な実験を使った経営上の意思決定手法（哲学）。ダイレクト・マーケティングでは一般的に、広告などのマーケティング・ミックスの変数に適応実験が利用されている。実験は、テストの際に必要な変数、結果の測定コスト、非最適項目を選択したときの機会損失、基礎となる戦略への自信をもたらす」（資料：www.marketingpower.com）

キャンベル・スープの「プレゴ」の場合、おいしいパスタソースを作ることが目標だった。優れた RDE 戦略に則って、ソースをおいしくする材料を体系的に探索すれば、すぐにすばらしい新製品が作り出せる（第 2 章と第 3 章を参照）。

　女性にとって安心感があり、目立ちすぎない、使い捨てタンポン用のメッセージ作りという非常に難しい目標にも、RDE は役に立つ。コンピュータ、クレジットカード、自動車など、RDE はどんなメッセージでもあらゆる側面から簡単に最適化する（第 4 章を参照）。

　RDE はすぐ売り切れになる冷凍食品用パッケージの制作にも使える。RDE はデザインの世界でも受容されつつあり、売上の増加に役立っている（第 7 章を参照）。もちろん RDE が、デザイン、コミュニケーション、製品開発などの専門性が求められる部分で芸術的なスキルを代替するわけではない。発見や開発のプロセスを体系化しているところに価値があるのだ。

　継続的なイノベーション、政治や社会、株式市場などの分野でも、RDE は同じように有効である（第 6 章、第 10 章、第 11 章を参照）。

　ここまで読まれた方は、「RDE は良さそうだが、使いこなすためには統計学、心理学、社会学の博士号が必要ではないか」「難解な長い公式を熟知しなくてはいけないのではないか」と思うかもしれない。RDE の手法が生み出されたばかりの頃はおそらくそうだったが、現在はその必要はまったくない。

　かつて自動車を運転するためには、内部にあるエンジン、トランスミッションといった複雑な機構を詳しく知り、車の修理も自分でやる必要があった。やがて、自動車を運転する人が増えると、（技術進歩も多分に影響しているが）車は使いやすいものへと進化していった。その結果、より多くの人々が運転できるようになった。現在、自動車を運転する人の中で、トランスミッションの配置を知っている人がどのくらいいるだろうか。

RDEもそれと同じだ。最高学歴の人々が発明・設計したものが、いまやビジネスパーソンの手でパソコンと同じくらい簡単に利用できるようになった。熾烈な競争に生き残るための持続的な基盤として、RDEを活用する企業が増えているが、それは新しく使いやすくなったツールとして注目されたからだ。マルコム・グラッドウェル[6]の言葉を借りれば、RDEはティッピング・ポイント★に達したのである。

フォックス・ハンティングとビジネス

フォックス・ハンティング[7]はアマチュア無線家の間で人気の競技で、無線方向探知機を使って隠れている「キツネ（無線送信機）を狩り出す（探す）」というものだ。

この競技で身につくスキルは、洞察力のあるビジネスリーダーや製品開発者にも非常に役立つのではないかと、私たちは考えている。たとえば、有能なフォックス・ハンターは「キツネ」を素早く簡単に見つけられる。ビジネスでも、「キツネ」に相当する製品を簡単に見つける方法はあるのだろうか。

フォックス・ハンティングで使う技術は非常に単純だ。ハンターは大きなアンテナのついた受信機を持って、アンテナの方向を頼りに動く。アンテナの微妙な傾きによって信号の強さが変わるので（アンテナは非常に選択的で、ごく狭い範囲しかとらえられない）、絶えずアンテナの向きを変えて、それに合わせて動かなくてはならない。うまく動ければ、ハンターはその都度ターゲットに近づける。間違ったステップを踏めば、勝利はより早く正しい方角を探り当てたライバルの手に渡ってしまう。

狩りの変数の1つは、5つの送信機がそれぞれ1分間ずつ順番に

---

6) Malcolm Gladwell, *The Tipping Point* (Little, Brown and Company: Boston, 2000). マルコム・グラッドウェル著『ティッピング・ポイント――いかにして「小さな変化」が「大きな変化」を生み出すか』（高橋啓訳、飛鳥新社、2000年）
7) "What Is T-Hunting and ARDF"; www.home.att.net/~wb8wfk. html
★ あるアイディアや流行もしくは社会的行動が敷居を越えて一気に流れ出し、野火のように広がる劇的瞬間

送る信号だ。目標は、すべての送信機を制限時間内になるべく早く見つけ出すこと。ハンターは有効な戦略を立てて、次々と戦略上の決定を下す必要がある。これは開発者やマーケターが、製品や広告、パッケージを作るときに行っていることとそれほど大差ない。違うのは、顧客獲得競争ではなく、ハンターはただ送信機を探すゲームをしているという点だ。

フォックス・ハンティングとビジネスの共通点を挙げてみよう。

- 企業は多くの場合、まったく新しい分野（送信機が隠されている「未開」の森林）で新製品や新サービスを創出する。

- 複数の機会が存在しうるので、企業はアイディア（ハンターは探し出す送信機）に優先順位をつけなくてはならない。

- 新製品やサービスに関する情報はほとんどない（キツネの居場所はわからない）。顧客からの弱いシグナルに注意深く耳を傾けなくてはならない（受信機の音を聞き取る）。顧客は新しい機会につながる情報を発信しているとは自覚していないかもしれない。

- 新しい魅力的なアイディアを探すために、開発者やマーケターは多数の新しい選択肢を試し、学習や成功したことを最大化するために極めて慎重に動かなくてはならない（アンテナの向きを変える）。

- しばしばごく小さなステップが大きな成果につながる（正しい方角を探す際に、アンテナのかすかな傾きによって、大きな違いが生まれる）。

このように考えてみると、これまでの生涯ずっとキツネ狩りをしてきたと感じるかもしれない。重要なのは、チューニングが悪い時代遅れの受信機や、（悪くすると）受信機なしで、フォックス・ハンティングに臨むとしたら、どうなるかを想像してみることだ。成功の見込みが薄いことはすぐにわかるだろう。

同じことがビジネス環境にも当てはまる。RDE の知識や力を活用しなければ、ほとんどのビジネスパーソンは、新しい製品やメッセージの調査で回り道をしたり、貴重な機会を逃したりするだろう。有望なアイディアが 1 つか 2 つ見つかったとしても、競争相手も同時にそれを見つけていたりする。RDE はこうしたケースの勝算を劇的に変える。しかも、好ましい方向へと変えるのだ。

企業は実は RDE を使っている

探しものが必ずしも見つかるとは限らないが、探していないものを知ることは簡単だ。

懐疑的な人は「RDE なんて、試行錯誤を科学的に言っているだけだ」と思うかもしれない。それは「イエス」であり、「ノー」でもある。「ノー」というのは、試行錯誤は通常ランダムに行われるが、RDE はその対極にあるからだ。「イエス」というのは、実際に試行を企画・実施し、顧客の反応を注意深く観察し、うまくいく部分といかない部分を抜け目なく見つけて、試行の結果を踏まえて修正し、必要に応じてプロセスを反復することで、有益な学習の機会となるからだ。成功や失敗による学びから、シナリオが作れる。勝つためには内なる戦いが欠かせない。おそらく問題をとことん考え抜き、プロセスに従い、法則を速やかに導き出すための測定を行うからこそ、成功するのだろう。

顧客がニーズを自覚すらしていない段階で顧客マインドの方程式を理解する力を無視することはできない。多数の企業がすでに何らかの形で RDE を使って優位に立とうとしている。スピードを維持し、さらに加速させようとするのは当然のことである。

日本の「オタク」で新しい電子機器をテストする

日本は製品開発の実験場として有名だ。日本社会は欧米諸国に比べて所得格差が小さい。人々は収入よりも自分の好みに応じて、製品を

購入する傾向がある。この「好み」という変数によって、膨大な種類の製品が市場に投入され、熾烈な競争が起こり、継続的な実験が行われている。

　東京は新しい商業的アイディアを試す広大な市場である。その規模の大きさ、密度、多様性、優れた交通システムは社会実験の環境として理想的だ。東京中にアンテナ地域があり、企業や顧客が最新製品のアイディアを試し、ファッション・トレンドを仕掛けている。[8] これらの地域は自然にファッションや電子機器の「オタク」や専門家を引きつけている。

　ハイテクはおそらく日本で最もダイナミックな分野だ。秋葉原に行けば、電気を使う製品や機器はほぼ何でも買える。ほんの数ブロックの商店街で、日本全体のエレクトロニクス製品の約10%が販売されている。オタクたちはここに来れば、市場性は見込まれるものの世界の他の場所では取り寄せに何カ月もかかったり、何年経っても手に入らないような製品を見つけることできる。

　ここには、他の場所では見つからない製品も多く販売されている。「アーリーアダプターのメッカ」の異名をとる秋葉原は、マーケターにとって消費者に受けるかどうかを試す場となっている。たとえば、セイコーは年間2,500種類以上の時計を開発し、テストマーケットに投入している。成功したデザインにはさらに改良が加えられ、再テスト後にようやくターゲット市場に投入される。[9] ソニーも年間約1,500種類の製品を開発、試験、評価している。約20%が完全に新しいデザインであり、そのうちの一握りがグローバル市場に投じられる。[10] 日本の電子機器メーカーのグローバル市場における成功は秋葉原で始まる、と信じている人もいる。

　競合に先駆けて季節の最新製品を市場に投入するために、電子機器メーカーは新製品のプロトタイプを秋葉原に送り込み、当たるかどうかを探る。熾烈な競争により一部の製品のライフサイクルが数カ月に短縮していることが、秋葉原を魅力的で自己再生力に富む理想的な実験場としている。さらなる改良や最終的な投入判断のために、企業は

売上状況とフィードバック情報を注意深く監視している。これはある意味で、伝統的な市場調査の費用で行われている。日本のイノベーション現象の中には、ソニーのプレイステーションのように、過去大成功した製品が実は企業側の見解に反して開発されたという事例もある。

景気低迷期のブラジルで顧客を維持する

　発展途上国でも、欧米や日本と同じようにRDEを利用できるだろうか。ブラジルで、RDEからヒントを得てコミュニケーションを行い、顧客維持を図った格好の事例がある。[11]

　ユニリーバ・ブラジルは不安定な経済と競争激化という困難な状況を乗り切ったが、これはある意味、難しいビジネス環境における体系的なアプローチの重要性を示している。ブラジルの政治や経済は2002年以来ずっと不安定な状態にあった。消費者は多くのプレミアム・ブランドを敬遠するようになり、ユニリーバもその1つだった。

　ユニリーバはブラジルで、食品、家庭用洗剤、パーソナルケア用品など14のカテゴリーでマーケットリーダーだった。ヘルマンズ、クノール、オモ、コンフォート、ラックス、新しく立ち上げたダブなどのプレミアム製品が含まれていた。プレミアム・ブランドとしての名声や高い評価はあるものの、ユニリーバ自体はブラジルでは名の通ったブランドではなかった。

　ユニリーバはRDEの「顧客マインドの方程式」を用いてメッセージをつくった。ユニリーバはやがて顧客維持のポイントを発見した。ターゲットに合わせて新しいコミュニケーション誌「ディーバ」を3パターンつくり、重要な顧客グループに配布した。顧客の反応を監視

---

8) Kuniko Fujita, Richard Child Hill, "Innovation Tokyo," World Bank Policy Research Working Paper 3508, February 2005.
9) Jerry Wind, Vijay Mahajan, *Convergence Marketing: Strategies for Reaching the New Hybrid Consumer* (Financial Times Prentice Hall: Upper Saddle River, NJ, 2001).
10) Ken Belson, "Sony Again Turns To Design to Lift Electronics," *New York Times* (2 February 2003).
11) K. Sapiro, M. Pezzotti, A. Grabowsky, A. Gofman, H. Moskowitz, "How Can Premium Brands Survive During an Economic Recession?" ESOMAR Latin America Conference 2005, Buenos Aires, 2005.

し、何がうまくいくかを見極め、コミュニケーション方法を修正することで、ユニリーバはブラジルの顧客の心に響く新しいメッセージを作り出したのだ。RDE で強化された体系的なアプローチは、ユニリーバのブラジル事業を見事に救った。消費財全般（とりわけ高級品）が不況で大打撃を受ける中で、RDE が導き出した顧客に関する知識のおかげで、ユニリーバのプレミアム製品の市場シェアは維持され、一部は拡大するという嬉しい結果がもたらされた。

本書では他にも、顧客に対して競争力のあるベネフィットを提供したという RDE の事例を多数紹介している。さらに、RDE の実施方法も説明している。RDE を活用して劇的な成果を出すことは、大半の会社で可能なのだ。取り上げている事例は幅広く、クレジットカードの獲得数を倍増させたり、宝石のカタログの反応率を 42% 増やしたり、平均売上高を大幅に増加させた事例もあれば、ピクルスやパスタソースなど具体的な製品をつくったり、中国やインドでの大規模活用に関する事例もある。

RDE でイノベーションを

　自然界では、変異と再結合によって、種は生き長らえてきた。同じことが、あらゆるタイプのビジネスでのイノベーションにも当てはまる。普遍的で注意深い実験によって、競争に勝ち抜き企業を成功へと導く RDE は、最も簡単で、手頃な価格で、管理しやすいイノベーションの手法だとわかるだろう。

　本書を読み進めていくときに留意していただきたい RDE の重要なポイントは次に示す通り、いたってシンプルである。

- 一定の方法に基づいた実験と学習の文化を作る。これはだれもが直面している市場での競争において、とても重要だ。
- 実行を通して学ぶ。その恩恵は単純明快で、開発やコミュニケーションを徐々に最適化していくことができる。そうすれば、市場

での成功へと近づくはずだ。なぜなら、顧客が自覚する前に――そして（本書をまだ読んでいない）競合が発見する前に、顧客が望むものを提供するからだ。

RDEを推進しているのは、著者である私たちだけではない。マーケティング界の2人の重鎮、ジェリー・ウィンドとヴィジェイ・マハジャンは常々、この実験手法のメリットを次のように述べている。「継続的に学習可能で、イノベーティブな戦略の開発や試験をさらに促す。競争相手に自社の戦略を見破られにくくする。また、実験と学習の文化を創造する。……その上、環境の変化や社会問題への対応を考えるときにも非常に重要だ」[12]

RDEは実用的である。多くの場合、少数のチームや1人でも、少ない予算と適度な期間で、簡単に実施できる。RDEプロセスの長所は、高度な統計学の深い知識は不要である（求められてもいない）点だ。[13]

RDEは比較的少ない労力で、新たな知識とビジネス上の成果を同時に生み出し、その効用は何年にもわたって持続する。早速、本書を読み、日々の業務で活用したい気持ちになってきたのではないだろうか。

- RDEは問題をただ特定するのではなく解決する。
- RDEは実行可能な法則を導き出す。
- RDEは論理と学習を促す。「正鵠を得る」頻度が高くなり、当て推量は要らなくなる。
- RDEは製品や広告のみにとどまらず、実生活の問題に幅広く適用できる。

RDEという新しい世界についてぜひ楽しみながら読んでいただきたい。得るものはきっと多いはずだ。

12) Jerry Wind, Vijay Mahajan, *Convergence Marketing: Strategies for Reaching the New Hybrid Consumer* (Financial Times Prentice Hall: Upper Saddle River, NJ, 2001).
13) このアプローチの偉大な提唱者であるトーマス・シェリング（2005年ノーベル経済学賞を受賞）の有名な言葉を紹介しよう。「注意を引くために数字が多用されすぎている。書く作業を怠けているだけだ。人々が理解できるように比喩を使ってきちんと書くことは（はるかに大変だ）」(Kim Clark, "In Praise of Original Thought: Tipping Points and Nuclear Deterrence Lead to the Nobel in Economics," *U.S. News & World Report* [24 October 2005 :p.52]).

SELLING BLUE ELEPHANTS
HOW TO MAKE GREAT PRODUCTS THAT PEOPLE WANT
BEFORE THEY EVEN KNOW THEY WANT THEM

第 1 部

科学的アプローチで収益を生む

第1部では、名の通った企業が
20世紀後半の奥義ともいえるRDEを用いて、
自社が抱える問題に対してどのように
健全な解決策を見つけたかを見ていこう。
RDEのアプローチの真価と、
それが純粋科学の世界から
ビジネス・マネジャーの手に届くものになった
経緯がわかるだろう。

HEWLETT-PACKARD
SHIFTS GEARS

第 **1** 章

ヒューレット・パッカードの
ギアシフト

変化だけが唯一変わらないもの——これはビジネスでは自明の理である。そして、ヒューレット・パッカードも例外ではない。

　21世紀初めに技術分野で確固たる地位を占めていたヒューレット・パッカードは、これまで経験したことのない荒波にもまれていた。競争が激化し、伝統的な収益源はアジアやアメリカの低コストの競合他社に攻め込まれていた。厳しさを増す環境の中で、ヒューレット・パッカードの企業文化は時代遅れで成果を阻む障害と見なされるようになった。

　家電のように複雑で変化の激しい製品では、マーケティングが当たるかどうかの予想はひどく困難だと、ヒューレット・パッカードは痛感していた。エレクトロニクス産業は、電光石火のスピードや不確実性の甚だしさで悪名高い。製品の成否を分析することはごく簡単で、スポーツの試合のように面白いが、事前に分析するとなるそう単純にはいかない。競合製品よりも優れていたのに、消費者が手にする段階では無残な結果に終わった製品は山ほどある。おそらくマーケティングでつまずいたせいだろう。優れた製品に巨額のマーケティング予算を投じても、消費者の心を捉えられないケースがある一方で、小額のマーケティング予算で大ヒットするケースもある。

　1990年代末、ヒューレット・パッカードは互換性があり競合製品より優れた製品を擁していたのに、市場での地位を侵食され続けていた。最大の課題は、ハイテク製品の主要顧客となりうる若者への対応で、競合他社との競争がとりわけ激しかった。ソニーやアップルは、ライフスタイル広告で若年層の心を引きつけていた。ソニーやアップルの製品を使えば格好よく見えることをアピールする広告宣伝に注力して、成功していた。対照的に、作家でトレンドウォッチャーのティム・メイサー[1]によると、ヒューレット・パッカードは相変わらず退屈なキャンペーンを行っていた。製品の内容を伝えることに終始し、キャンペーンでは「殺風景なハードウエアの画像と技術スペックの箇条書き」を使っていた。

　長年の間、産業界を規定してきた数々の製品開発やマーケティング

の定説はもう機能しなくなったようだと考えたヒューレット・パッカードは、開発やマーケティング戦略を一新し、新しい意思決定システムを作ることにした。新しい戦略では次の事項を心がけた。

- 推測ではなく、根拠に基づくこと。
- 幅広いマーケティングの課題に適用できること。
- マーケターだけでなく、技術者や設計担当者、さらには製品や市場やプロモーションに関する意思決定に関わる人すべてが、速やかに合理的に安価に利用できること。
- 単に問題点を挙げるだけではなく、問題解決に役立つ、実行可能な法則を作り出せること。

RDEはこの新しい目標に完全に合致し、「根拠を持たせることを促す」ツールの1つとなった。ヒューレット・パッカードはRDEを幅広く採用し、目覚ましい結果を出した[2]。

ヒューレット・パッカードの試行錯誤

「私たちのマーケティングプログラムは、妥当性、活力、他の主力ブランドが持つ説得力を欠いており、効果的な方法をとっていなかった。基本に戻って、顧客と一緒にコンセプトを試すところから考え始めることにした」と、ヒューレット・パッカードの主力製品に関する顧客インサイトチームの責任者であるドボラク・フランコは語る。

ヒューレット・パッカードはまず古典的な市場調査を計画した。フォーカスグループやアンケート調査を用いて、製品の特徴からプロモーション、パッケージ、価格に至るまであらゆるマーケティングの要素を試していく。いわゆる「伝統的な定量調査」で、自社のマーケ

---

1) ヒューレット・パッカードの話は以下の記事を参考にした。Tim Macer, "How Conjoint Turned Around Hewlett-Packard," *Research Magazine* 435 (August 2002:18-20), "DYI MR ASAP OK?," *Research Magazine* 432 (May 2002:43-43).
2) Tim Macer, "How Conjoint Turned Around Hewlett-Packard," *Research Magazine* 435 (August 2002:18-20), "DYI MR ASAP OK?," *Research Magazine* 432 (May 2002:43-43).

ティング活動の各要素の効果を測定するのだ。この段階的で連続的な手法はひどく費用がかかり、イライラするほど煩雑で時間を食い、それでいて十分に正確なわけでもない。

　今でこそ、フォーカスグループが期待されるほど効果的ではないことや、フォーカスグループへの依存を減らしている企業が多いことは、重大ニュースではなくなった。ヤフーのチーフ・マーケティング・オフィサーのカミー・ダナウェイは、2005年9月にシリコンバレーで行われたカンファレンスで「調査部門にはまだ知らせていないが、私はフォーカスグループをすべて打ち切った」と述べた。[3] 彼女は人々を「動物園の動物のように」ミラー越しに観察するやり方をビジネスから一掃したいと考えている。管理された状態で議論するフォーカスグループから有用な情報はほとんど得られなかったからだ。ヤフーはその代わりに、製品開発者がモデレーターの介入なしにユーザーと自由にやりとりする「イマージョン・グループ」を選んだ。

　飲料業界の巨人のコカコーラも、公式の場で同様の意見をより強い論調で表明している。同社の元マーケティング責任者のセルジオ・ジーマンは、「人々を集めて、自分たちが聞きたいことを言ったら家に帰ってもいいと言うようなフォーカスグループは時間の無駄だ」と述べたという。[4]

　ヒューレット・パッカードは、市場調査コンサルタントのアドバイスに従って、フォード・アンド・アール★の設計専門家の助けを借りながら、真剣に RDE ベースのアプローチを採用し始めた。特別に募集した適切なパネル（調査協力者）を用いて、新しいコンセプトやアイディアをテストし、最適化を図った。その頃には、RDE でも使いやすく手頃な価格のインターネットツール[5] が使えるようになり、「骨折り仕事」をすべてこなすようになっていた。

　ヒューレット・パッカードの最重要課題は、具体的な問題を特定し、構造化してから、それらの特徴を RDE のインターネットツールに組み込むことだった（序章に記載した RDE プロセスのステップ1）。残りのステップは、ただツールのガイドに従っていけばよい。これは

厳しい競争環境の中で迅速な対処を迫られている企業には朗報だ。システムが「自動的」にヒューレット・パッカードが考えていた製品案の特徴を「混合」し「マッチング」させて新しいアイディア（コンテンツ）を生み出す（ステップ2）。その後、インターネット調査で参加者にそのアイディアを評価してもらう（ステップ3）。

こうしたRDEのアプリケーションを使うようになってから、「顧客を買う気にさせるために、何を製品に組み込むべきか」をめぐって、ヒューレット・パッカードは従来の認識を改めた。大多数の企業がそうであるように、ヒューレット・パッカードは、顧客に特徴を1つずつ提示して評価してもらう手法に慣れていた。しかしこの方法では、同社が必要とする水準で、実行可能な結果が得られた例がなかった。なぜなら、顧客は実生活では複数要素で構成される複雑な事物に接しているからだ。従来の方法では、アイディア自体とその表現方法との違いにも、うまく対処しきれていなかった。RDEの導入により、重要事項（何を言うべきか）と正しい言葉遣い（どう言えばいいか）が理解できるようになった。その詳細は次章以降で具体的に紹介していく。

ウェブでのインタビューが終わるとすぐに調査結果の分析だ（ステップ4）。最終的に、RDEのツールは顧客が好むもの、好まないものについて実行可能な法則を自動的に導き出し、顧客の興味を喚起する決め手として、誰に何をどのように言うべきかを助言する（ステップ5～7）。

こうして、ヒューレット・パッカードはかつてない方法と規模で、デザインやマーケティング上のあらゆる意思決定に顧客を巻き込むことができた。そのアプローチは、フランコの言葉を借りて「常時接続のインテリジェンス・システム」と呼ぶべきかもしれない。ヒューレット・

---

3) David Kiley, "Shoot the Focus Group," *Business Week* (14 November 2005):120-121.
4) ペプシ・エッジが大失敗したり、新製品全体の失敗率が90％であるにもかかわらず、昔ながらのフォーカスグループの信仰者はいまだにいる。彼らは、このアプローチにいくらか修正が必要なだけだと信じている。(Hy Mariampolski, "Still in Focus," *Research Magazine* 468 [May 2005] :16).
5) IdeaMap.NET.
★ Ford & Earl．オフィスのレイアウトからプログラミングまで幅広く手がける設計会社。

パッカードとコンサルタントはそのプロセスについて次のように説明している。

> 非常に合理的なプロセスを用いた。フォード・アンド・アールは基本的に24時間以内に（RDEプロジェクトを）オンラインにつなぎ、参加者に依頼状を送る。……24時間以内に、対象者のサンプル（通常、1,000人以上からの回答）が手に入る。……このときまでに、（ヒューレット・パッカードの設計者、技術者、製品やプログラムのマネジャーは）この命題が顧客に受けるかどうかがわかる。……通常の所要時間は48時間だが、緊急調査ではさらに短縮できる。

ヒューレット・パッカードの最初の目標は、新しいプロモーションをテストして最適化することだった。ここで、ヒューレット・パッカードはRDEの力をうまく用いて、激しい競争が続く市場で成功した。異なる要素で構成されたアイディアの相対的価値に対する顧客フィードバックの「分析」を会議室の壁に張り出したり、マーケターが事実に基づく意思決定だと自信を持てるようになった。その結果、重要性の高い成功例が整合性のとれた形で続くようになった。

この実績をもとに、RDEの社内への売込みが開始された。ヒューレット・パッカードはどのように、ハイテク技術の研究所やマーケティング部門にRDEを普及させたのだろうか。RDEを社内に導入する上での難しさは、競合他社から自社を差別化する「何か」を見つけることにある。

他と同じくヒューレット・パッカードも、技術者の間で根強い自社流の開発方法、全社的に浸透している「一度に1つずつ」取り組む戦略など、過去のやり方に縛られていた。問題を一元的に見ることが習慣化し、開発者、研究者、マーケターは完全に失敗したり間違った方向に進んでしまうこともあった。こうしたやや直線的なアプローチでは、その製品カテゴリーに対する顧客の基本的関心と、提供製品に対する特定の関心とを区別しにくい。「一度に1つずつ」という調査は心地よいアプローチだが、「良いもの」と「すばらしいもの」を区別するパターンを見逃しやすい。RDEはこうした罠を回避し、参加者

に異なる写真や想定シナリオを安価に素早く提示し、それぞれに対する参加者の「直感」を測定し、「効果的なもの」を特定し、その後、もっと有望な新しいアイディアの組み合わせを作り出す。RDE は外部の世界をパーツに分解し、顧客マインドの方程式を理解するための素早く安価な方法を、ヒューレット・パッカードにもたらしたのである。

「戦略的計画の価値が疑問視されている場合、明確で定量化可能な現実への視座をもたらす調査は、シニアマネジメントによる論争や無分別な行動に対抗する上で役に立つ」とメイサーは言う。ヒューレット・パッカードはここで止めることなく、RDE の利用をさらに拡大していった。場当たり的な調査プロジェクトのデータは構造やテーマがバラバラなことが多いが、RDE のデータはそうではない。ヒューレット・パッカードは整理された RDE のデータを使って、より広い「メタ・パターン」——製品、カテゴリー、国、時間経過を大局的にとらえるパターン——を発見した。同社は「本領」を発揮できる立場にあり、それによってビジネスを前進させた。

明らかになった 2 つのコンセプト

　ヒューレット・パッカードの顧客インサイトチームは、RDE の研究事例を集めていくうちに、異なるナレッジ開発課題のデータを統合する機会を得た。それは有意義なもので、労力もかからなかった。拡充していく RDE データベースから、ロングセラーの人気製品が生まれた。さらに、多数の異なる製品ライン全体で、異なるマインドセットを持った 2 つの顧客セグメントの存在が明らかになった。

- セグメント 1 ——異なる部品を組み合わせたり、それらをうまく機能させることに情熱を注ぐ、技術に敏感な人々。

- セグメント 2 ——箱から取り出したらすぐに使うことができ、付属品も完備されている、完成されたパッケージ製品を好む人々。

このナレッジをもとに、ヒューレット・パッカードは現行のマーケティング活動のターゲットを絞り、効率性を高めた。時間が経つにつれ、収益面への効果も明らかになった。RDEは、どのアイディアが人々をその気にさせるか、適切に組み合わせたときの効果を数字で表わす。どのアイディアを選び、どう伝えるべきかをはっきりと示すのだ。[6]

　しかし、RDEの恩恵はそれだけではなく、事実(ファクト)とナレッジを志向するヒューレット・パッカードの文化に力強い新ビジョンを提供した。全活動の基礎という位置づけで、RDEのアプローチは大いに活用され、必要な変更が実施された。たとえばマーケターは、技術者からヒントを得て、競合のマーケティングをリバースエンジニアリングし、効果的な方法を見つける方法を知った。競合のパンフレットやウェブサイトから画像、キャッチコピー、文章を集め、RDEツール（IdeaMap.Net）で分析し、それぞれの効果の大きさを明らかにした。[7] しかも、驚くべき結果が得られた。手ごわい競合に意外な弱点があることがわかったのだ。フランコは次のように語っている。

　「この方法で競合をテストするのはとても面白い。このツールを使うと、何が魅力的で、何が機能しないかが一目瞭然になる」[8]

　ヒューレット・パッカードはRDEを用いて、消費者向け製品の価格、提供方法、特定ターゲット向けのリベート・スキームなど、マーケティング活動を再構築していった。若い顧客を引きつけるために、広告や他のマーケティング資料も作り直した。最も効果的な組み合わせは製品の写真を使うことだとわかったので、技術スペックの説明をなくして、ライフスタイルのシーンの中で鮮明なイメージ画像を提示することにした。「技術」色を廃し、別の方法で製品について語ったのである。

　最後に、RDEはヒューレット・パッカードの消費者マーケティングに新しい視点を提供した。それは非常に効果的だった。執筆時の直近のデータでは、PCワールド誌のオートフォーカスカメラのランキングでヒューレット・パッカードは第1位を占め、トップ10内に3製品が入った。[9] また、同誌のノートパソコンのトップ3のうち、2つがヒューレット・パッカード製品だった。[10]

※ ※ ※

　起業家アリソンはサムのマーケティング努力と成功に大いに感銘を受け触発された。本章を読んだ後で、アリソンはサムの製品アイディアをもっと発展させようという思いを新たにした。もちろん、サムのランダムなアプローチを真似るつもりはないが。

　ヒューレット・パッカードの例もとても刺激になった。RDEを初めて使うにあたって、アリソンはすでにマーケティングのシナリオをいくつか考え始めていた。しかし、この話は後にしよう。マーケティングの前に、製品を開発し製造しなくてはならない。色のついた卵製品のようにユニークで、未開拓の分野を切り開くものは見つかるだろうか。そして、RDEは食品にも使えるのだろうか。

　次章ではRDEの成り立ちを説明しているが、アリソンにとって幸運なことに、RDEは感覚的な分野や食品産業にもしっかりと根付いている。★

---

6) 第6章でRDEの応用例として、ハイテク産業での組み合わせを用いたイノベーションを紹介している。
7) 詳しくは、競合他社のマーケティングのリバース・エンジニアリングを取り上げた第5章を参照。
8) Tim Macer, "OK Computer," *Research Magazine* 435 (August 2002): 18-20.
9) "Top Ten Point-and-Shoot Cameras."(edited by Eric Butterfield) PCWorld.com, October 13, 2006.
10) http://pcworld.com/ic/laptops/.
★ RDEをすぐに試してみたい方は、www.SellingBlueElephants.comを参照。

MAXWELL HOUSE'S
CALCULUS OF COFFEE

第 **2** 章

マックスウェルハウスの
コーヒー算

RDEの最も古い事例は驚くまでもないが、飲食をめぐるものだ。食料の調達は、人類の進化の道のりにおいて重要である。「RDEでの調理」は、人類が作り出した激しい競争環境の中でビジネス上の成功を収める上で重要である。

今日の忙しい世界と比べて、料理が完成し受容されるまでには途方もない時間がかかっている。いわゆる「エスニック料理」の開発には何度も実験が行われたに違いない。自然に行われる料理実験の大半は、材料を混ぜ合わせ、火にかけて調理し、味を見るといった、実に小規模でゆっくりしたランダムな試みである。成り行き任せの試行錯誤を重ねるうちに、ある時点でその食品の主要特性によって実験は終わりとなる。

しかし、評価対象となる独特の味つけや外観などに小さな変化をつける試みは、それ以降も続けられる。食文化の成熟とともに、その一部は「典型的な食べもの」となった。部族長は伝統を守ろうとして戦うが、人間の遺伝子にはまるで「より良いもの」への探求心が組み込まれているかのように実験は続けられる。

以上が食べものと文化の話だ。今日、新しい食品開発の多くは一部の偉大なシェフの腕にゆだねられている。新しい点は、開発が成り行き任せでもなく、そのスピードが遅くもないことだ。ビジネス思考では、ゆっくりペースは褒められたことではないし、許されもしない。そのプロセスのほとんどで、科学的実験であるRDEが計画されている。ホモサピエンスとして何百年、何千年も経てきたプロセスはいまや、ほんの数週間に凝縮され、狙い通りの結果をより多く出すようになった。

食品のRDE調査は依然としてやや複雑で、コンセプト、メッセージ、アイディア以上に労働集約的であることを、あらかじめ指摘しておきたい。自動化が進み、食品の準備や試験は不要になっているが、自分で試供品をつくって準備するのは楽しくもある。

本章と次章では、飲食料関連の企業の3つの事例を用いてRDEについて説明する。「優良企業の中で最も重要で目につく行動特性は、

いろいろなことを試そう、実験しようとすることだ」[(1)] という見解は、これから紹介することを要約している。事例に挙げた3社はまさに実験を行っている！

マックスウェルハウスの挑戦
―― おいしさとブランド力の向上

　RDEと無計画な試行錯誤のアプローチの最大の違いは実験の性格にあり、前者は能動的・全体的で構造化されている。まずゼネラルフーズ（現クラフトフーズ傘下）がRDEを用いていかにコーヒーを理解し、顧客の嗜好に関する新しい法則を導き出したか、規律に基づく実験（常に人気があるとは限らないが）を通してどれだけ収益性の向上と市場での成功につながったかを見ていこう。

コーヒーのロマン

　飲料消費の伸びは、新しいコーヒーショップの数と同じく、驚くべきものがある。スターバックスは1989年の55店から、2006年には1万店を超えるまでになった。アメリカ国内の独立系コーヒーショップの数はもっと多い。過去数十年というもの、コーヒー豆の歴史以上に、コーヒーのつくり方が大きく変わった。理解を深めるために、コーヒーの歴史を少し紹介しよう。

　最近の研究結果によると、コーヒーの木「コフィア・アラビカ」はエチオピアが原生で、6世紀以降、急速に文明化が進んだイエメンに何らかの形で持ち込まれたという。コーヒーはカイロやメッカのコーヒーハウスから広まり、単なる強壮剤というよりも情熱を表すものとなった。13世紀までに、イスラム教徒は宗教的な意味合いでコーヒーを飲むようになった。イスラム教の普及に伴い、北アフリカ、地中海、

---

1) Thomas J. Peters, Robert H. Waterman, *In Search of Excellence: Lessons from America's Best-Run Companies* (New York: HaperCollins, 2004). トム・ピーターズ、ロバート・ウォーターマン著『エクセレント・カンパニー』（大前研一訳、英治出版、2003年）

インドなどの地にもコーヒーは広まっていった。

　コーヒーのその後の歴史はさらに興味深い。アラビアは1600年代まで、乾燥や煮沸でコーヒー豆の発芽を防ぐことによって、独占を続けることに成功した。その後、インドの巡礼者ババ・ブダンがコーヒーの種子をこっそり持ち出し、独占状態は破られた。やがてベニスの商人がヨーロッパにコーヒーを紹介し、競争が始まった。

　1696年には、ドイツが植民地のジャバ（現インドネシア）にヨーロッパ人が所有する初のコーヒー農園を設立した。18世紀初め、忠実なオランダ人の同胞がルイ14世にパリの王立植物園用にとコーヒーの木をプレゼントした。数年後、その挿し木がマルティニーク島★に伝えられ（新たな陰謀の物語だ）、その後50年間で1800万本の木へと育った。その木がマルティニークからブラジルへと伝わり、世界最大のコーヒー帝国が誕生した。1800年までに、ブラジルで大量の収穫が可能になったことにより、コーヒーはエリートの道楽品から、日常の万能薬としての大衆の飲料へと変わった[2]。

現代のコーヒー事情──ロマンから白衣の科学者へ

　コーヒーをめぐるRDEの旅は1950年頃に始まる。コーヒーの発見から1,500年余り後のことだ。

　テーブルを囲んで6〜10人が座り、コーヒーがなみなみと注がれたカップが載ったトレイを手にしている。カップには、パターンによって473、219などの番号がふられている。カップは番号順ではなく、特定の順番に並べられている。トレイの前には「投票用紙」が置かれている。白衣姿の人が指示を出している──専門分野はわからないが、おそらく化学か何かの研究員だろう。指示内容は、コーヒーを味わい、知覚の強さを数字で書き出すことだ。約30分かけて参加者は6〜12種類のコーヒーを観察し、匂いをかいだり、味わったりして、次々に数字を書き込んでいった。時々、参加者は水の入ったコップを手にと

り、少し口に含んでは流し場に吐き出す。口直しをすませると、再び課題に戻り、次のコーヒーを観察し、匂いをかぎ、味わい、評価をつける。傍目にはとても面白そうだが、誰もが自分の作業にひたすら集中しているように見える。彼らは目の前の「仕事」に没頭しているのだ。

　食品業界の現代のRDEも、研究室などで、参加者（パネリスト）が割り当てられたコーヒーのサンプルを忠実に評価する形で始まる。このような慎ましやかな始まりは、コンピュータや今日のマーケティングのモデルからは大きくかけ離れているように見える。しかし、この新しく生産的なアプローチは、ビジネス上の問題解決に役立つ。RDEはより多くの製品や収益をより速いペースでもたらすのだ。

　パネリストが評価するコーヒーは、他のコーヒーよりも顧客が魅力を感じる一品を探したいと製品開発者が願って「体系的に変更を加えた」サンプルだ。そうした期待は今なお続き、画期的製品が発見される時を待っている。

　期待や願望、トレンド関連記事があっても、それがすべて開発者のコーヒーの暗号解明の試みに役立つとは限らない。それは宿題だ。スターバックス、フォルジャーズ、マックスウェルハウス、ラバッツァ、ダンキンドーナツなどのコーヒー会社は、新しいブレンドやフレーバーを作るときに、ほぼ同じようなテストを行っている。おそらく部屋はもう少し近代的で、内装もよく、紙の投票用紙ではなくコンピュータが備えられているかもしれないが、試験のやり方はおおむね半世紀前と大差ない。違う点は、50年前のコーヒー業界では、わずか数社がごくたまに少数のブレンドやフレーバーを出すだけだったことだ。今日、競合の位置づけは見るたびに目まぐるしく変わる。何度も試験して特定地域でテストマーケティングを行った後にパスしたものを全国展開する、というような時間的余裕はもはやない。

　もっと深刻なもう1つの違いは、企業を悩ませてきたものであり、RDEに活用の場を与えた。単一の「完全なコーヒー」の時代は過去

2) www.nationalgeographic.com/coffee/ax/frame.html, www.coffeeresearch.org/coffee/history.htm.
★ カリブ海沖にあるフランスの島

のものとなり、コーヒー飲料文化と激しい競争という現代の社会現象の結果、多数のブレンドやフレーバー（たとえば、ジャバ・チップ・フラペチーノ・ブレンドコーヒー、バーボン・シュトロイゼル・ケーキ、バニラ・ウィーン・シナモンなど）が投入されるようになったのだ。しかも、グローバル化に伴い、さらに扱いにくい状況になっている。地域ごとに顧客の嗜好は異なり、その差はわずかなこともあるが、まったくかけ離れていることもある。扱いにくさという点では、キャンペーンにおいても、豊富な選択肢は問題となりうる。

一部の企業は今や、驚くほどの品揃えを誇る。たとえば、サン・ジョルジオ・コーヒーは240種類以上のコーヒー製品を販売している[3]顧客の味覚の変化や競合の脅威により、企業が最良の製品を見つけ出す期間は短くなっている。だれもが互いに競い合っている。その中で、中核となるブランドは侵食され、収益も上げにくくなっている。厄介なのは、コーヒーが他のさまざまな飲料とも競っていることだ。顧客の舌と財布をつかもうとすると、他のコーヒーとの戦いにとどまらず、あちこちから次々に登場するお茶、ソフトドリング、エネルギー飲料などとも戦わなくてはならない。

食品事業が用いたRDEの手法はもともと統計学の専門家が開発したものだが、これまで以上に「成果」への要請が強くなる中で、RDEは「勝ち組」製品を売り出し、企業収益を高める技術へと変貌した。言うまでもないが、人々は自社製品や顧客の要望を学び、その過程で勝者をふるい分けるという大量の宿題に追われるようになった。

収益性を高めるより良いブランド

スターバックス、マックスウェルハウス、フォルジャーズ、ネスレなどの企業はすばらしい製品をどのように生み出しているのか。これらの企業が市場シェア向上のためによりよい製品を作ったり、競合他社に追いつこうと製品の活性化を試みるときに、何が起こるのだろうか。コーヒー豆をブレンドし独自のローストを作る試みをする人はす

ぐに、その作業が思っているほど簡単ではないことに気づいてがっかりする。正しい配合にたどりつけば、「天国のような(ヘブンリー)」気分になれるのだが……。

1980年代、マックスウェルハウスのブランドはよく知られていて評価も高く、ゼネラルフーズでおおむね成功している飲食料品のブランドの1つとなっていた。とりわけ女優のエルザ・ランチェスターの出演番組のスポンサーとして知名度を上げた同社のコーヒーは、ニュージャージー州ホボケンで、生のコーヒー豆から始まるプロセスを経て製造されていた。それは、コーヒー豆の状態によって毎回異なる温度で焙煎し、特別なブレンドを作るというプロセスだ。正しい淹れ方をすれば、味わい豊かなコーヒーができあがる。

味の違いやコーヒー豆のバラツキに対応するため、マックスウェルハウスは工場のブレンド担当者の指針となる「ビジネス・システム」を探していた。そうすれば、製品が均一化し、一定条件を満たし、収益性も高まるからだ。特定の豆や焙煎の組み合わせを決めて、毎年それに盲目的に頼るだけのやり方では不十分だった。原材料の価格変動が激しいので、豆の価格が上がればその年上げた収益をつぎ込まざるをえなくなる。逆に、ブレンド内の一部の豆の価格が下落して、最終利益を楽に高める機会や、大きな収益機会を逃してしまうことも多い。価格だけではなく、調達も問題だった。マックスウェルハウスはもとより、どの企業にもコントロールが及ばない理由で、豆が入手できないこともある。企業を守るためには、替えの効かない数人の専門家に依存しないで、ナレッジを連携させるシステムが必要だった。

RDE導入前に行われていた初期のブレンディング作業は、「コーヒー・パネル」と呼ばれるエリート専門家の「黄金の舌」に依存していた。専門家たちは「フルーティー」「バターっぽい」「焦げた」「キャラメル香」など一連の独特の用語でコーヒーの味を表現するように訓練されており、製品評価のために定期的に招集された。他のコーヒー会社と同じく、マックスウェルハウスも専門家パネルだけで終わらせ

3) www.sanmarcocoffee.com

なかった。専門家が製品にゴーサインを出した後に、消費者調査の担当者が最終製品を消費者テストにかけて、開発されたばかりのコーヒーがきちんと受け入れられるかどうかを確認していた。社長をはじめとして、ブランドマネジャーや研究員に至るまで、企業の宝物である「マックスウェル」ブランドとそのブランドを掲げて市場に出すコーヒーそのもので危険を冒そうとする人はいなかった。

しかし1980年代半ば以降、コーヒー事業は何度もショックに見舞われた。豆の価格はまるでヨーヨーのように乱高下した。不安定な経済と市場競争の激化は常に、ビジネスにおける悪い組み合わせの前兆となる。価格変動によって最終利益への悪影響が避けられないこと、不確実性の中でRDEがブレンドの保護や最適化に役立つことに気づいたマックスウェルハウスは、コーヒーに関する最初の重要な研究を行った。そこでは、一定範囲内の品質と価格を維持するツールとしてRDEが用いられていた。ビジネスを知る人なら、同社の新製品開発にRDEがいかに役立ったかが見て取れるだろう。ブランド価値が高まり、コーヒーの味が大きく向上したことにより、RDEを実施してから最初の5年間、同社の収益は大幅増を続けたのだ。

もちろん、RDEを実施すればすべてがスムーズに進むわけではない。生活と現実が邪魔をして、一進一退を繰り返すこともある。それについては後ほど興味深い話を紹介しよう。

マックスウェルハウスがとったプロセス

RDEの実施には計画性が求められ、ただ願っているだけではうまくいかない。

ステップ1：問題を認識し、企業が直面している特別な問題を見つけるために行動を起こすと決める。

製品の品質が落ち、基準を満たさなくなったら、誰もが気づくので

はないだろうか。理想の姿は、開発者が最初に決めた通りの基準で全製品の品質が保たれることだ。他のコーヒー会社と同じく（実際には、競争にさらされているすべての消費財メーカーと同じく）、マックスウェルハウスは他の競合製品とつき合わせて定期的にテストを行い、自社製品が基準から外れていないか、修正のための活動が必要かどうかを見極めていた。

　こうした競合調査を通して、問題点が明らかになった。市場調査でマックスウェルハウス製品と他社製品を同時に買って比較したところ、一部の自社製品の評価が想定よりも低いという報告書が上がってきたのだ。ブランド名を隠した味覚調査で、好きなコーヒーを選ぶように指示されたとき、消費者の多くはマックスウェルハウスの製品を選ばなかった。**表2-1**はその結果の一部を示している。病院で患者がもらう試験結果の報告書と同じように、データは通常、単純な表にまとめられる。それ自体は当たり障りのないものだが、解釈に秀でた人の手にかかると悲喜こもごもの結果となる（企業の味覚テストでも、病気の診断結果でも同じことだ）。ここで示されているのは、マネジメントに警鐘を鳴らし、不安に満ちた会議が避けられないことを示す類のデータである。

　ほとんどの企業は公式あるいは非公式に何らかの競合調査を行い、最終的に自社製品の問題点を浮かび上がらせる。こうした調査は「早期警鐘装置」であり、その大半が問題の存在を明らかにするものの、その解決策までは教えてくれない。継続的なコスト削減の当然の帰結として、品質低下を招いたのかもしれない。あるいは、時間とともに消費者の味の好みが変わったせいで、製品が消費者の嗜好に合わなくなったのかもしれない。

　調査結果は、従業員やその職務、その時の関心事によって、異なる方法で解釈される可能性がある。コーヒー豆の買付担当者の言い分は、問題は消費者の嗜好の変化であり、味を犠牲にしてでも最良の条件での豆の取引をまとめようとした結果で、豆の品質が変わったせいではない、というものだ。企業が認めようと認めまいが、一時的な経費削減のために、品質を下げて安く調達するケースは実際によくある。

反対に、製品開発マネジャーは、製品も豆の品質にも問題はないが、製品仕様がぴったりと合っていないせいだと主張する。進化を続けて新たな味覚への嗜好を満たすためには、新製品を作ったり、既存製品を改良することは確かに必要だ。

表 2-1 ●競合品の監査報告書の例。マックスウェルハウス（MH）と競合ブランドAとBについてブラインドテストを実施した（データは機密保持のため加工してある。結果が良かったほうを太字にしている）。

		テスト1 MHは競合品に大きく劣る		テスト2 MHは競合品と同等の評価	
		MH	ブランドA	MH	ブランドB
総合評価	全体的に好き（%）	66	**71**	**64**	63
	購買意向がある(%)	58	**69**	**56**	54
外観に関する評価	全体的に好き	**71**	68	70	**74**
	色が好き	**76**	70	78	**80**
	色の濃淡	17	**21**	15	**17**
香りに関する評価	全体的に好き	58	**65**	**61**	60
	強い	58	**67**	**55**	50
味覚・フレーバーに関する評価	全体的に好き	59	**67**	63	**65**
	強い	**69**	64	**66**	60
	なめらかさ	51	**59**	**47**	46
	苦味	**59**	54	55	**58**
	焦げ味	**55**	52	54	**59**
	後味	**68**	63	66	**71**
	選好度（%）	43	**57**	**51**	49

調達と研究開発の両方を監督する立場にあるマーケティング部門は、とにかくコーヒーをたくさん売りたいと思っている。それが自分たちの成績の基準となるからだ。マックスウェルハウスの場合、マーケターは市場投入した製品の評価が低い理由を理解していなかったが、その問題を解決して市場シェアの低下に歯止めをかける責任を担っていた。消費者がブラインドテストで特定の製品を明らかに好むとき、それと同様の広告宣伝を行ったとしても、人気のない製品はやがて市場シェアを失ってしまう。結果がわかるまでに長い時間がかかることもあるが、いずれにせよ変化は避けられない。

ステップ２：体系的に変化させた試験品を多数作り、テストする

　いくら良い結果や報告書であろうと、そもそも誰が初めに報告したにせよ、問題を特定しただけでは解決したことにはならない。これは製品開発において紛れもない真実である。「良い味」にするための材料など、どこにも書かれていない。広告代理店が小賢しい広告キャンペーンを行ったとしても、一般消費者を何度も欺けるはずがなく、すぐに見抜かれてしまう。コーヒーがおいしくなければ、遅かれ早かれ、消費者は棚のすぐ隣にある他の「もっとおいしい」ブランドを選ぶ。特に、本当に優れた競合製品が存在する場合、顧客を永遠に失うことにもなりかねない。

　マックスウェルハウスの製品開発者は、顧客を引きつける豆と焙煎の組み合わせを探す必要性に気づいた。そこで、体系的なやり方で法則を導き出そうとした。その法則はおそらく何年も、コーヒー豆の買付け、ブレンド、さらには製品のポジショニングの際のガイドとなるだろう（ポジショニングは、RDEで重要性が明らかになった特定の感覚的要素に基づいて行う）。

　製品開発者が実験で用いる変数を決めるときに、留意すべきことは何だろうか。

　最初に、範囲である。最良の結果を得るためには、試作品を用いる実験は幅広く行い多くのものを包めたほうがよい。ソニーのウォーク

マンやセイコーの腕時計の例を思い出してほしい。適切なモデルを見つけるために、ソニーは数百種類、セイコーは数千種類のモデルを投入した。次に、経験がモノをいう。初めてコーヒー製品を開発する人なら、教科書、関連雑誌、コンサルタント、他の情報源などから、原材料について学ぶのが思慮深い行動といえる。そして、豆を少し買ってみて、さまざまな比率で組み合わせ、それを顧客に試して、選好度を評価し、最終的にうまくいく「組み合わせ」を見極める。製品開発の仕事では、手頃な価格で提供でき、人々に受け入れられ、安定的で、結果として市場でより良い成果を出せる組み合わせを選ぶことが求められている。

　マックスウェルハウスの場合、納得のいくものができるまで試験、学習、再試験を繰り返す正攻法の開発戦略を用いた。同社のコーヒー調査の担当者は長年、試行錯誤しながら製品知識を身に付けてきたベテランだったので、ゼロから始める必要はなかった。体系的な調査は、製品だけでなく、消費者についても必要である。

　また、主要な変数を決めるだけでは十分ではない。なにしろ魔法のような豆の組み合わせを求めているのだ。RDEを用いた製品開発アプローチでは、物理的な配合を「体系的に変える」作業を行う。**表2-2**は、マックスウェルハウスの既存品の他に、5つの組み合わせを示している。この表を見ると、異なる種類の豆（A～D）で異なる組み合わせ（試作品）をつくっていることがわかる。統計の専門家が、これらの組み合わせ用の実験計画を開発していた。開発者はただその計画に従い、自分が持つコーヒー豆に関する知識を用いて、実行していけばよい。試作品をテストする消費者には、各組み合わせに実際に何が含まれているかを知らせる必要はない——ただ製品を味わってもらい、どの程度好きか（嫌いか）を述べてもらう。

　RDEはいろいろな組み合わせをつくり、最終的に調査員が結果を分析し消費者の選好度がより高い配合へと調整（適合）するための方法を示す。たとえうまくいきそうにない組み合わせが含まれていたとしても、実験計画が要求する通りに組み合わせを作るのだ。RDEをうまく機能させるために必要なことは、シンプルで、具体的で、非常

表 2-2 ●マックスウェルハウスが RDE 調査（5 種類の試作品の味覚テスト）で用いた組み合わせと評価

製品	製品1	製品2	製品3	製品4	製品5	マックスウェルハウス
豆A（%）	15	15	55	35	35	NA
豆B（%）	15	55	15	15	15	
豆C（%）	55	15	15	35	15	
豆D（%）	15	15	15	15	35	
豆の費用（単位）	76	27	63	19	58	
選好度（嫌い0〜好き100)						
・パネル全体の選好度	47	64	56	48	58	53
・苦味好きセグメントの選好度	54	56	57	62	61	48

に啓発的だ。言われた通りに宿題を行う。たくさんの試作品をテストすることを恐れてはいけない。繰り返しの多い厄介な作業は下請けに任せて、より良い製品づくりに集中する。何よりも、判断を急いではいけない。偉大な製品の歴史を見ると、マネジメントが最初に拒絶したアイディアで成功したという例であふれている。大切なものを無用なものと一緒に捨ててしまわないように、洗いざらいテストしてみるべきだ。

ステップ3：試作品の消費者テストを行い、評価してもらう

　異なる製品の味覚テストはとても単純明快だが、実施する側は、コーヒーの鮮度はどうか、各被験者に適切なタイミングで適切な製品が行き渡っているか、適切な管理下で専門レベルの味覚テストが実施されているかの確認など、いろいろと細かな気配りが必要だ。

　マックスウェルハウスでは、17 の試作品と、ブランド名を伏せた自社の既存品と競合製品のフルセットの中から、ランダムに取り出した 8 つのサンプルを消費者に試飲してもらった。その後、消費者は選好度やその他の特徴について評価する。RDE の実施は、真剣さの中にも楽しめる場合が多い。消費者も楽しく参加し、マックスウェルハウスのマーケターや技術スタッフは、まさにコーヒーの暗号を解いていることを実感するのだ。

私たちは必ずしも、RDEと新製品開発は人間の性格と大いに関係があるとは考えていない。むしろ、個人の情熱や行動癖を排した厳密なビジネス的・科学的なプロセスとしてとらえている。しかし、マックスウェルハウスのケースは違う。製品開発者が最初に行ったのは、回収したアンケートにざっと目を通して、試作品の平均的な評価はどのくらいか、ベンチマークとして含めた２つの競合製品や自社の既存製品よりも高い評価かどうかを見ることだった。RDEのプロジェクトは途中で小さなドラマが次々と起こる。なぜなら、製品の開発や改良に関わる社内関係者が、うまくいっているかどうか結果を知りたがるからだ。消費者は成功を決める究極の裁定者なのだ。

　マックスウェルハウスは、結果として得た一連のデータをこの先10年以上活用できるだろう。５つの試作品と既存品のデータを示した表2-2を再びご覧いただきたい。最初の列の数値は４つの異なるコーヒー豆の配合比率だ（A～Dはメジャーなコーヒーであるブラジル、セントラル、コロンビア、ロブスタ）。消費者は見るからに、既存製品よりも新しい試作品を好んでいる。

ステップ４,５,６：成功の秘訣：母集団内の「味覚の違い」を発見する（分析、最適化、セグメンテーション）

　表2-2の結果からわかるのは、マックスウェルハウスのコーヒーは、異なるコーヒーの開発努力を通して、消費者により良い味を提供しようとさまざまな改良が行われていることだ。しかし、それだけだろうか。
　ゼネラルフーズの研究者によると、母集団の中に異なる「舌」、つまり、異なる嗜好の持ち主がいることが示唆されているという。たしかに、参加者皆が「コクがあり強い味」を望んでいると語っていたが、データは少し違うことを語っていた。人々の選好には異なるパターンがあったのだ。マックスウェルハウスのリサーチャーは、苦味と選好度を軸にしたグラフにRDEで得たデータを当てはめてみた（**図2-1**参照）。コーヒーの苦味が増すほど、顧客はそのコーヒーを好むようになるが、ある一定の苦味を超えると選好度は下がる。

図 2-1 ●コーヒーの苦味と選好度は全顧客の平均値。コーヒーの苦味が「至福点」(最高の味覚レベル)に達するまで、選好度は高まる。至福点を越えると、コーヒーはただ苦いだけになり、顧客は背を向けはじめる。

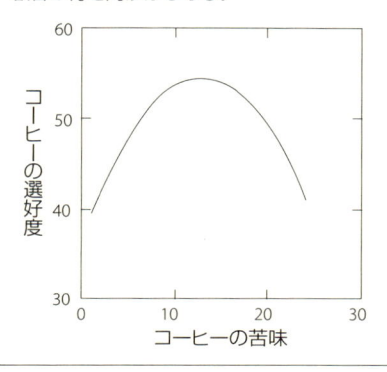

　この深い分析から、ゼネラルフーズには、とても大きな機会があることが明らかになった。顧客を選好パターンで分けると「3つの異なるセグメント」、すなわち「苦味を好む」「やや苦味を好む」「苦味はほどほどに」と思うグループが見出されたのだ(**図 2-2** 参照)。驚いたことに、味覚テストの参加者は皆、セグメントを問わず、コクのある強い味が好きだと答えていた。つまり、彼らの定義する「強さ」は異なっていたのだ。

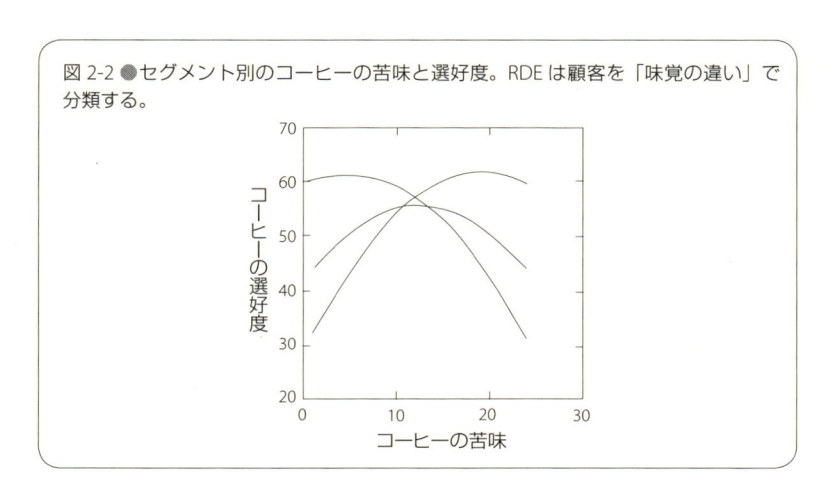

図 2-2 ●セグメント別のコーヒーの苦味と選好度。RDE は顧客を「味覚の違い」で分類する。

顧客自身が実際にほしいものを理解しているとは、結果からきちんと読み取れなかった。「味を見た時はわかっていた」にせよ、ほしいものを表現できなかったのだろう。モントレーで行われた TED2004 年の会議で、マルコム・グラッドウェルは次のように述べた。「人々は自分のほしいものがわかっていない。……願望や嗜好を理解する際の不可解で極めて重要なステップは、私たちは望んでいるものを本当に説明できるとは限らないことを理解することだ」[4]

　これは、RDE からの重要な学びである。マックスウェルハウスのマネジメントは、製品だけではなく、嗜好の変化の問題でもあると結論付けた。シャーロック・ホームズの言葉を借りれば「ゲームは進行中」なのである。

ステップ7：実験から学ぶ。より優れたコーヒーを作る豆の組み合わせに関する法則を見つけ出す。

　マックスウェルハウスは、組み合わせをテストし、顧客の評価を入手して、偶然「3つの味覚セグメント」を見つけた。次は何が起こるのだろうか。同社の製品開発者はこれらの組み合わせをどう理解し、本当に機能する魔法の組み合わせを発見したのだろうか。統計の専門家や調査担当者が実際に行い、現在も続けている方法を細かくたどる必要はないが、彼らが RDE の実施時に従った特定のガイドラインは心得ておきたい。

❶製品開発者やマーケターが使い慣れた、手軽に利用できる統計手法を用いて、「コーヒーモデル」を生み出すこと。

　コーヒーモデルとは、一連の方程式（数式）で、4つの豆を試飲した顧客の評価と関連付けるものだ。調査担当者はコンピュータプログラムを用いて、組み合わせと評価をプロットし、**図 2-3** のようなグラフを作成することが多い。しかしすぐに、文字通り「ブレンドを呼び出す（dial up）」ユーザーフレンドリーなコンピュータプログラムとして、RDE のほうがずっと簡単なことがわかるだろう。

図2-3 ● 4つのコーヒー豆のうちの2つ（変数AとD）について評価への影響度を示す3次元グラフ。期待される評価を見つけるために、変数AとDのそれぞれの値をプロットし、交差するところで面を作っていく。実際のRDEでは4つの豆で面を作るのでもっと複雑になるため、図の代わりに数式を示すコンピュータプログラムを使ったほうが扱いやすい。

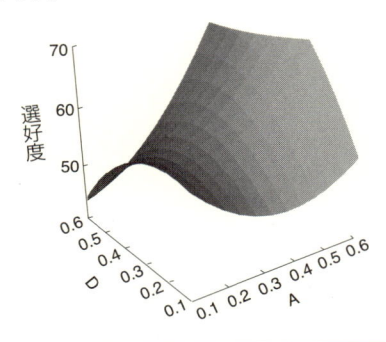

　　コーヒーモデルには、単に配合の比率や、どれだけ多くの人がそれぞれの試作品を好んだかだけでなく、それ以上の情報が含まれている。顧客は異なる知覚的特徴（外見、香り、味・フレーバー、舌触り）についても評価し、それぞれの製品に「知覚特性（sensory signature）」を与えている。コーヒーモデルは、コーヒーの製造コストも示している。調査担当者は製品開発者やバイヤーから「原材料費」の情報を入手して、それぞれのコーヒーがいくらになりそうかを理解する。コーヒー豆の種類によって値段が異なるため、コーヒーのコストはそれぞれ異なる。こうしたコスト情報は、RDEでは重要な役割を果たす。開発者が改良品を特定できるようになるのと同時に、コーヒーが手頃な価格で収益が出せるかどうかも確認できる。原材料に関する規律がないと、テストで良い成績を出したコーヒー豆の価格が後から高すぎると判明し、再び振り出しに戻らざるをえないこともある。RDEのコストベースのモデルでは、開発者、マーケター、製造担当者は事前に、製品の質をどの程度にしたいか、どの程度のコストなのか、作り出せる最高の配合（豆のブレンド）のコーヒーのコストに制限を設けるかどうかを決めることができる。

4) Malcolm Gladwell. "What every business can learn from spaghetti." TED Conference, February 2004, Monterey, CA, www.ted.com.

表 2-3 ● RDE を用いた「コーヒーのブレンドの呼び出し」

豆のブレンド	全対象者に最適	全対象者に最適で手頃な価格	苦味または強さセグメントに最適
A	20%	30%	33%
B	39%	30%	27%
C	20%	20%	20%
D	21%	20%	20%
コーヒー豆のコスト（単位）	65	50	46
選好度			
・全パネル	59	56	55
・苦味と強さを好むセグメント	60	65	68

❷ コーヒーモデルを新しい最高のコーヒーに統合する

　RDE のプロジェクトでは、企業が提供可能な最高のコーヒーを特定するという、実にシンプルなビジネス目標を掲げていた。マックスウェルは、その目標を少し違う言葉で言い変える必要があった。「最高のコーヒー」の定義を、異なる嗜好を持つ3つのグループ（強さと苦味派、リッチな香りとほどほどの強さ派、マイルド派）の間で点数のよかった特別な組み合わせとする必要があった。

　表 2-3 は「コーヒーの呼び出し」のスナップ写真で、3つの変数を示している。今日の技術の多くがそうであるように、パソコンで簡単な統計ソフトを用いて製品モデルの解析ができる。開発者やマーケターはモデルを使って、選好度が高く、（今日のレートで）手頃な価格で、製品の知覚特性を維持しているコーヒー豆の組み合わせを特定する。

幸せになれるコーヒーの発見

　マックスウェルハウスのマネジメントチームは、この非常にうまくいったプロジェクトの事後検証（post-mortem）を行った。プロジェ

クトを実行してみると、想定していたよりも重い負担がかかった。確かに、プロジェクトはどちらかといえば直接的に始められた。製品に問題がありそうだという最初の報告書は正しかったが、RDEを使うまで、問題の本質は明らかではなかった。

コーヒーのプロジェクトで最も難しかった部分は、今後の競争で生き残れるように、製品の最適化と改良を図ることだった。情報収集活動は「非の打ち所がない」と評してもよいだろう。多くの場合、企業はすでに製品の問題点を探し出すプロセスを遂行している。問題を説明する言葉遣いにさえ、間接表現が用いられていた。仮定や可能性、感情的な躊躇などにあふれ、このカテゴリーでは問題がつきものだとする自己弁護の決まり文句が使われていた。

RDEは最終的に見事にうまくいった。解決策が特定しにくいという耐え難い状況から問題を切り出し、一連のナレッジ構築ステップを示した。RDEは素早く効率的に、費用対効果もよく、法則を導き出し、製品の向上につながるナレッジベースの活動を支援した。

話の締め括りに、マルコム・グラッドウェルの言葉を引用したい。「仮にみなさんに、全員を幸せにするコーヒーのブランド、つまりコーヒーの種類や淹れ方を考案し、それを試飲して数字で評価してもらうように頼んだら、この部屋の平均スコアは100点中60点くらいになるだろう。しかし、私がちょっと介入して、3、4種類のコーヒーをつくったら、評価は75点や78点へと上昇するだろう。60点のコーヒーと75点のコーヒーの違いは、顔をしかめるコーヒーと幸せになれるコーヒーの違いだ。……ハワード・モスコウィッツが示した最もすばらしい教訓は、人間の多様性を容認すれば真の幸せへの確実な方法が見つかる、ということだ」[5]

マックスウェルは競合他社からシェアを奪い、コーヒーの売上げを15％増加させた。

---

5) Malcolm Gladwell. "What every business can learn from spaghetti." TED Conference, February 2004, Monterey, CA, www.ted.com.

❋ ❋ ❋

　すごい！　これはまさに、アリソンが探していたもの——食品の製品開発へのRDEの活用例だ。他の事例や実体験からまだ学ぶべきことはあるが、アリソンはすぐにRDEの考え方を把握した。その後、製品に対してRDEを使うのは、アイディアやメッセージに対して使うときよりも少し難しいことに気づいたが、だからといってアリソンは手を引いたりしなかった。アリソンは、そこらの大企業で働いている同輩よりも、エネルギーや決意に満ちていた。ただし、彼らと違って、アリソンには知覚の専門家や統計学者を起用するほどの余裕はなかった。だからこそ、構造化されたRDEのアプローチの利用は、勝てる製品の開発に成功するための唯一のチャンスだと思われた。

　アリソンは次章を読んで、このアプローチについての理解を深め、確信をさらに強固なものにするはずだ。次章では、RDEがどのように問題（最高のピクルス）を発見するかを紹介している。再び食品での活用例を挙げるが、RDEが「より良い製品だけにとどまらず、まったく新しいビジネスの機会を開くのに役立つ」ことがわかるだろう。

　それでは、ゆったり座り直して、ピリ辛味のブラジック・ピクルスと、キャンベル社のパスタソース「プレゴ」の話を楽しんでいただきたい。

DIALING UP DELICIOUS:
MAJOR DISCOVERIES FROM
VLASIC AND PREGO

第3章
おいしい製品を「呼び出す」：
ブラシックとプレゴの大発見

コーヒーからピクルスの世界に移ろう。ピクルスは胡椒や香辛料が入った調味液でキュウリを漬けたおいしい食品だが、コーヒーほど魅力的ではないかもしれない。だが公平さを期して言えば、一部の人々はピクルスに目がなく、毎年ニューヨークシティ国際ピクルスデー・フェスティバルなるイベントも開かれている[1]。

ピクルスの歴史

ピクルスの歴史はコーヒーよりもはるかに古い。時代ははっきりと特定できないが、4000年以上前から存在していた。ニューヨークのフードミュージアムによると、ピクルスは最も魅力的な歴史的象徴としてあがめられていたという。地味なピクルスを、コーヒーのように舞台の中央に押し上げるために、興味をそそる歴史と風変わりな事実について少し紹介しよう[2]。

キュウリは聖書に少なくとも2回(民数記11章5節とイザヤ1章8節)登場する。3000年以上前に、西アジア、古代エジプト、ギリシャでキュウリが用いられていた記録がある。紀元前2030年、インド原産のキュウリがチグリス川流域にもたらされ、この地で初めて保存され、ピクルスとして食された。

アリストテレスは、塩漬けキュウリの治癒効果を称えている。クレオパトラは自分の美しさの一端は(どの程度かは知らないが)ピクルスにあるとしている。一部の科学者は、クレオパトラが使ったのは今日目にするようなスパイシーな酢漬けのキュウリではなくスイカの漬物ではないかと信じている。とはいえ、いずれも漬物であることには変わりない。

ローマ皇帝のティベリウスは、ピクルスを毎日食べていた。ユリウス・カエサルはピクルスには強壮や健康増進の効果があると考え、自分の領地で民にキュウリを分け与えた。ピクルスを楽しむ習慣はヨーロッパ中に広がった。

エリザベス女王もピクルスを好んだ。ナポレオンは自軍の健康はピクルスのおかげだと高く評価し、ピクルスを安全に保存する方法を開発した人に、25万ドル相当を与えたほどだ。1809年にこの懸賞金を勝ち取ったのは、ニコラス・アペルトという名前の菓子職人で、最初にピクルスの瓶詰めで商売をした人物だ。

　ピクルスの歴史は、ウィリアム・シェイクスピアの天性の霊感に満ちた言葉なくしては語れない。シェイクスピアはただピクルスに言及するだけでなく、それをメタファーとして用いることで、作品をピリッと引き締めている。

"Oh, Hamlet, how camest thou in such a pickle?"
まあ、お前、何のことで？
　　　　　　　　　　　　　——「ハムレット」第5幕第1場★1

"Tis a gentle man here a plague o' these pickle-herring! How now, sot!"
紳士だよ——「しゃっくり」ええい、塩漬けのニシンの奴！　おい、どうした、酔っ払い！
　　　　　　　　　　　　　——「十二夜」第1幕第5場★2

"What say you? Hence, Horrible Villain! or I'll spurn thine eyes like balls before me; I'll unhair thy head: Thou shalt be whipp'd with wire and stew'd in brine, Smarting in lingering pickle."
何と言った。出て行け。悪党め！　ぐずぐずしていると、おまえの目玉をボールのように蹴飛ばしてやる。髪の毛をむしってやる。針金の鞭で打ってやる。塩水につけて、酢の中にほうりこんで、からだじゅうひりひりさせてやる。
　　　　　　　　　　——「アントニオとクレオパトラ」第2幕第5場★1

1) *New York Times*, 30 September 2005.
2) Kenneth F. Kiple, Kriemhild Conee Ornelas, *The Cambridge World History of Food* (Cambridge: Cambridge University Press: 2000); Don Brothwell, Patricia Brothwell, *Food in Antiquity* (Baltimore; The Johns Hopkins University Press, 1998); www.nyfoodmuseum.org; www.mtolivepickles.com; www.ilovepickles.org; www.foodtimeline.org.
★1　『筑摩世界文学大系16　シェイクスピアⅠ』（小津次郎訳、筑摩書房）
★2　『筑摩世界文学大系16　シェイクスピアⅠ』（小津次郎訳、筑摩書房）

ピクルス好きはアメリカ人の国民性とも言える。アメリカにとって幸いだったのは、スペインのセビリアのピクルス行商人、アメリゴ・ベスプッチの存在だ。彼は水夫たちが長旅の間に壊血病にならないように、塩漬け野菜を船に積んだ。コロンブスはアメリカ大陸発見の名誉を手にしたが、ベスプッチはどうやらPRの才に長けていたらしく、アメリカの国名は彼の名前（アメリゴ）に由来する。コロンブス合衆国やベスプッチ合衆国ではなく、アメリカ合衆国となったのも、おそらく幸いなことだろう。

　アメリカの初代大統領ジョージ・ワシントンは大のピクルス好きだった。歴代大統領のジョン・アダムズとドリー・マディソンも同じだった。ピクルスはトーマス・ジェファーソンを元気付け、こんな書付けが残っている。「ヴァージニアの暑い日には、サリー叔母さんの地下の貯蔵庫に置かれた、かぐわしい香りがする瓶のきらめく奥底から取り出した、成熟したマスのような、スパイスの効いたピクルス以上においしいものはなかった」

　今日のセレブの多くも、ピクルスの情熱的なファンだと伝えられる。俳優のビル・コスビー、女優のフラン・ドレッシャー、元ニューヨーク市長のエド・コッチ、犯罪防止NPO団体ガーディアン・エンジェル創業者のカーティス・スリワなどは、ピクルス通との噂がある。エルビス・プレスリーでさえ、いためたピクルスを好んで食べていた。

　アメリカではさまざまな種類のピクルスが年間約27億ポンド[★2]消費されている。1人当たりにすると年間9ポンドだ！　ピクルスだけで1つの業界を形成しており、ピクルス・パッカーズ・インターナショナルという業界団体もある。ピクルスの背後には科学があり、専門家は何十年もかけてピクルスの製法に磨きをかけてきた。ピクルスはビッグビジネスでもある。どのスーパーマーケットを見ても、調味料の棚にはあらゆる種類のピクルスが並び、プルスキー、ブレッド・アンド・バター、ハーフ・サワー、コッシャー、ローソルトなど、おなじみのブランドが揃っている。丸ごと、半切り、シャトー切り、サンドイッチ用スライスなどさまざまにカットされたピクルスを前に、消

費者は圧倒されてしまうほどだ。では、このピクルスのビジネスはどうなっているのだろうか。

ピクルスの棚に顧客を呼ぼう

　ピクルスは長い間、手作りされ地域限定で販売されていた。民間で脈々と受け継がれ、言い伝えが残っていることもしばしばあった。たとえば、ニューヨークの「ガスのピクルス」がそうだ。ブラシックはいわば、「ガスのピクルス」の中西部版だ。ミシガン郊外で何十年もピクルスを製造してきたブラシックは、ピクルスの開発と販売に近代マーケティングの原則を導入し、すべてを計画に沿って実施した。ブラシックはミシガン郊外に新しい本社を建設し、優秀なマーケターや製品開発者を雇用し、消費者マーケティングというジャングルでの戦いに全速力で向かっていった。

　ブラシックは小さな問題を抱えていた。製品に関する知識と嗜好の問題だ。大半の人々はピクルスを食べるが、よほどのマニアでもない限り、そう頻繁には食べない。しかも、ピクルスに対して、コーヒー、コーラ、タバコのような特別なブランドロイヤリティを持つ人はいない。多くの場合、ピクルスは外食時に添えものとして出てくるもので、食べているピクルスの種類はもちろんのこと、ブランド名も知らずにいる。とてもおいしければ、味について何か言うかもしれないが、名指しでピクルスについて尋ねることはめったにない。いくらおいしくても、ピクルスは所詮、脇役にすぎないのだ。

　ブラシックのブランドマネジャーとマーケティング担当バイスプレジデントはいずれもベテランで、大きな機会があると認識していた。みんながどんなピクルスを好むかについて、十分に明らかにはなっていなかった。そこでRDEを起用し、よりおいしいピクルスを作る機会をつかむことにした。ブラシックのチームは傲慢な意思決定は下さ

★1　『筑摩世界文学大系16　シェイクスピアⅡ』（小津次郎訳、筑摩書房）
★2　1ポンドは約454グラム。

なかった。ピクルスの世界に新天地を切り開くためには、正しい対応が必要だった。彼らがとったアプローチは、単においしいピクルスの開発だけでなく、思わぬ嬉しい結果にもつながった。

コーヒーの事例と同じく、競合製品の味覚テストから話は始まる。この「デューディリジェンス（詳細調査）」から、ブラシックのピクルスはおいしいが「何か」が欠けていることがわかった。100点満点の選好度のうち、ピクルスの評価は50点代前半から半ばだった。経験を積んだ調査担当者から見れば、まずくはないが、とびきり美味でもないという意味になる。しかし、データを詳しく見ていくと、おそらく一部のピクルス通を除いてそれまで誰もが見逃していた興味深い事柄が浮かび上がってきた。量販店で市販されている大半のピクルスは、非常に薄味かほどほどの味付けで、強い味のものはなかったのだ。3地点で実施した味覚テストの参加者の半数以上が、サンプルに加えた強い味のピクルス（市販品）に高い点をつけ、弱い味のピクルスに低い点をつけた。どうやら製品開発者とマーケターは不覚にも市場の40%しか満足しないピクルスの製造に注力してきたようだ。残りの60%は少数派である強い味のピクルス製品を最も高く評価していた。その理由は、後から振り返ってみれば、わかりきったことだった。開発者は、誰も反対しないが誰も喜ばせない「中道」のピクルスを選択していたのだ。

ブラシックのピクルスの開発者はRDEを用いて、試験的に40の試作品を作り、消費者にテストした。新しい「インパクトのある」ピクルス、他の市販ピクルスにはなかった「元気がわいてくる」強い味のピクルスを調査するためだ。この試験だけでは元気がわくパワーをピクルスに与えるために、漬け液にどんな材料を入れればよいかまではわからなかった。その秘訣は、何年もピクルスに取り組み、漬け液やキュウリについて知り尽くし、どの顧客が買うかという感覚を養って初めてわかる。RDEでは、塩、にんにく、胡椒、他のスパイス、酢が入っているという知識を用いて、試作品用の実験計画法に盛り込んだ。

消費者テストの前に、かすかな味の差ではなく、はっきりと違いが

わかる試作品(少なくとも漬け液)を用意したほうがよいということになった。ある日の午後、デトロイト空港の海軍士官クラブで、非公式に40種類の漬け液のテイスティングが実施された。著者の1人(モスコウィッツ)と、ブラシックから専門家とマーケターと製品開発者が3人参加した。このテイスティングによって、プロジェクトが正しく進められていることが確認できた。薄味の漬け液もあれば、力がわくおいしい漬け液もあった。我々4人はすぐに大事なポイントに気づいた。RDEの実験では、味がはっきりと違う製品(極めて良い味のものも含めて)を調査しなくてはならないということだ。

　これは確かに重要だった。数カ月後に行われたピクルスの味覚テストにより、顧客がよりおいしい、強い味のピクルスを望んでいることが明らかになった。しかし、RDEの研究は、ブラシックにとってより重要な事実を明らかにした(第2章を読んだ方はもうおわかりだろう)。ピクルスの顧客は一様ではなく、明らかに好みが違う顧客が3タイプ(強い味派、マイルド味派、薄味歯ごたえ派)存在したのだ。ブラシックがその後すぐに減塩からピリ辛までさまざまなピクルス製品を投入したのがその証拠だ。中でも強いインパクトのあったピリ辛ピクルスは大ヒットとなり、今後もその状況はおそらく続きそうだ。RDEの原則を用いて、技術者と顧客とが一緒に取り組むことにより、ブラシックはピクルスの暗号を解いたのである。

　ブラシックのマーケターには、薄味から非常に強い味まで幅を持たせたピクルスという新発見を、顧客の心に強く印象づける方法が必要なことも明白だった。今では当たり前だが、この感覚的セグメンテーションと製品カテゴリーを統べる新しい「法則」に初めて気づいたときには、そうした意識はまだ鮮明ではなかった。特別にピクルスを待ち望んでもいない顧客に、この発見をどう伝えればいいのか。ブラシックはRDEを使って、ピクルスだけでなく、パッケージやコミュニケーションの開発も行った。

　ブラシックのマーケターは「温度計の目盛り」を作って、すべてのピクルスの瓶に貼り付け、味の強さを示すことにした。図3-1がその例で、温度計表示でトウガラシの辛味を示している。これはいまだに

食品業界で広く使われている表示方法だ。「強さ」の程度が一目瞭然で、覚えやすく、伝えやすいというメリットがある。あとはよく言われるように、ピクルスの歴史や伝説を少し添えればよかった。この一件は、知覚の差が企業の収益につながることの証明にもなった。

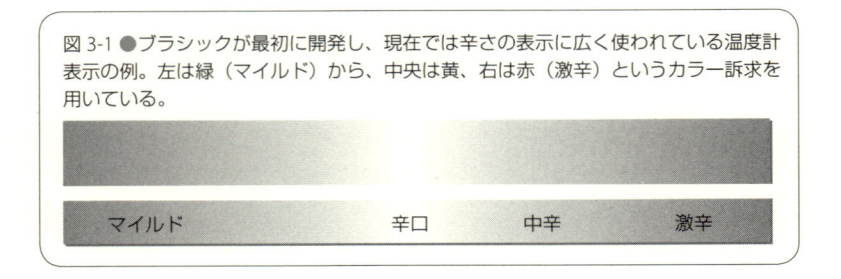

図3-1 ●ブラシックが最初に開発し、現在では辛さの表示に広く使われている温度計表示の例。左は緑（マイルド）から、中央は黄、右は赤（激辛）というカラー訴求を用いている。

| マイルド | 辛口 | 中辛 | 激辛 |

パスタソースでお気に召すまま

　RDEを使った食品開発の事例の最後は、著者たちもこよなく愛する、パスタソースの話である。著者の1人、モスコウィッツはイタリアの町、ポレンツォにある「食の大学」の学生たちに、「金のリンゴ」と呼ばれるイタリア産トマトを使わずに「科学的な」パスタソースの作り方を教えることができる。

トマトは庭を飾るもの？

　トマトは学術的には「果物」[3]だが、1893年に米最高裁判所はニックスとヘデン訴訟で「野菜」とみなしうるとしている。米農務省によると、アメリカ人は1人当たり年間約22ポンドのトマトを消費し、その半分以上がケチャップとトマトソースの形で摂取している。[4] 実際に、アメリカ人は他の野菜や果物よりもトマトをたくさん消費しているのだ！

　トマトはもともとアメリカが原産で、紀元後700年初めにアステカ

とインカで栽培されていた。イタリア人のトマト製品に関する専門知識は輸入に端を発する。トマトが初めて発見されたのは、1493年のコロンブスの遠征のときである。16世紀に探検家が中央アメリカからトマトの種を持ち帰ると、ヨーロッパ人はトマトに注目するようになった。トマトはたちまち地中海沿岸諸国で人気となったが、北部地域にはなかなか普及しなかった。とりわけイギリス人は、トマトは美しいが有毒だと見なした。こうした恐怖心はアメリカの植民地にも受け継がれ、トマトが広く受け入れられるようになるまでに長い年月がかかった。

19世紀初め、ニューオリンズのクレオール人[★1]がトマトを細かく刻んでガンボ[★2]やジャンバラヤ[★3]に入れていたが、アメリカの他の地域やヨーロッパでは、トマトは庭を飾るものという位置づけのままだった。トマトがアメリカ中で幅広く使われるようなったのは、19世紀半ばになってからのことだ。[(5)]

パスタソースへのRDE適用例も、他の例と同じような始まり方だった。キャンベル・スープが味覚テストを実施したところ、がっかりするような結果が出た。みんなトマトを知っているが、キャンベル・スープのパスタソース「プレゴ」はそうではなかったのだ。

プロジェクトが開始された当時、キャンベル・スープはスープに注力していた。トマトのパスタソースについては、「ラグー」という他社ブランドが市場を独占していたので、慎重な態度をとっていた。アメリカで本格的なイタリアのパスタソースを作ろうとするのはなかなか大変だ。イタリア人の母親やシェフが何十年も作ってきたソースとまったく同じパスタ料理を開発するのもさることながら、アメリカ人

---

3) トマトは子房が大きくなって果実となる。
4) www.fsa.usda.gov.
5) Maguelonne Toussaint-Samat, *History of Food* (New York: Barnes & Noble Books, 2003); James Trager, *The Food Chronology: A Food Lover's Compendium of Events and Anecdotes, from Prehistory to the Present* (New York; Henry Holt and Company, Inc., 1995).
★1 初期フランス移民の子孫。
★2 アメリカ南部の郷土料理。野菜、特にオクラとスパイスが入った煮込み。
★3 同じくアメリカ南部の郷土料理。鶏肉、エビ、ハム、タマネギ、トマトなどが入った炊き込みご飯。

の嗜好についても問題があった。顧客がパスタソースに何を望んでいるかがはっきりしていなかったのだ。これまでに挙げたマックスウェルやピリ辛ピクルスでも同様の問題に直面したが、おそらく理由は同じだろう。私たちがここで扱っているのはアイデンティティの基準だ。つまり、知覚的な観点から「おいしさ」と「本物感」を兼ね備えているか、である。

　この点について、マルコム・グラッドウェルは「ケチャップの謎」という示唆に富む記事の中で鋭い指摘をしている[6]。私たちはアイデンティティの基準に合った新製品を望んでいるのだが、往々にして何を拠り所にすればよいかわからずにいる。ただし、そうした状況は少しずつ改善されている。

　多数のトマトの専門家を含む開発チームは、キャンベルの味覚テストの結果から、トマトよりもパスタソースが重要だということを知った。しかし、具体的に何を目指せばよいのだろうか。パスタソースの場合、非常に多くの代替案がある。限られた3、4種類のコーヒー豆を組み合わせてブレンドを作るのとはわけがちがう。また、酢、にんにく、胡椒などのスパイスを一度扱えば、大半の製品に通用するピクルスのようにもいかない。

　パスタソースの場合、家庭で消費者を観察し（エスノグラフィー）、彼らに話を聞く（フォーカスグループ）ことによって、迅速な答えを期待していた人にはやや気の滅入るような、驚くべきパターンが明らかになった。フォーカスグループや調査に参加した人々の多くが、「企業の指示通りには製品を扱わない」と述べたのだ。参加者はそれぞれ個人のレシピを披露したがった。家族の夕食を用意するとき、店で買ったパスタソースそのままを使うわけではなく、「自分なりの解釈」でオリジナリティを加えて、違いを出していたのだ。

　「現時点では難しいかもしれないが、15年後に、全ブランドが複数のバリエーションを持つようになったとき、大きなブレークスルーだったとわかるだろう」と、グラッドウェルは書いている。「ラグーもプレゴもプラトニックなパスタソースを作ろうとして懸命になって

いた。……イタリアで作られているようなソースだ。……しかし、一度人間の変わりやすさの原因に気づけば、古い正当性など完全に消えてなくなる」[7]

プレゴの実際の作業は少し異なる形で始められた。開発チームはすでに知られている材料を使う代わりに、人々がパスタソースをどのように使っているかを観察した。そして、すぐに4つの材料の配合を変えれば片付く問題ではないことに気づいた。少なくとも当初は、すべての材料を使って完璧なパスタソースを作ることが目標ではなかった（より複雑で完璧なパスタソースという開発戦略が掲げられたのは、彼らが労せず収益を上げるようになった何年か後のことで、ここで取り上げているのはその前の話だ）。真の課題はやるべきことを正確に特定することで、それが決まらない限り動きようがなかった。

先回りして考えるのは難しいことだ。とりわけ真似するものがない場合はそうだ。コーヒーやピクルスはパスタソースに比べてシンプルだ。専門家が何と言おうと、これらの食品の知覚経験ははるかに狭い範囲のもので、加える材料の幅は気にしなくてもよかった。パスタソースの場合、メーカーが製品に付与する特徴と、顧客が調理中に追加する特徴との「シンフォニー」のようなもので、もっと幅が広い。トマトの味以外に、スパイスの効き具合、甘さ、酸味は言うまでもなく、舌触り、微粒子や含有物の種類、風味などが絡んでくる。いずれもトマトの味そのものによる影響とはまったく異なるものだ。

努力と期待される結果との間には現実的なトレードオフが多少あったが、少なくとも発見段階では話はとんとん拍子に進んでいった。キャンベル・スープの製品開発者はすぐに問題の複雑さに気づき、選好度のカギと思われる6つの材料を特定した。それを用いてRDEがはじき出した45の異なる組み合わせを作り、調査を行った。

RDEのロジックは相変わらずとてもシンプルだった。目標はパスタソースの材料の最良の組み合わせを明らかにし、すべての知覚経験

---

6) Malcolm Gladwell. "The Ketchup Conundrum," *the New Yorker* (6 September 2004): 128-135.
7) Malcolm Gladwell. "The Ketchup Conundrum," *the New Yorker* (6 September 2004): 128-135.

を司る法則を見つけること。配合は多ければよいというものでもない。ある感覚、たとえば甘みが増せば、顧客は初めのうちはその製品のほうが好きだというが、結局一番好きなのは中程度の甘みだったりする（それが彼らにとって最適な状態、「至福点」なのだ）。この最適な甘みに達したあとは、甘みが増すほど選好度は低下する。感覚と選好度の関係は逆さのU字型の曲線を描く。この曲線を念頭において、開発者はそれぞれの材料につき、違いが明確な3つのレベルでテストを行った。パスタソースの6つの材料の場合、それぞれ3つのレベルなので、組み合わせの総数は3を6回掛け合わせた729となる。開発者とRDEにとって幸いにも、近道があり、729の組み合わせをすべて作る必要はなかった。統計の設計上、45種類、最小でも29種類で何とかなることがわかった。45種類でもパスタソースを作るのは大変だが、そこから得られるものは計り知れないほど大きい。

　これだけの規模の実験となると、開発者はまったく違う種類の手ごわい問題に直面する——いったい45種類ものパスタソースをどうやってテストすればいいのだろうか。マックスウェルハウスのように、いくつかのコーヒーメーカーで簡単に作れるコーヒーのテストとはまったく趣が異なる。ピクルスの瓶詰めのふたを開けて、1本を4つに切って、4人にそれぞれ渡すのとも勝手が違う。パスタソースの場合、味覚テストをしようと待ちかまえるパネリストに、温かいパスタに出来立てのソースをかけて出せるように、気を配りながら手早くつくらなくてはならない。4つのコンロがついたオーブンを3つ使って、一度に5種類のパスタソースをつくり、何回かに分けて被験者に料理を出す。その作業を9回繰り返す様子を思い浮かべてみてほしい。[8] 結局、異なる順番で45種類のパスタソースを用意するというフィールドワークがいくつかの都市で実施された。こうして300人以上のデータが集められた。

　どのRDEの事例でも、結果がわかるまで、みんな固唾を呑んで見守るものだ。製品は大丈夫だろうか。新しいパスタソースは舞台のそででこっそり待機しているだろうか。プレゴの場合、だれもが信じていたよりもはるかに説得力のある結果が得られた。パスタソースは程よくばらつき、高得点の試作品もあれば、期待以下の成績の試作品も

あった。最大の成果は、パスタソースの消費者には3つの明確なセグメントが存在し、それぞれ100点中65点以上のソースに魅力を感じていたことだ。これはすばらしいニュースだった。まさにマックスウェルハウスやブラシックが味わったのと同じタイプの話だが、まだ続きがある。次世代のパスタソースに何を望むかと尋ねられると、多くの人が新しい材料を使ったパスタソースを提案したのだ。

その後、プレゴは1種類ではなく、シリーズで製品を投入していった。レギュラー伝統派向けのソース、インパクト派向けのスパイシーなソース、舌触り重視派向けのソースというように、まったく異なる要望を持つセグメントに向けてそれぞれ新しいソースを用意した。3つのセグメントのうち、舌触り重視派が最も重要だった。というのも、スーパーマーケットには当時、エクストラ・チャンキー（大きな塊入り）というパスタソースは存在しなかったからだ。ほとんどの人々は実際に食べてみるまで、それが好きかどうかわからなかった。

それから数年かけて、プレゴのマネジメントや製品開発者はRDEモデルを使って新しい材料のソースを「呼び出した」。ちょうどゼネラルフーズがコーヒーを、ブラシックがピクルスを呼び出したのと同じように。実際に、「製品の配合を呼び出す」ことはRDEの成果物の1つであり、そこで使われている法則が新製品のガイドとなる。RDEモデルで現在進行中の開発の方向付けと、収益性を確保しつつ、消費者調査も引き続き実施し、マッシュルーム、ミート、菜園の野菜など、さらに複雑な材料を使った製品の受容傾向を明らかにした。

競合企業もプレゴのRDEテストの価値を認識した。負けてはいられないと、競合ブランドはすぐにプレゴの戦略を研究し、自らもこうしたセグメントに訴求する製品を投入し始めた。いくつかのケースでは、プレゴの製品についてリバース・エンジニアリングを行い、この拡大するカテゴリーからの恩恵を享受しようとした。

今日、プレゴに成功をもたらしたRDEの活用に刺激されて、競争

---

8) 回答者には毎回1種類のソースが出され、全部で45種類のプロトタイプのうちの9種類を試食してもらう。

は熾烈になっている。市場調査会社のミンテル・インターナショナルによると、パスタソース市場は2004年に16億ドルに拡大し、2007年までに6％の成長が見込まれている。[9]

パスタソースのカテゴリーを従来支配してきたラグーは、プレゴが自社の領域を侵食していくのを目の当たりにした。プレゴの成功を受けて、ラグーは競争に遅れをとるまいと、2、3品だった製品の拡大に努めた。ラグーは今日、「オールド・ワールド・スタイル」「チャンキー・ガーデン・スタイル」「ロブスト」「ライト」「チーズ・クリエーション」「リッチ・アンド・ミート」など36種類のパスタソースと、6種類のサブブランド品を提供している。いずれもプレゴがRDEで見つけた嗜好別セグメントとタイプが似ている。めまいがするほど種類が多いのは、アメリカのあらゆる男性、女性、子供のそれぞれにほぼ最適なパスタソースがあることにほかならない。

ほんの15年か20年前には2、3種類だった分野が自ら急成長産業へと成長した。主要な棚争奪戦がそこかしこで行われ、小売業者はパスタソースの種類や売上げの大幅な拡大を目のあたりにしている。「私たちは特別にパスタソース用に直線距離にして64フィート分を使っている」と、ニュージャージー州リンゴーズにあるベルドゥッチズ・フード・マーケットのジョー・ダレサンドロは語る。「現在は膨大な種類の高品質の特製ソースを扱っている。消費者は何種類も試し、たくさん買っていく」

ニューヨーク州ハーツデールのトゥルコズには、プライベート・ブランド品も含めて、20ブランドのソースが置かれている。ソースの価格はクォート瓶＊が5.99ドルで、週に約500ガロン（約1,892リットル）売れている。[10]

今日スーパーマーケットの通路を歩くと、何種類ものパスタソースを見かけるが、その多くが1世代、2世代、あるいは3世代目のRDEのデータを使って開発されたものだ。製品の多くは申し分のないおいしさで、一部には、シーフード入りパスタソースのように、特定のセグメンテーションの最先端を行き、新たな展望を感じさせる製

品もある——このカテゴリーはまだ新しく、プレゴが最初に境界線を破ったときには考えもつかなかった。

このことが他の人々にも重要なのはなぜだろうか。第2章でも取り上げたが、2004年のモントレーの会議のスピーチでRDEを取り上げたマルコム・グラッドウェルは、この質問に対して次のように述べている。

「モスコウィッツは、食品産業において顧客を喜ばせる方法を根本的に変えた。かつて食品産業の第一の仮説は、人々が食べたいもの、人々を幸せにするものを見つけ出す方法は直接彼らに意見を聞くというものだった。ラグーとプレゴは何年もフォーカスグループを実施したが、エクストラ・チャンキーがほしいと言い出す人はいなかった。少なくとも彼らの3分の1は心の底では望んでいたにもかかわらず。人々は自分でも何がほしいのかわかっていないのだ」[11]

プレゴの話で最終利益はどうだったかというと、その後10年間で、新カテゴリーは何万ドルもの価値があることが明らかになった。当時キャンベル・スープの市場調査の責任者だったモニカ・ウッドはこう語る。「たくさんの具材が入ったスパゲッティソースを好む第3のセグメントがあり、まったく未開拓だった。そこで1989年から90年にかけて、プレゴ・エクストラ・チャンキーを発売したところ大成功した」[12]

---

9) Mintel Reports, "USA, Food and Foodservice: Pasta Sauces," April 2005.
10) Nicole Potenza Denis, "Pasta Sauce Goes American," Specialty Food Magazine Nov/Dec 2004: 44-48; www.specialtyfood.com.
11) Malcolm Gladwell. "What every business can learn from spaghetti sauce," TED 2004 Conference, February, 2004, Monterey, CA, www.ted.com.
12) Malcolm Gladwell. "The Ketchup Conundrum," *the New Yorker* (6 September 2004).
★ 1クォートは4分の1ガロン、約0.95リットル。

規律的なアプローチの意義

　そろそろ RDE が、ビジネス・セラピストのオフィスで聞く午後の心地よいセッション（参加者はビジネス関係の束縛から抜け出し、新しいクリエイティブな態度を身につける）以上のものだとわかってきたのではないだろうか。一部の観察者がこの RDE のプロセスを見たら、何と言うだろうか。魔法のようなことは何も行っていない。「なるほど！」と膝を打つような経験もない。むしろ単調で地味な試験で、少しましな言い方をすれば、アスリートが大きな試合の前にコンディションを整えるために通る紆余曲折のプロセスのようなものだ。

　第 1 章、第 2 章で紹介した、マックスウェルハウスのコーヒー、ブラシックのピクルス、キャンベルのパスタソースはいずれも、型破りなことを行ったら突然、次世代製品の展望が開けて、スーパーマーケットの棚から買い物かごへ、家庭へ、皿やカップへ、さらには消費者の心へと飛び込む製品になったという話ではない。これら 3 つの製品は、企業がいささか不愉快な思いをしながらも、熱心に実験に取り組んだおかげで誕生した。通常のやり方の製品評価では、期待していたほどの高い評価は得られなかった。

　ここで魔法が使える侵入者が現れて、突然すべてを変えてしまうことはない。新しいコーヒー、ピクルス、パスタソースが登場して、何もかもが永遠に変わってしまう、ゼロ時間やビッグバンは存在しない。そうではなく、時とともに人々が変わっていったのだ。人々は常に変化し、いつも買っているものに飽きてしまう。ためらったり迷ったりしている顧客を多数の供給業者が待ち構えている選択経済では、これは避けられないことだ。消費者が別のコーヒーやピクルス、パスタソースへと移るのは、ただ味の好みが変わるからだ。

　では、RDE は何を行ったのだろうか。企業の大変身を示すような根拠は何も見当たらない。ピクルスのマンハッタン・プロジェクトもなければ、コーヒーやパスタソースに関する大がかりな取り組みもない。それどころか、いつもの通りにビジネスが行われているだけだ。

唯一の違いは、今回は関係者が、自社製品がどのように機能するかを理解し、幅広い選択肢をカバーする実験計画法に基づいて複数の試作品をつくり、かなり大規模な実験を行い、自分たちの戦略を的確に学び調整することで問題を解決しようと決めたことだ。RDEが定める順序に沿って設計し実行しデータ分析するという規律を守った結果が、最終利益につながったのだ。わくわくするのは、一連の数が平均値へ、平均値から明確な知覚的嗜好を持つ異なるグループへ、さらにこのグループから方程式へと、データが変化するときだ。本当の醍醐味は結局、RDEを使ったモデルや得られた結果の方程式を使って「製品を呼び出す」新しい企業能力を獲得し、それをまだ経験の浅い製品開発者やアシスタント・ブランドマネジャーの手にゆだねるところにある。これらは製品の将来の保護者役となり、最初の実験で得られた目に見える成果をとことん享受するものだ。そして、これはその後の道のりにも役立つ。

失敗は成功の母

　ビジネス書では決まって章末に名言やまとめの言葉が載っているものだ。ここでは、何を言うべきだろうか。プロセスが「控えめでシンプル」なことか。単に食品に科学を適用したことか。母は偉大だということか。そうではない。

　私たちが学んだことをまとめると、こうなる。早まった判断は禁物だ。予算が少ないことやリスクがありそうだという理由で、実験のアイディアをお蔵入りさせるのはやめよう。その代わりに、科学的手法を用いて実験をしてみよう——それも楽しく。危ないことは何もない。たしかに、何時間もかけて試作品をつくっても、まずい味になることもある。しかし、企業はパターンやマップやガイドに従うことで、製品を呼び出せるようになった。どちらかといえば、さらなる判断を下すときに、自分たちがあまりよくわかっていないことを学んだ。

　最大の学びはおそらく「誰しも永遠に生きるわけではない」という

ことだ。実験の過程で劣った製品ができたとしても、企業の財務諸表を損なうわけでも、汚点として開発者やマーケターに一生涯つきまとうわけでもない。アメリカで最もイノベーティブな企業の1つであるIDEOは、オフィスに「失敗は成功のもと」という諺を掲げている[13]失敗は実験の裏面でリスクをとることだ。そして、リスクをとらなければ、決して成功することはないだろう。

　たとえば、証券会社のチャールズ・シュワブはeシュワブという成功の方程式に行き着くまで何回も失敗した。同社の歴史は、リスクや失敗、修正、さらなるリスクの連続で、その結果として今の成功がある。あまりにも失敗を重ねたので、シュワブが自ら「気高い失敗」という言葉をつくって、障害をものともせずに最前線のビジネスを進められるようにした。複数の試作品のアイディアは、間違いを犯すことへの恐怖という精神的障害を取り除く。試作品の大半は、選好度の「最頂点」を見つけるために、受容可能な限界（そして、それを超越するもの）でなくてはならない。

　企業にとっての意外な学びは、開発がとても楽しくなりうることだろう。調査で発見した製品の法則に基づいて「ホームランを打つ」ことに勝る面白さはない。この非常に厳格で科学的、規律的なやり方を実行すれば、すばらしい製品を作れるという事実も魅力の一部である。その魅力はRDEの参加者の心をつかんで離さず、後から半生を振り返ったときに、数あるビジネス戦争の話題の中で思い出として取り上げる人も多い。

<u>パスタソースとiPodの共通点</u>

　ユージン・ウォリングフォードは、自分のウェブサイトに風変わりな写真（巨大なシリアルの箱の前に立っている写真で、シカゴマラソンに参加した後に主催者に断った上で撮ったそうだ）を載せているが、れっきとした北アイオワ大学の准教授で、コンピュータサイエンス学部長でもある。血迷っていないことの証として、その写真の横にはロダンの「考える人」の画像が置かれている。彼はXP（エクストリーム・

プラグラミング）というソフトウエア開発手法の賛同者だ。XP は効果的だがより感覚的・経験的なプログラミング手法の１つで、完全に計画的で官僚的な性格を持つ。多くの場合（少なくとも「インドのシリコンバレー」と呼ばれるバンガロールの外では）、はるかに高価で遅いソフトウエア工学の対極をいく。

ウォリングフォードは以前、バスケットボールの試合開始を待つ間にブログを書いた。その「iPod とパスタソースの共通点は何か」[14] と題したブログの中で、彼は先述したグラッドウェルの「ケチャップの謎」という記事を、ポール・グレアムのエッセイ「メイド・イン・アメリカ」[15] とともに分析している。グレアムのエッセイは、アメリカ人にはうまく作れるものと作れないものがある理由を説いた著書『ハッカーと画家』[16] が日本で出版されるときに書き下ろしたものだ。

「偶然にも、どちらの記事でも、（形式は違うが）デザイン、巧みな処理、ユーザーが自覚していないニーズを満たすなど、同じような野心的構想が語られていることに驚いた」と、ウォリングフォードは書いている。

すばらしいデザインを作り出す最初のアプローチとして、グレアムは iPod の例を挙げている。買った後（初期化を行ったとき）の彼の感想は次の通りだ。「iPod を買ったばかりだが、ただのすばらしさではない。びっくりするほどすばらしい。自分でも驚いたが、そうとは気づいていなかった期待を満たしてくれる。フォーカスグループを行ってもそうした発見にはたどり着かない。偉大なデザイナーだけが発見できる」

別のアプローチは iPod とは正反対で、世の中の状態を評価して、誰

---

13) Tom Kelly, *The Art of Innovation: Lessons in Creativity from IDEO, America's Leading Design Firm* (NY: Currency, 2001)　トム・ケリー著『発想する会社！』（鈴木主税・秀岡尚子訳、早川書房、2002 年）
14) Wallingford, Eugene. "What Does the iPOD have in Common with Prego Spaghetti Sauce?" Blog: November 22, 2004 (http://www.cs.uni.edu/~wallingf/blog/archives/monthly/2004-11.html#e2004-11-22T09_45_54.thm).
15) Paul Graham, "Made in USA," November 2004, www.paulgraham.com/usa.html.
16) Paul Graham, *Hackers and Painters: Big Ideas from the Computer Age* (Sebastopol, CA: O'Reilly Media, 2004). ポール・グレアム著『ハッカーと画家』（川合史朗訳、オーム社、2005 年）

も自覚していなかったが、かゆいところに手が届く製品を生み出す天才的デザイナーに依存するものだ。ウォリングフォードによると、プレゴの最適化のアプローチは、技術を用いてたくさん試作品を作って実験する「技術と恐れ（art and fear）」[17]という哲学的伝統に近いという。保存期限はなく、数を作るほど何かしらの価値を生み出す確率が高くなる。

しかしプレゴの事例には、RDE のアプローチの潜在的な恩恵が他にも隠されていると、ウォリングフォードは指摘している。たくさん作ることで、デザイナーは特に既存のものとは違うものを打ち出すときの恐怖心を克服できる。加えて、多くの経験を積むことで、うまくいくもの、いかないものに対する感覚が養われる、としている。

グレアムは、なぜアメリカ人はソフトウエアなどのデザインは得意で、車などのデザインは不得手なのかを解明しようとした。彼の分析によると、車のデザインに関する問題は「アメリカの自動車メーカーは優れたデザイン感覚に依存する代わりに、人々が望んでいるものを語るフォーカスグループに依存している」からだという。

では、どうしてアメリカはソフトウエアの類のデザインは得意なのだろうか。グレアムによると、アメリカ人にはスピード志向があり、一部の製品は「正確さ」を期すことを強調しすぎずに、スピーディーに行ったほうがうまくいくという。「ゆっくりとした緻密な作業では、最初の誤った考えをご丁寧に実行することに終始し、早まった最適化をしてしまう。試作品を素早く作って、そこから得られる新しいアイディアを見たほうがよい」[18]

グレアムはこんな指摘もしている。

「何度も実験せよ。それも迅速に。そしてそこから学べ」

❋　❋　❋

起業家アリソンは、「ほとんどの人」は味わってみるまでそれが好きかどうかわからない、という重要な学びは、サムの物語で早々に察していたことだが、科学的な確証が得られたことは収穫だった。では、新製品の構想を推進しようとする際に、他にも学べる点はあるだろうか。

　アリソンには十分な時間とお金をかけて定量調査をするだけの経営資源もなければ、自分のニッチビジネスではランダムな実験や複数のフォーカスグループを実施する余裕もなかった。何カ月もの時間とひと財産（彼女はまだ持っていないが）を投じた後で、自分のアイディアが間違っていたとしたら、売れない製品の中での「最適なタイプ」、言い換えると「ワースト中のベスト」を作るだけで終わってしまうかもしれない。

　成功率を高めるために、アリソンは異なる特徴の試作品をいくつも作ってみたほうがよい。これらの特徴に幅を持たせることを恐れてはいけない。たとえば、ごく薄い水色から濃紺まで色に変化をつけ、（単純な実験計画法に沿って）異なるパターンで組み合わせるというように。その後でごくシンプルな分析をすれば、消費者が最も好む組み合わせが導き出せるだろう。RDEを使えば、アリソンはさほど煩わしさを感じずに、結果として出てきた製品を販売でき、より大きな利益がもたらされるだろう。

17) David Bayles, Ted Orland, *Art & Fear* (Eugene, OR: Image Continuum Press, 2001)
18) Paul Graham, "Made in USA," November 2004, www.paulgraham.com/usa.html.

How to Make People Feel Good
Even When They Pay More

第**4**章
顧客に気前よく
支払ってもらう方法

モスクワのアルファ銀行のニュースリリース（2006年9月19日）を紹介しよう。

　ロシアのモスクワで、アルファ銀行とアエロフロートの共同プログラムは、マスターカードの2006年ヨーロッパ共同ブランド・パートナー・オブ・ザ・イヤー賞を受賞しました。「2005年と2006年に最も巧みに導入された」プログラムとして評価されていました。[1]

　銀行が新しいクレジットカードを立ち上げるとき、経営幹部は必ずしもニュースリリースでそのプロジェクトを殿堂入りさせるという目標を発表したり、内情を明かしたりはしない。ビジネスの目標はカードを成功させることにある。その他のことは、カードの新設との直接的な相関性はゼロである。

　アジアや他の途上国で経済力をつけてきた新中間層が増加するのに伴い、クレジットカード市場は毎年成長している。市場規模も大きい。アメリカ人はクレジットカード発行者である銀行に、毎月8,000億ドルを借りている[2]。これはオーストラリアのGDP（国内総生産）を超える金額だ[3]。参考までに、イギリス人は970億ドル（ニュージーランドのGDPに近い）、オーストラリア人は190億ドル（パナマのGDPと同等）だ。また、2004年の人口統計に基づいて、子供も含めた1人当たりの数値に換算すると、アメリカ人は2311ドル、イギリス人は1616ドル、オーストラリア人は950ドルとなる[4]。

　カード発行会社の間で多頻度利用者の獲得競争は激しさを増している。新しいカードを成功させるにはどうすればいいか。誰かにクレジットカードに申し込んで使ってもらうためには、どんなことを言えばいいか。さまざまな銀行がクレジットカードのアイディアや広告を次々と打ち出しコモディティ化が進んでいる製品分野で、どんなタイプの特典サービスを提供すればいいか。しかも、ほとんどの試みが失敗に終わっている状況において。

　ここで少しギアチェンジをしてみよう。クレジットカードの代わりに宝石を売るとして、顧客の心を甘く誘う送り状になっているかどう

かを知るには、どうすればよいだろうか。

　本章では、マスターカードとケイ・ジュエラーズという2つの事例で、コミュニケーションの問題を取り上げ、RDEを用いたアプローチ、発見、提供物、好ましい結果について紹介する。RDEは両社にこれまで手がけたことのない不可欠な宿題をするように促した。そのご褒美はほんの2、3週間で明らかになった。

　第2章や第3章の食品業界の事例で見てきたように、RDEは魔法ではない。開発を構造化し、成功を保証するための規律的な手法だ。とりわけ顧客がその製品を必要としたり、ほしがったり、自分の好みだと自覚していないときに有効である。この方法は、顧客にサービスを提供するほぼすべての産業で、幅広いメッセージ（サービス）の最適化にも利用できる。

香港で新しいクレジットカードを立ち上げよ

　クレジットカードは何もないところからは生まれない。通常それは、マスターカードのようなクレジットカード会社とさまざまな銀行との取引によって成り立っているサービスだ。

　2、3年前の11月初旬のある寒い晩、ロバート・ウェズリーがリーダーを、メバ・ヘフラーがサブリーダーを務める共同ブランディング・グループは、2006年に株式公開したクレジットカード大手のマスターカードの地下室に集合した。2人のリーダーはマーケティングのベテランで、マスターカードとHSBC（香港上海銀行）の取引をまとめる仕事を担っていた。

---

1) ロシアのAlfa-Bankの2006年9月19日付ニュースリリースより。
2) www.cardweb.com.
3) www.cia.gov.
4) www.cardweb.com.

マスターカードが検討中の取引案件には、共同ブランドにするか、次のサッカーのワールドカップの開催に合わせた提携カードを発行するか、という選択肢があった。マスターカードはカードを新設するときに、イベントを絡めた機会を探る。ワールドカップの開催に合わせた提携カードは、その年に予定されている他のクレジットカードの企画には含まれていなかった。

HSBCの必勝サービス

2週間の調査によって、マスターカードの担当グループは迅速に動く必要があることを理解した。香港でフォーカスグループを実施し、月曜日と火曜日に2、3人の顧客と話をして、金曜日までにクレジットカードのプランを立てる、という悠長なペースでは話にならなかった。以前はそうした標準的な流れに則っていたが、特にブレークスルーを伴う結果は得られなかったのだ。

マスターカードがRDEを使って、ワールドカップに合わせたHSBCクレジットカードを作り出すという話には、それほど意外性はないかもしれない。ここで興味深いのは、そのやり方だ。というのも、RDEはその後、他の多くのプロジェクトの成功に向けた見取り図として使われたからだ。非常に競争が激しく、素早く確実で結果志向の考え方やメッセージが求められる気苦労の多い状況下で、開発チームがRDEをどのように使ったか、ステップごとに見ていこう。

ステップ1：問題の特定、アイディア出し、編集を行い、修正後のアイディアをカテゴリーに整理する

RDEは思考を強要する。基本的には、RDEはマスターカードとHSBCに対し、自分たちが提供できること、言えることを特定するように促し、出てきたアイディアを「格納庫（カテゴリー）」[5]に整理する。表4-1は、クレジットカードのカテゴリーの例で、成功した要素と失敗した要素を表にまとめたものだ。RDEは豊富なデータを生み出す。

表4-1 ● HSBCクレジットカードで有効なメッセージやビジュアルの効用(効果)は太字で表わしている。効用は、この要素が使われたときに「興味がない」から「興味がある」へと変わった人の割合を示す。加算定数は、コミュニケーションを行わなくても、カードに興味を持っている人の割合である。

番号	メッセージ／ビジュアル	効用(効果)
	加算定数(基本的な関心度)	14
【ビジュアル】		
VS7	銀行のロゴ、ワールドカップの白いロゴ、白いサッカーボール	**6**
VS12	ペレの写真	4
【推薦者】		
SP2	ペレの推薦	4
SP3	オウ・ウェイランの推薦	-3
【現在の特典】		
ON5	カードのポイントがたまるとテレフォンカードがもらえます	**8**
ON10	スポーツ雑誌の購読料が割引されます	-1
【感情】		
EM4	カードを使うたびに、ワールドカップ支援の意思表示となり、景品がもらえます	**6**
EM5	カードを使うたびに、ワールドカップ支援の意思表示となり、地域の若者向けスポーツプログラムに寄付されます	3
【全体的な特典】		
GE9	ボーナスポイント・プログラム。ポイントを使って年会費の割引、ツアー旅行の割引、飛行機のマイル、キャッシュバック、品物のプレゼントが受けられます	**13**
GE5	商品購入後30日以内の損失、盗難、破損に対し3万香港ドルまでの保険がつきます	**11**
GE6	レンタカーのハーツの特別ディスカウントをご利用いただけます	-2
【名称】		
MA8	「スポーツ・ファン・特別カード」の導入	3
MA2	「1998年ワールドカップ記念カード」の導入	3
【申し込み】		
AP4	カードに申し込むと、ワールドカップ記念時計がもらえます	**13**
AP7	カードに申し込むと、20香港ドル相当のレストランの金権がもらえます	**-6**
【獲得】		
AQ17	抽選に応募すると、2名様向けワールドカップ・フランス大会予選観戦ツアーが25組に当たります	**13**
AQ18	抽選に応募すると、ワールドカップ・フランス大会予選観戦ツアーが5組に当たります	**12**

5) 選好度やロゴなど、似ているアイディア(要素やメッセージ)のグループ

戦略と実行のいずれでも、基本的なアイディアやその表現方法において、RDE で試したアイディアの幅広さが実感できるだろう。

　RDE の調査では、マスターカードでテストする要素が多ければ多いほど、顧客のほしがるカードにつながる可能性が高くなることを念頭においてほしい。ごく限られた数のアイディアをテストしただけで、クレジットカードを立ち上げるのは得策ではない。メッセージに説得力がなかったり、グラフィックがよくなかったり、アイディアに魅力がなかったりすれば、顧客は面白くないはずだ。したがって、最初のステップは基本的に宿題のようなものといえる。あまり人気はないが、通常は生産的で、全体の鍵を握るステップだ。

　マスターカードの主要な課題の 1 つはクレジットカードの外観を決めることであり、カードのデザインに詳しいアーティストとチームを組んで作業を進めていった。図 4-1 は、アーティストが考えたカードのデザインだ。開発チームは、新しいカードのサンプルをつくったが、誰もカードの見た目がどれだけ重要で、どんな外観がよいか知らなかった。そこでチームは、複雑なものからシンプルなビジュアルまで、15 種類のサンプルを作ってテストを行った。こうしたサンプルもテストの要素の一部となる。

ステップ 2：テスト・コンセプトに要素を組み込み（混合とマッチング）、異なる組み合わせを評価する

　マスターカードは、各要素の効果や顧客の関心を推測するために、要素の組み合わせを体系的に変える方法を使った。ここで頭に入れておきたいのは、RDE が組み合わせを体系的に変える点だ。加入者の獲得に貢献する要素を見極めたり、個々の参加者のレベルを特定したりする能力は、この体系的なアプローチから生じる。

　RDE の実験計画法には、メールでの勧誘メッセージに似たカード広告も含まれている。各カード広告（テスト・コンセプト）には、異なるカテゴリーの要素が 1 つから 5 つ含まれている。開発チームはステップ 1 で異なるカテゴリーを 8 つ作ったが、このプロジェクトで

図4-1 ● RDE調査に用いたクレジットカードのデザインのサンプル

　使ったRDEの実験計画法では、特別に3つ、4つ、ないしは5つのカテゴリーを選び出し、各カテゴリーからそれぞれ1要素を抽出して、特定の組み合わせが作られた。[6] その後、回答者に提示してすべての要素についてテストする。統計学に基づく実験計画法により、こうした作業は確実に行われる。

　RDEのグローバル化で避けて通れないことの1つに、すべての関係者が実施内容を理解できるように、調査に使う材料をすべて適切な言語に翻訳することが挙げられる。クレジットカードのプロジェクトでも同じ懸念があった。マスターカードの場合、コンセプトの要素を中国語に訳した後、別の翻訳チームがその中国語をもう一度英語に訳し戻す作業を行った。この戦略は懸念の払拭に役立つ。コンセプトの構成要素となるアイディアが十分に明確か、翻訳に耐えうるレベルかがはっきりとわかるからだ。訳し戻すと意味不明になるときには、そのアイディアは通用しないという早期の警告となる。

　ワールドカップカードのコンセプトの英語版を図4-2に、中国語版を図4-3に示した。RDEのインタビューのために飛行機で香港に向かう途中、コンピュータがすべての組み合わせをはじき出した。

---

[6] 回答者の作業を速めるために、RDEはコンセプト内のカテゴリー数を制限している。このケーススタディではカテゴリー数は5つだが、実験計画法に基づいて3つ、4つ、6つなど異なる数となる場合もある。

図 4-2 ●ワールドカップ用クレジットカードのコンセプトの英語版サンプル。コンピュータにプログラムされた RDE の個別の設計に沿って、コンセプトを構成する要素を混合させて作成した。

図 4-3 ●ワールドカップ用クレジットカードのコンセプトの中国語版サンプル

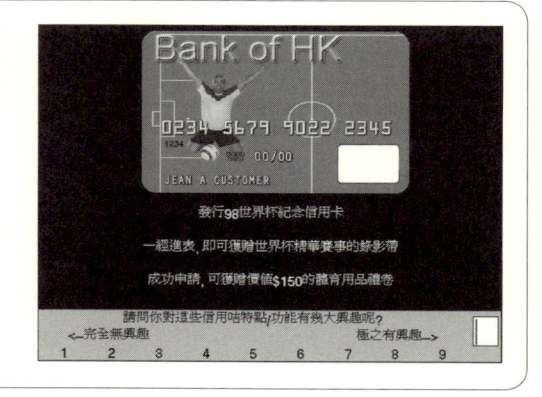

表 4-2 ● 6 要素（1～6）ずつを含む 6 カテゴリー（A～F）で構成された実験計画法の例

コンセプト	要素			
1	A5	B5	D3	F6
2	A2	B5	D4	F4
3	B2	C3	E4	
4	A4	B1	E1	
5	A1	C5	D6	F3
6	A5	B1	D2	F3
7	A3	B4	C1	F6
8	A3	B3	C4	F2
9	B2	D3	E4	
10	A3	C2	D2	E1

技術面の補足情報

注意：この部分は、RDEのプロセスをさらに理解したい読者向けの情報である。RDEの力を借りる上で、詳細まで理解することは必須条件ではない。一連のプロセスはすでにインターネットツールを用いて自動化されているからだ。2、3分目を通せば、それほど複雑ではなく、ある意味でエレガントでさえあるとわかるだろう。

36要素で構成された、わかりやすい標準的なプロジェクトの例で、このアプローチについて説明しよう。今回の実験計画法は6つのカテゴリーで構成されている。それぞれのカテゴリーに6つの要素が含まれていて、固定化された構造になっている[7]。デザインごとに（要素の総数によって、1つのデザインが複数回、別の回答者に適用されることもある）、RDEツールは異なるカテゴリーや要素のセット[8]を選び出す。この基本アーキテクチャーは維持されるが、個々の回答者は異なる置換配列でテストを行う[9]。回答者ごとに、36要素について48の組み合わせ[10]が個別につくられる。表4-2は1人の回答者用の基本的アーキテクチャー（一部）の例である。たとえば、B5はカテゴリーBの要素5を示している。空白の欄は、そのコンセプトには3要素しかないということだ。ここでは最初の10行のみを紹介したが、大まかなイメージはつかめるだろう。

ステップ3：香港で調査を行い、消費者データを収集する

RDEの長所は、一度設計が決まってインタビューの準備が整うと、プロセスが自動的に素早く生産的に進むことだ。クレジットカードの調査は香港で速やかに行われ、わずか3日という最小の労力で済んだ。コンピュータを用いたアンケートにはこの種の簡便さがある。

---

7) 多数の異なるデザインが手軽に利用できる。
8) 異なる順番となることもある。
9) C. Marketo, A. Gofman, H. R. Moskowitz, "A New Way to Estimate Interactions in Conjoint Analysis," Proceedings of 7th Sensomentrics Conference, Davis, CA, 2004.
10) 統計的限界まで。特定の組み合わせは、ある回答者グループ以外で繰り返さないように設定することも可能である。

ステップ4：結果について検討する

　結果として、ワールドカップに向けたタイミングでクレジットカードを売り出すことになった。クレジットカードは1年目の目標をひと月で達成し、計画よりも2倍以上の顧客を獲得した。当時、6つの銀行が異なるワールドカップ用カードを売り出したが、迅速でシンプルで安価なRDEを活用したおかげで、HSBCのカードだけが生き残った。

　ここでの学びと、このプロジェクトがこれほど成功した理由は何か。重要な発見をまとめてみよう。

1　その国のクレジットカード利用者から迅速にデータを収集した。その参加者はHSBCの既存顧客以外の人も含まれていた。これは、新しく開発されたカードは他の銀行からの新規顧客を引きつけ、HSBCに満足しているコア顧客を増やせることを示唆するという嬉しい発見だった。

2　加算定数（詳細は後述）は14と非常に低かった。メッセージなしのカードに7〜9点（そのカードにとても興味があることを示す評価）をつけたのは7人中1人（14％）の割合で、これらの潜在顧客にはクレジットカードのアイディア（メッセージ）はまったく重要ではないことを意味している。

3　クレジットカードでは、2つのマインドセットのセグメント（買い物好き派とライフスタイル派）が明らかになり、動機付けとなるメッセージも2パターンに分かれた。HSBCはこのことを踏まえて、新しいカードの利用のきっかけとなる適切なアイディアの組み合わせを用いた。各セグメントを引きつけるアイディアのうちの3つは、買い物好き派とライフスタイル派の両方で受けが良く、パネル全体についても同様だった（効用が単独で13）。RDEからの示唆は、サービス実施期間中にこれらを必ずどこかに含めるべきだということだ。

　　● ボーナスポイント・プログラム。ポイントを使って年会費の割引、

ツアー旅行の割引、飛行機のマイル、キャッシュバック、品物のプレゼントが受けられる　13
- カードに申し込むと、ワールドカップ記念時計がもらえる　13
- 抽選に参加──2名様向けフランスでのワールドカップ予選観戦ツアーが25組に当たる　13

4　香港の参加者は2つのマインドセット以外のことも語っているようだった。最初の要素は、無料で何かもらえるボーナスポイントを約束している。2つ目と3つ目の要素（記念時計とフランス観戦ツアー）は、「モノ」とワールドカップの観戦希望とが組み合わさっていた。すでに述べたように、効用のパターンでセグメンテーションを行うと、2つのセグメントが明らかになった。「モノ」のセグメントが約半分、「ライフスタイル」のセグメントが残りの半分を占めていた。明らかに買い物好きな「モノ」派のセグメントはライフスタイル派のアイディアの一部を受け入れており、その逆も然りである。したがって、互いに相反しないので、この異なるグループに対してメッセージを混合させる戦略をとったほうがよい（**表 4-3** 参照）。

表 4-3 ●香港でのトップ項目と、主要な2セグメント用のクレジットカードのアイディア			
	合計	買い物好き派	ライフスタイル派
基本的な興味の度合い	14	16	9
【買い物好き派に有効な要素】			
＊カードを申し込むと、300香港ドル相当のブランド家電がもらえます。	11	16	7
＊ボーナスポイント・プログラム。ポイントを使って年間費の割引、ツアー旅行の割引、飛行機のマイル、キャッシュバック、現品などのプレゼントがもらえます。	13	16	11
＊カードを申し込むと、ワールドカップ記念時計がもらえます。	13	15	11
【ライフスタイル派に有効な要素】			
＊抽選に応募すると、2名様向けワールドカップ・フランス大会予選観戦ツアーが25組に当たります。	13	9	19
＊抽選に応募すると、ワールドカップ・フランス大会予選観戦ツアーが5組に当たります。	12	9	17
＊申し込んだカードで買い物をすると、スポーツ用品店で使える300香港ドル相当のギフト券がもらえます。	12	8	16

図 4-4 ●最適化されたクレジットカード（英語版）のメッセージとビジュアル例

＊カードの保有者はためたポイントでテレフォンカードがもらえます。
＊申し込んだカードで買い物をすると、スポーツ用品店で使える 300 香港ドル相当のギフト券がもらえます。
＊抽選に応募すると、2 名様向けワールドカップ・フランス大会予選観戦ツアーが 25 組に当たります。
＊カードを申し込むと、ワールドカップ記念時計がもらえます。

5　このセグメンテーションはクレジットカードの発売直後と、その後のフォローアップの顧客コミュニケーションで大きな威力を発揮した。嬉しいことに、一連のメッセージに対して両セグメントで大きな反響があり、迷惑なカードとは見なされず、顧客にとって魅力的で例外的に有益なクレジットカードとなった。

6　図 4-4 は、マスターカードの調査で浮かび上がった「最適化」を施したクレジットカードのビジュアル（見本）と発売時に用いたメッセージである。単に全データを見るだけでなく、言語に配慮したり、セグメントを特定したりするので、実に適切なメッセージの作り方と言えるだろう。

母の日に贈る宝石の購買単価を上げる

クレジットカードが何事も合理的に考えるホモ・エコノミクス（経済人）の側面を示すとすれば、宝石はもう 1 つの側面、主に感情で反応する部分を見せてくれる。宝石は愛情や達成感、時としてパワーを表す。宝石を獲得するという名目で、征服、略奪、殺人などが繰り広げられてきた。しかし同時に、宝石は最も優しい気持ちも表現する。

IDEO のトム・ケリーはしばしば、アメリカ産業界でイノベーショ

ンという魔法の箱を解き放った男と呼ばれるが、「今日の製品は経験の部分がより大きくなり、サービスにはリレーションシップが求められるようになっている」と考えている。[11] この顧客という宝物箱をどう解き放てばいいのか。どんなメッセージが彼らの心情に訴えかけ、長続きするリレーションシップを生み出せるのだろうか。

メッセージ作りの2つめの事例は、感情的要素と経済性が組み合わさったものだ。ショーズはスターリング・ジュエラーズが保有する宝石会社の1つで、高価な宝石を専門とする世界最大の小売業者、シグネットグループの傘下にある。スターリングはアメリカで12ブランドを展開している(ケイ・ジュエラーズ、JBロビンソン、ベルデン、フライドランダーズ、グッドマン、リロイ、マークス・アンド・モーガン、オスターマン、ロジャース、ワイスフィールド、ジャード、ガレリア・オブ・ジュエリー)。さらに、同社は全米に約1,100店舗を展開している。

1990年代後半、宝石業界は年間売上げが2桁成長を遂げたが、数年でブームが終わり、成長が鈍化し始めた。[12] 競争は以前にも増して熾烈になり、収益性も低下していた。

宝石プロジェクトでのRDEの目的は、ショーズの顧客が母の日に宝石を買う気にさせるような一連のメッセージを開発することだった。第2の目的は、購買単価を上げることだった。ここでは、環境的な要因も考慮しなくてはならない。アメリカでは18歳以上のほぼすべての人が、毎日さまざまな売り込みを受けている。推計では、毎年約170億冊のカタログが顧客に送られている。アメリカ人1人当たり約59冊、1世帯あたりで年間190冊にものぼる。ビクトリアズ・シークレット★だけでも、1日に100万冊以上のカタログを印刷している。[13]

---

11) Tom Kelley, *The Art of Innovation: Lessons in Creativity from IDEO, America's Leading Design Firm* (Currency; NY,2001).
12) "Jewelry Sales Stay Even for 2002," *Professional Jeweler* (October 13,2003); www.professionaljeweler.com/archives/new/2003/101303story/html.
13) Daniel Farey-Jones, "U.S. Environmentalists Target Victoria's Secret over Catalogue Waste," *Brand Republic* (April 18, 2005).
★ 女性向けのランジェリー、美容用品などの小売・通販業者。

ダイレクト・マーケティング業界は年間 360 万トンの紙を消費しているが、これは全印刷用紙の 13％以上になる。一般的に、クレジットカードと同様、こうした宣伝への反応はなく、ただ印刷費だけが消えていく。カタログは財務諸表の下部（最終利益）に響くだけでなく、ゴミ箱の下部へと向かうことになる。カタログ販売や販促活動をもっと成功させるには、どうすればよいか。顧客の心に入り込む「開けゴマ！」のような魔法の呪文は存在するのだろうか。

科学的アプローチでジュエリーのカタログを作る

一連の基本カテゴリーをつくり、その中でシンプルなメッセージ（要素）を開発するアプローチは、もうおなじみになっただろう。今回の RDE で用いるカテゴリーは、顧客パーセプション、感情的ベネフィット、ブランド認識、ディスプレーの描写、ジュエリーの描写、顧客サービス、在庫、保証、価値、宣伝であり、それに計 167 の要素が収められた。**表 4-4** にカテゴリーと要素の一部を、**図 4-5** にビジュアルの例を示した。

表 4-4 ●宝石用のカテゴリーと要素

感情的ベネフィット
＊本当に特別なお祝い用
＊次にジュエリーを買うときもこの店にする
＊自分がつけているジュエリーに誰かが気づいてくれると嬉しい

ブランド認識
＊アメリカで最も信頼されている宝飾店
＊鑑定書つきジュエリーを扱います

宝石の描写
＊ここ一番というときのダイヤモンド
＊流行スタイルのクラシック・ジュエリー
＊クラシック風ジュエリー

図 4-5 ●製品の特徴よりも感情や感覚的要素を強調しているビジュアル例。製品の写真は特定の機能に注目させるのではなく、全体の雰囲気を見せようとしている。

お店の写真　　商品の写真

人々の「情感にあふれた写真」

　宝石の RDE プロジェクトは、クレジットカードの場合と実質的に変わらない。もちろんテーマと参加者は異なるが、アプローチは同じだ。顧客リストをもとに依頼した参加者にサイトに来てもらい、コンピュータ画面で異なるコンセプト（図 4-6 参照）を見てもらう。評価をつける機能は利用しやすく、そのプロセスは楽しい。ここでの目標は、参加者に宝石を売ることではなく、顧客を店舗に呼べるメッセージを見つけることだ。

　宝石の RDE プロジェクトの本当の「収穫」は、メッセージを作って、より多くの宝石を売ることだ。ジュエリーでは、クレジットカードのように、少なくとも 2 つの異なるマインドセットが見つかった。ここでは仮に、楽観主義者（セグメント 1 ）と悲観主義者（セグメント 2 ）と呼ぶことにしよう。これらのセグメントがどのように特定されたかについては後述する。マーケティングでは、セグメントに名前をつけると、そのセグメントを具体的にイメージする際の助けになる。

第 4 章　顧客に気前よく支払ってもらう方法

図4-6 ●宝飾店のコンセプトの例。製品を強調するよりも、来店を促進するようなメッセージを用いている。

ジュエリーが究極のギフトだと知り尽くしているのはショーズだけ
ご優待のお客様には無料ニュースレターと特別セールスのご案内をお届けします
ご予算内で必ず見つかります
今週のみ、既にお安くなっているカタログ価格からさらに10%引き致します

この文章を読んでどのくらい宝飾店に行きたくなりますか。
1＝まったく行きたくない　〜　9＝非常に行きたくなる

図4-7 ●セグメント1（楽観主義者）向けの例

私の希望通りのお店
価値、品揃え、サービス
お店に行くと最高の気分になります
次にジュエリーを買うときもこの店で買いたい

図4-8 ●セグメント2（悲観主義者）向けの例

ジュエリーをあげたりもらったりするとき、意外性を期待します
鑑定書つきジュエリーを扱います
マイペースで買える宝飾店に行く傾向があります
クラシック風ジュエリー

RDEの重要性はただマインドセットを特定することではない。おそらく、他の手法でも似たようなセグメントが見つかるかもしれない。それよりも、ショーズは購買を促す特定のメッセージに関心を持っていた。つまり、ひとたびセグメントがわかれば、誰に何をどのように言うべきかがつかめるのだ。

図4-7（楽観主義者セグメントで最高の評価を得た要素）と図4-8（悲観主義者セグメントで最高の評価を得た要素）を見れば、両セグメントの根本的な違いがわかるだろう。

適切なメッセージの重要性

ケイ・ジュエラーはRDEの結果を厳密にテストした。この結果の検証は、多くのダイレクト・マーケターが使う手続きに沿って行われた。多くの点で、序章で触れたユニリーバ（ブラジル）の経験に非常に似ていた。その最初のステップは、169人の参加者について、さらに情報収集をすることだった。ここで集めるのはそれほど個人的な情報ではなく、ダイレクト・マーケティングでよく用いる世帯人数、年齢、性別、年収などだ。通常、こうした情報は調査会社などから入手でき、（私たちの快不快を問わず）「公のもの」と見なされている。

第2のステップは「意思決定の法則」、つまり各参加者を該当する1つか2つのセグメントに分ける方法を編み出すことだ。この法則の開発は重要で、これさえ確認できれば、その法則に基づきながら、公開情報を用いて新しい人々を該当しそうなセグメントに割り振ることができる。もちろん、完璧な分け方ではないが、かなり当たっていることが多い。

3番目のステップは、2パターンの送付物を作ることだ。1つは楽観主義者向け、もう1つは悲観主義者向けだ。

図 4-9 ● RDE とマインドセットのセグメンテーションを用いた、ジュエリーのダイレクトメールの実験結果。上のグラフはカタログを受け取った後で、実際に来店した顧客の割合。下のグラフは平均購入額である。

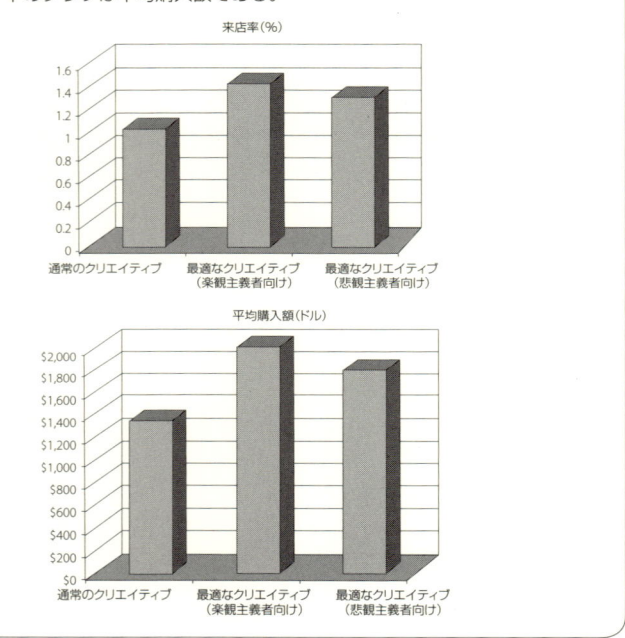

来店率(%)

平均購入額(ドル)

- 1万人の楽観主義者に楽観主義者向けのカタログを送る。
- 1万人の楽観主義者に悲観主義者向けのカタログを送る。
- 1万人の悲観主義者に悲観主義者向けのカタログを送る。
- 1万人の悲観主義者に楽観主義者向けのカタログを送る。

　この管理された実験結果は、RDE によるメッセージのアイディアの効用を見事に立証した。歴史的に、通常のカタログ送付の反応率は約1％（カタログを受け取って実際に購入するのは100人中1人）で、平均購入額は1,339ドルである。（適切なクリエイティブの）適切なカタログを適切なセグメントに送ったところ、購入者の数は劇的に増えた（楽観主義者は42％、悲観主義者は27％という良い結果だった）。同様に重要なのは、購入額が数百ドル増えたことだ。この好ましい結果の詳細は、**図 4-9** に示した。

メッセージ作りに RDE を用いると、誰に何をどう言うべきかが特定できる。コミュニケーション業界、特にクリエイティビティについて賞が設けられているような業界では、メッセージ作りは「アーティストの領分」である。コミュニケーションにおける RDE は感情的な議論とは反するものだ。特定のコミュニケーション表現の開発は芸術的な活動かもしれない。しかし、どの要素が顧客の関心を引き、反応を最大化するかの特定は、科学的手法でも完全に実行可能だ。繰り返しになるが、テスト用のメッセージを多数作り、クレージーなアイディアを含めることを恐れてはいけない。実験計画法を使って、すべてのメッセージを顧客に試してみれば、きっと結果を見て驚くだろう。クレジットカードの事例は、こうした実験がホモ・エコノミクスの世界で非常にうまく機能することを示した。ジュエリーの事例は、同じく感覚的なものが最も重視される感情の世界でも有効なことを示した。

❋　❋　❋

　起業家アリソンは、RDE を使って複数の試作品を作り出し、イノベーティブな製品を発見した。では、その製品をどのように顧客に提供すればよいのだろうか。

　個人の情熱に基づく販売方法は拡張可能ではなく、幅広い顧客には使えないことは明白だ。彼女は何らかのメディア（おそらくジュエリーのようにカタログ）を用いて製品を提供することを検討していた。他のオプションは、クレジットカードの事例のように、葉書か e メールで案内を送ることだった（はるかに手頃な価格で大規模に実施できる）。より急進的なアイディア（実施の検討はおそらく少し先になるが）は共同ブランドのクレジットカードを展開すること（たとえば、レストランや店で割引を行う）だろう。

　アリソンは良い販売成績を上げるために慎重に宿題をこなさなくてはならない。彼女は参考書籍を読んで得た経験だけでは、有望な潜在顧客の推定はできないだろうと思っていた。顧客は彼女の製品をほしいかどうかもわかっていない。アリソンがすべきことは、一連の可能なメッセージ（提供物）を作り——多ければ多いほどよい——、

RDEのアプローチを使って幅広い潜在顧客にテストし、マインドセットを特定し、ターゲットを定めてメッセージを最適化することだ。基本的に、これは製品開発の段階で行ったことと非常によく似ていて、メッセージや提供物に適用している点が違うだけだ。

　次章では、10代向けウェブマガジンを例にとり、このアプローチがどのようにサイバースペースに広げられるかを見ていこう。競合他社のサイトを分解し、うまくいくもの、いかないものを見つける（まさに、産業スパイのするようなことを至って合法的に行う。この方法をとると、競合他社が自己認識している以上に同社について学べる場合が多い）。

　起業家アリソンにもチャンスが見つかるだろうか。

DISCOVER MORE ABOUT
YOUR COMPETITORS THAN THEY
THEMSELVES KNOW — LEGALLY!

第5章
競合企業のことは当人よりも知っている

本章では、時には熱中するが、総じてくたくたになる10代向けイージン（Ezine）の話に舞台を変えてみよう。産業スパイの諜報活動やスパイ大作戦のような話ではないが、結論まで読み進めれば、ビジネス・プロフェッショナルはわくわくするに違いない。

　これまでの章で取り上げた研究とは違って、今回の事例では試験管はどこにも見当たらない。クリエイティブ担当者は統計モデルに少し触れただけで苦痛を感じるものだが、痛みがあろうとなかろうと、技術志向であろうと芸術志向であろうと、有効なコンテンツやメッセージを把握することは重要だ。しかも、クリエイティブ担当者はいつも締め切りに悩まされるが、今回の作業は「インターネット時間」すなわちまったく（ほとんど）時間のない状態で行わなくてはならない。

　本題に入る前に、いくつかの用語を明らかにしておこう。イージンとは、電子配信されるニュースレターのことである。イージンの概念はグーグルに慣れ親しんだインターネット通にはわかりきったことかもしれないが、イージンの語源はそう簡単にはわからないだろう。本書の執筆時点では、英語の権威であるブリタニカの「エンサイクロピディア」（百科事典）には「イージン」という単語は登録されていなかった。イージンという言葉に関する最も一般的な説は、電子マガジンの短縮形（「Electronic」と「Magazine」をくっつけて中を抜いたもの）というものだ。ほぼあまねく受け入れられている説明だが、おそらく真実ではない。第一、イージンは電子的なニュースレターで、電子マガジンではない。マガジンに由来するはずの「z」の文字は無論、ニュースレター「newsletter」の綴りには見当たらない。

　これに対抗する説を紹介しよう。[1] ファン雑誌（fanzine）は少数購読者（5人から1,000人程度）を持つ出版物だ。SFやファンタジー、サッカークラブなど特別な興味を持った読者向けの内容で、しばしば熱心なサポーターの手で発行されてきた。イージンもカルトのステータスを得たらしく、ファンたちが利益度外視で仲間内のおしゃべり口調で記事に参加している。こうした印刷物は「fanzine」と呼ばれ、しばしば「zines」という略称が使われる。この言葉の最初に「e」をつけたのがイージンで、新語の説明としてずっと論理的である。

イージンは劇的に普及していった。イージンやニュースレターに精通するマイケル・グリーンによると、2005年時点で、50万のイージンが読者を獲得しようと競っているという。

イージンがもともとファン雑誌の流れ（熱狂的ファンがこよなく愛するテーマについて書く）で発行されたのに対して、今日のイージンの大半は営利目的で発行されている。この分野の有名な研究者、マニ・シバスブラマニアン博士はこんな指摘をしている。「イージンは最も高い投資効果が得られる、最も有効なオンライン・マーケティングのツールとして受け入れられている。簡単に言えば、イージンを使ったマーケティングには支出に見合った大きな価値がある」[2]

イージンは競合情報の宝庫

ここでは、10代向けイージンの例で、多数の企業が競合する製品カテゴリーの理解に役立つ一連のステップを見ていく。これと同じく構造化されたアプローチは、自動車メーカーが競合他社の自動車広告を、またコンピュータメーカーが競合他社の最新ノートパソコンを理解する際に用いられている。食品メーカーも健康食品に関して抵抗感を持つ顧客の説得に有効な競合他社のメッセージや、無関係なので破棄すべきメッセージを見つけるために活用している。

「分解」戦略はシンプルできわめて明快だ。分解とは、皆が行っていることを見て、機能するものとしないものを見つけていくことを指す。グーグルの迅速な検索は、何百ものイージンを探し出し、類似のマガジンへとリンクする。競合他社が公表しているテーマについて、合法的に公開情報を収集するのは非常に簡単だ。こうした情報を根気強く集めていけば、固有の「見た目」と一連の異なる特徴やメッセージ

1) Michael Green, "From 'Fanzine' to 'Ezine': A Brief History of Ezines." How to Corporation, 2005. www.easyezinetoolkit.com/articles/briefhistoryofezines.html/
2) Mani Sivasubramanian, "How to Publish the Perfect Ezine," *In The Ezine Masters*, Ed. Dr. Mani Sivasubramanian (MediKnow Publishing Company) Madras, India, 2002.

が載った、何百もの画面に行き着く。問題は「これらの異なるアイディアのうち、どれがどのくらい効果的か」ということだ。

　各イージン出版社のコンテンツは彼らが最善を尽くして推量した成果だという点も忘れてはいけない。競合調査は、単に機能しそうなものを推測することではなく、競合他社が機能すると考えているものを調べるために行う。

　現実的に、競合他社が提供するものを知ることの、どこが特別なのだろうか。私たちは結局、競合他社の行動を実際にコントロールすることはできない。RDEを初めて知った人は、競合他社が広告で言っていることは固定的で、一種の総合通知表のように、競合他社がうまくやっているかどうかを全体的に学べるように見えるだろう。競合他社を細かく分解し、そこで得られた数々のアイディアを体系的にテストすることで、競合他社のコミュニケーションの長所と短所をいとも簡単に見つけられることを知らずにいる。競合情報の世界を知らない人には、競合他社からの学習は全体的な成績以上のものだという考え方が身に付いていない。だから、体系的なアプローチは本当に驚くべき経験となる。競合情報とは、ミツバチが蜜を集めるように、10代が好むと思われるアイディアを発信するためにすでに時間と資金を投じた人々から良いアイディアを集めるようなものだ。この豊かな情報源を使わない手はない。

　RDEは情報収集以上の働きをする。競合他社の実施内容を収集した後、次のステップで「なぜ」や「どう強いか」を発見する。RDEは競合他社のウェブサイトを要素分解し（アイディアのコンテンツ分析）、本当に有効なアイディアを見つけ出すのだ。私たちはその企業のアイディアをコピーして使う必要はなく、フォーカスグループや発見のセッションを通して自ら生み出すことができる。

　ただし、ここでの目的は、新しいアイディアを生み出すことではなく、あくまでも（特定の）競合他社が実際にうまくやっているかどうかを明らかにすることだ。RDEで明らかになった結果にはしばしば驚かされるが、その多くが嬉しい驚きなのである。

イージンを解剖する

　RDE の働きに迫る最良の方法は、大きなエクセル・ファイルを思い浮かべることだ。ファイルの行には、競合他社のイージンを特徴づける文章が 1 つずつ入っている。その文章は、1 つのアイディアを表わすように、適切な長さにまとめられている。複雑なアイディアは短く編集されるが、文章のトーンは保たれている。

　情報整理の作業の最後に、異なるメッセージや要素（今回は 36 要素だが、必要に応じてもっと多くなることもある）が集約される。分解された切片は、30 のテキストと、6 つのトップページ（見た目）で構成されている。これらの要素は一連の特徴やベネフィットを示す文章であり、合理的側面もあれば感情的側面もある。**表 5-1** はコンテンツ分析を行うと、どれだけ豊かな情報が得られるかを感じ取れるように示したものだ。しかし、本当の「収穫」はその次の RDE による分析にある。

　サイト上でこれらのシンプルな表現やトップページの画像を一度に示して、10 代の人々に評価してもらう戦略もあるだろう。評価得点やランキングは、どのアイディアが最良なのかを示し、優先順位を明らかにする。単純に「良し悪し」の状況がつかめるので、評価やランキングの経験に満足してしまうマーケターは多い。それがすべてだとすれば、一時的な問題は解決しビジネスは進んでいく。

表 5-1 ● 10 代向けイージンのメッセージづくりの例

カテゴリー	番号	要素	イージンの情報源
ビジュアル	A5	Teenvoices.com のホームページ画像	Teenvoices.com
トレンド／スタイル／メディア	B3	最新の映画、音楽、ビデオ…に関するあなたの意見	Teenlink.com
特徴	C1	編集部からの流行の最先端のホットな情報	YM.com
ファン／遊び	D4	「失言」集、恥ずかしかった話	React.com
議論／チャット	E5	10 代のウェブトーク	InSite ezine
教育／キャリア	F3	将来成功するためのプラン	Studentcenter.org

しかし、新しいイージンを作り、セグメントを特定し、新しく提供する内容に関する法則を作ることが目的なら、一度に示す方法は見かけ倒しで使いものにはならない。その理由は簡単だ。アンケートではたいてい参加者は合理的で矛盾しない答え方を促されるからだ。2つのまったく異なるアイディアを比較するのは、簡単なときもあれば、そうでないときもある。たとえば、次の2つのアイディアは、10代の人の自己表現に関するものだ。

- あなたのルックスで実験……デジタル・イメージチェンジのデモを見てね。
- あなたに必要なのは、大学に行くこと。

　どちらが面白いか、すぐに判断できるだろう。では、有名人のコンテンツ要素と比較してみよう。

- インディゴガールズ、シャニスなど。

　「あなたのルックスで実験……デジタル・イメージチェンジのデモを見てね」と「インディゴガールズ、シャニスなど」とでは、どちらの要素が良いだろうか。10代の人に比較を頼んだら（実際には誰に頼んだとしても）、おかしな目で見られることだろう。こんな質問は意味をなさない。しかし、「自己表現」「アイドル」という異なるアイディアは、それぞれ用途や効果がある。尋ねられても直接比較するのが難しいだけなのだ。これらの3つを評価するように言われれば、大半の10代の若者は応じてくれるが、自分が用いた基準について理解していないし、少なくとも語れないだろう。

　一連のアイディアを分解して、価格、ブランド、ベネフィットの相対的効果を把握するといった最も単純な状況でも、同様の比較の問題がしばしば起こる。その典型が、本当は安い価格が望ましいと思っていても、価格が品質を表わす場面では、消費者は高い価格を選ぶようなケースだ。製品の特徴に関する2つのメッセージから1つを選び出すとき、参加者は選んだ理由に気づいているときもあれば、気づいていないときもある。

しかし、ランダムな順番で並んだ一連のリストの中から、製品の特徴、ブランド名、画像などのテストを始めてみると、大半の参加者が製品の特徴やブランドを選ぶのに苦労している様子がわかるだろう。顧客である参加者も、ベテランの専門家も、ある事柄については得意だったとしても、負担を感じずにアイディアを比較してもらうには、同じ要素のリストに集中してもらったほうがよい。

　RDE の成功の鍵は、顧客である参加者に意味のある刺激を与え、実生活で広告に反応するのと同じように、頭で考えたものではなく、感情的な反応を引き出すことだ。参加者には、自分の感情を解析したり、製品やコミュニケーションのどの部分が効いているかを特定したりする理由はまったくない。たぶん彼らは知らないし、間違った思い込みをするかもしれない。一方、製品全体やコミュニケーションに対する直感は通常、非常に正しく、信頼できる。なぜなら、誰もが一日中やっていることだからだ。人は要素にではなく、組み合わせに反応するのだ。

　これからプロジェクトを最初から最後まで追ってみよう。私たちはすでに作業の一部を示して、情報の収集のやり方を見てきた。次に、プロジェクトの途中段階を見ていこう。プロジェクトリーダーは、競合他社から拾い集めた小さなアイディア、「アイディアレット（idealet）」（著者の造語）の生データから情報を引き出し、インタビューや分析などを進めていく。

　注意：次のステップにはやや数学的な記述が出てくるが、怖気づかないでいただきたい。幸い、そのプロセスは利用しやすいウェブツール[3]で自動化されている。それについては本章の後半で紹介しよう。

---

3) たとえば、Ideamap.NET はオンラインでメッセージを最適化するためのホスト型のセルフ用ツールである。実際に、本章のすべての画像は IdeaMap.NET ツールのバリエーションを用いて作ったものだ。また、ウォートン・パブリッシングの登録読者になれば、自らツールを試すチャンスがある。

ステップ1：資料を集めてカテゴリーに分類する

A　この作業ではたくさんの競合情報が出てきて、しばしば想定よりも多くなる。俳優で映画監督のウディー・アレンの「成功は顔を見せることで80％が決まる」という言葉を借りれば、競合他社のフレームの分解におけるRDEの成功は、最初に適切な生の材料を得ることで80％が決まる。

B　関連するアイディア（価格、サービス、販売など）を示すカテゴリーを定義し、その後、異なる要素をカテゴリーに含める。カテゴリーや要素のアイディアは実は記帳するのが目的だ。参加者はこれらのカテゴリーの存在には決して気づかない。

C　生の材料を編集して、カテゴリー内のアイディアがそれぞれ異なっていて、読み手にとって意味を成すようにする。顧客はメッセージの内容にただ反応する分析マシンではない。感情が非常に重要だ。よくあるのが、要約しすぎてアイディアが骨と肉の断片になってしまい、リアルな感情が失われてしまうことだ。そういう事態は極力避けるようにしないと、すでに自明のことしか発見できなくなる。

ステップ2：RDEのデザインを選ぶ（要素の混合とマッチング）[4]

実験計画法は、教科書やあらかじめ組み込まれたツールの中に見つかる。多くの場合、カテゴリーやそれぞれの要素を越えて、実験計画法の統計的な詳細は理解しなくてもよい。中身の構造を知りたい人はコラム「技術面の補足情報2」を参照していただきたい。

ステップ3：回答者の評価を収集する

A　参加者を（Eメールなどで）募集する。参加者の興味を引く最良の方法は、適切な報償を用意し、調査を面白くすることだ。個々の参加者にお金を払う必要はないが、招待状にささやかなお礼の可能性を示唆するのは悪くない。

B　インタビューはシンプルに始めて、プロジェクトの主旨をきちんと説明する。経験豊富な実験者は、自分が何をやっているかを参加者が気にしなかったり知らなかったりすると、間違いや誤解を招く結果になることが多いのを知っている。インタビューの最初に、参加者にお礼の言葉を述べて簡単にプロジェクトの説明をするとよい。RDEでは、参加者はただコンセプトを読んで、評価の点数を入力すればよい。

C　ネットでインタビューを行う。RDEのツールはデザイン通りにそれぞれの組み合わせを作り、参加者にそれを提示し、データを集める。イージンの場合、参加者は48の異なる組み合わせを評価した。このプロセスは簡単で、時間もかからない（**図5-1**に組み合わせの例を示した）。

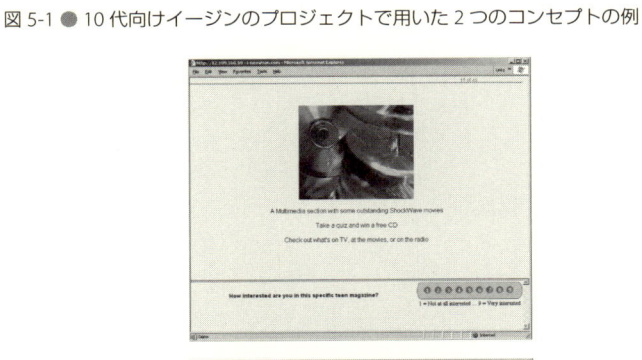

図5-1 ● 10代向けイージンのプロジェクトで用いた2つのコンセプトの例

4）すでに述べたように、数学や複雑なステップはすべてIdeaMap.NETのようなツールの中に隠されている。

D 同じインタビューでさらに参加者について情報を得る。RDEでのコンセプト評価の最後に、参加者は自分自身やイージンに対する態度に関する質問に答えた。マインドと「誰」を結びつけることによって、より強力なコミュニケーションやより良いアイディアを生み出し、適切な対象者に届けることができる。伝統的な消費者調査の担当者は、イージンの読者に関して3種類の質問の答えしか得られないだろう。伝統的なリサーチでは、参加者が自分自身をどう説明するかがすべてわかる。RDEでは、参加者がどのようにアイディアや製品に反応し、何が重要で、どの組み合わせが本当に興味をそそるのかが洗いざらいわかる。まさしくここに、マインドに関する法則を開発する目標に対し、自分自身を描写することと刺激に反応することの間の劇的な違いがある。

ステップ4：データ分析

最初に、RDEは大量のデータを作り出す[5]ので、「この2つのコンセプトのどちらがよいですか」といった、いわゆる美人コンテスト的で特別な示唆に乏しい単純な結果に甘んじる必要はない。インターネットのアプリケーションとウェブサーバーが、重労働をすべてこなし、コンセプト（ビネット）を提示し、回答（評価）を入手し、すぐに見られるように自動的に分析する。

技術面の補足情報2

このコラムを読む人は、自分を駆り立てるものが何かを知りたいのだろう。そこで、コンジョイント分析のさわりを手短に紹介しよう。これはそれほど脅威を感じるものでもない。

コンジョイント分析は数理心理学に根ざした統計手法で、ペンシルバニア大学ウォートンスクールで、マーケティング技法として活用するために開発された。RDEは少し修正が加えられているが、コンジョイント分析の統計手法を用いている。このアプローチの技術的な部分について触れてみよう。

第4章で実験計画法（コンジョイント分析の要素）の概要を紹介した（**表4-2**参照）。この手法の設計は簡単に要約できる。データを大きなスプレッドシート・ファイルとして見ていただきたい。スプレッドシートの各行は、テスト・コンセプトの1つに対応する。386の異なる実験計画法があり（10代の被験者386人に1つずつ）、それぞれ48のテスト・コンセプトが盛り込まれている。つまり、18,528（386×48）行もの非常に大きなデータを持つということだ。すべてのデータを手で入力しなくてはいけないのかという心配は無用だ。データ収集に用いるIdeaMap.Netのようなプログラムを使えば、何もかも自動的に処理される。

　各行には要素に対応する列が設けられている（このプロジェクトでは36要素をテストしたので36列）。**表5-2**はこの18,528のデータの一部を示したものだ。

1　コンセプトにその要素が含まれている場合、該当する列に「1」が入力される。

2　コンセプトにその要素が含まれていない場合は、「0」が入力される。

3　1つのコンセプトに含まれる要素が少ないので0が多いが、いくつか1も見つかる。

4　カテゴリーのあとに続く列は、コンセプトに対する評価で、参加者がそのコンセプトにどのくらい興味があるかが示されている。評価は1（興味がない）〜9（とても興味がある）で表される。

5　最後に、評価1〜6を0、7〜9を100へと変換する。評価を2進法の値（0と100）に変換した理由は、私たちが望むデータ解釈の方法にある。10代の被験者は興味の度合いを等級で示してくれたが、私たちが本当に知りたいのは、彼らが実際にそのアイディア

5）　10代がテストしたコンセプトの合計数は18,528（1人につき48コンセプト×386人）であった。実験の規模や構造、回答者数によって、コンセプトの一部は重複することもある。

第5章　競合企業のことは当人よりも知っている

が好きか（評価 7 〜 9）、嫌いか（評価 1 〜 6）である。値 100 は、回答者の比率として回帰分析の「結果」の解釈にも役立つ。それについては本章の後半で触れる。この新しい興味深い値は、**表 5-2** の一番右側の列に示されている。

6　このマトリクスはとても単純明快な分析の準備となる。続く回帰分析[6]は、多く出回り幅広く利用可能な統計ツールで、従属変数（要素）を独立変数（評価）に関連づける。ここで試みていることは、10 代向けイージンのテスト・コンプトの 36 要素の有無を、参加者の興味の有無（0 か 100 か）に関連付けることである。

7　この回帰分析で得られた数字は、そのコンセプトに関心があることを示す確率、いわゆる条件付確率（conditional probability）で示される。

表 5-2 ●実験計画法とデータの一部

コンセプト	カテゴリー A						カテゴリー B						カテゴリー C						評価	
	1	2	3	4	5	6	1	2	3	4	5	6	1	2	3	4	5	6	1-9	0-100
1	0	0	0	0	1	0	0	0	0	0	1	0	… 0	0	0	0	0	1	4	0
2	0	1	0	0	0	0	0	0	0	0	1	0	… 0	0	0	1	0	0	6	0
5	1	0	0	0	0	0	0	0	0	0	0	0	… 0	0	1	0	0	0	7	100
6	0	0	0	0	1	0	1	0	0	0	0	0	… 0	0	1	0	0	0	7	100
13	0	0	0	0	1	0	0	0	0	0	1	0	… 0	0	0	0	0	0	3	0
21	1	0	0	0	0	0	0	0	0	0	0	0	… 0	0	0	1	0	0	2	0
22	0	0	0	1	0	0	0	0	0	0	0	0	… 0	0	0	0	0	1	7	100
23	0	0	0	0	0	0	0	0	0	1	0	0	… 0	0	0	0	0	0	6	0
25	0	0	0	1	0	0	0	0	0	0	0	0	… 0	0	0	0	1	0	3	0
26	0	0	0	0	0	0	1	0	0	0	0	0	… 0	1	0	0	0	0	9	100
47	0	0	0	0	0	0	0	0	1	0	0	0	… 1	0	0	0	0	0	3	0
48	0	0	0	0	0	0	0	0	0	1	0	0	… 0	0	0	0	0	0	5	0

10代の若者は何を考えているのか

　集計した評価をそれぞれ回帰分析にかけると、結果は一覧表にまとめられる。マーケター、広告代理店、メディアプランナーがすぐ飛びつくように、私たちも結果データに視点を移そう。

　分析から得られる最初の数字は加算定数（additional constant）だ。これは、コンセプトに何の要素も付与されていない場合に、イージンに興味を持つ10代の条件付確率である。ここでは25足らずなので、追加情報がない状態で、参加者の約25％がイージンに興味を持っているという意味になる。ここからわかる重要な情報は、基本的なイージンのアイディアだけでは10代は興味を持たないということだ。

　ちなみに、加算定数は回帰モデルから得られるので、10代に自分の一般的な感情について教えてもらう必要はない。彼らの評価と要素（入力したアイディアレット）の関係を分析すればわかる。

　RDEは、386人の10代の回答者から得たデータをセルフ・プロファイリング分類アンケート（彼らが自分自身について記述した内容）に基づきながら、スライス＆ダイス分析★を行う。私たちも10代の回答者の各グループについてRDEモデルを開発し、加算定数（基準値）と36要素のそれぞれの部分効用を分析した。ここから、ほぼどんな方法でデータをスライスしても、イージンの一般的なアイディアは単独では特に興味を引けないことがわかる。コンテンツが違いを生んでいるのだ。

　回帰分析は36要素のそれぞれについて数字をはじき出す。この数字（回帰分析ではよく「効用価値（utility value）」として言及される係数）は、条件付確率（特定の要素が興味を引く確率）を示している。言い換えると、この数字は関心がある人数の変化率の近似値で、正の

---

6) P. E. Green, V. A. Srinivasan, "A General Approach to Product Design Optimization via Conjoint Analysis," *Journal of Marketing* 45 (1981: 17-37).

★　データを切り出し、視点をいろいろと変えながら分析すること。

数は増加、負の数は減少を意味する。高い評価の要素、つまり効用や効果が大きい要素を抽出し、それをコンセプトやウェブサイトに盛り込めば、興味を持つ 10 代の数が実際に増える。これぞ RDE の「千金」であり、成功に向けて特に貢献する部分だ（**表 5-3** 参照）。

最初の発見は、効用の幅が非常に狭いことだ。最も成果の高い要素でも、そのアイディアに関心を持つ人はたかだか 6％増加するだけなので、かなり限定的である。実際に、どの要素もあまり良い結果を示していない。イージンは 10 以上の効用、つまり、その要素をコンセプトに含めれば、さらに 10％以上の 10 代がそのイージンに興味があると答えるようになってもよいはずだ。このように平凡な結果となったのは、10 代向けイージンが好機を逸しているせいかもしれないし、今回の参加者が互いに相殺するような異なるマインドセットでグループ分けされたせいかもしれない。おそらく、彼らが自己定義したプロファイルでは似ているように見えても、まったく異なる複数のグループが見つかる可能性がある。

表 5-3 ● 10 代の 386 人に最も評価が高かったイージン要素

クイズに答えて、無料でCDをもらう	6
自分のことを理解する	6
見応えあるショックウェーブ・ムービーなどのマルチメディア・セレクション	6
あなたの男性問題を男の視点で切る	5
テレビ、映画、ラジオの番組をチェックする	5
コンピュータ関係の雑学テストを受ける	5
個性や興味に合った仕事を探す	5

表 5-4 ●効用価値の解釈法（実際の評価を 0 〜 100 ポイントに変換した場合）[7]

効用価値の幅	解釈
15 以上	申し分なく、高い関心が寄せられている
10 〜 15	とても良い
5 〜 10	合格ラインだが、何かを追加すべき
0 〜 5	なぜこの程度か。さほど効果はなく、使用中止を検討すべき
0 以下	問題あり。興味を減退させる。可能な限り避けるべき

ここでわいてくる素朴な疑問は、+6がどれくらい良いかである。果たして良いスコアか悪いスコアなのか。**表5-4**を見ると、ある程度の目安になるだろう。効用の幅は固定的なものではなく、記述はおおよそのものだが、どの辺りから重要な要素になってくるかの概要はつかめるはずだ。

　第2の発見はマイナス評価が非常に少ないことだ。私たちの経験上、イージンであれ広告であれ商取引関係の資料を提示したときに、マイナス評価になっている例はほとんど眼にしたことがない、ということを指摘しておきたい。ビジネスでは、明らかに悪いアイディアはほぼ必ず選別され除外される。しかし同時に、高い評価がそう多いわけでもない。これはおそらく、悪いアイディアを選別する中で、本当は誰も満足させられない中程度のアイディアに収束してしまうからだろう。

　第3の発見は最も興味深いもので、それぞれのイージンの成績を比較することでわかったものだ。常に高く評価されたイージンはあるだろうか。反対に、失敗を続けて効用がゼロに近いイージンはあるだろうか。**図5-2**は、縦軸に記したイージンごとに、テストした要素の評価得点を丸で配置したものだ。これを見ると、ほとんどのイージンが中央に寄っている事実に驚かされる。常に平均を上回って高い評価のイージンはなかったのである。

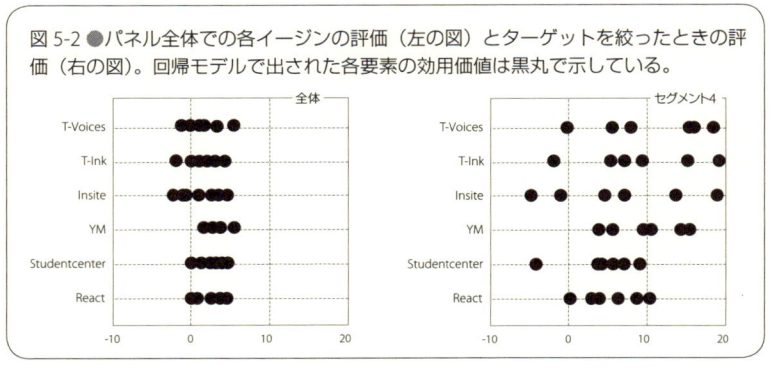

図5-2 ●パネル全体での各イージンの評価（左の図）とターゲットを絞ったときの評価（右の図）。回帰モデルで出された各要素の効用価値は黒丸で示している。

7）　表の効用価値は0～100ポイントに変換して興味を評価する。たとえば、興味の度合いを1～9で答えてもらう場合、1～6は0、7～9は100へ変換する。評価の幅が1～5の場合は、1～3は0、4～5は100とする。詳細はコラムを参照。

月並みの結果であれば異なるマインドセットを探せ

　10代は実はイージンの内容に興味を持っていないように見えるが、これは本当だろうか。基本的な関心レベル（加算定数）はわずか25％で、どの要素も6％以上にならないとすれば、イージンの拡張やウェブベースのコミュニケーションはどのように行えばよいのだろうか。だれもが好機を逸しているのだろうか。

　そうだとしたら、かなり不運なことだ。私たちは参加者の好みを元にパターン分けする必要がある。効用のパターンで10代の人々のクラスターを作ると、4つの異なるセグメントができた（先述したように、セグメンテーションのプロセスはRDEのツールが自動的に行うので、存在するセグメントは自動的に見つかる）。どのような統計処理でこれらのセグメントが導かれたかは正確に知る必要はない。それよりも、自動的に導き出されたこれらのグループを注意深く見て、高い評価を受けている要素を探ってみよう[8] その「一番のアイディアや要素」がそのセグメントを定義づける。

　思うに、これらのマインドセットはより同質的である。つまり、同じセグメント内の10代の人々は、同じマインドセットを持っているので、おおむね同じように考え、同じように反応する。イージンの事業を手がけるなら4つのセグメントをそれぞれ見てもよい。ここでは詳細まで立ち入らないが、もう一度図5-2の下の図（セグメント4）を見てほしい。「自己表現したい派」セグメントと名づけたが、この大きなグループで効用が20以上も急増しているのは、とても啓発的でいささか予想外でもある。

ナレッジから新しい創造へ

　RDEの実施目的は、競合他社のイージンを用いて、うまくいくもの、いかないものを特定することだった。その結果、新しいイージンの発

行は非常に成功した——競合他社が実際に言っていることを知るだけで、どのメッセージがどんな人々に効果的かが明らかになった。

しかし、RDE はさらに多くのことを教えてくれる。イージンの基本的な関心の持たれ方（誰にとってもたいしたことない）から、4 つのマインドセットが存在すること、適切なメッセージを伝えている競合の分析など、イージン市場のダイナミクスを発見した。RDE の 1 つのプロジェクトで、競合他社のイージンがご親切にも公開ウェブサイトで提供している材料を使って、ほぼ一夜にして情報が手に入る。

競合他社のコミュニケーションの特徴を幅広く知ることにより、RDE はその詳細や使用言語について、パターン認識の寄せ集めではなく、「指示」を伴った競合情報をもたらす。他のイージンの内容を把握しているので、各セグメントにアピールする新しいイージンの内容を「合成」することさえできるだろう。RDE はただナレッジを得るだけでなく、そこから何かを作り出せるようにするのだ。

❈　❈　❈

起業家アリソンの話に戻ろう。本章の内容を一生懸命に学ぶことを通して、彼女は自分のビジネス目標に少し近づけただろうか。

自明のことだが、偉大な製品を開発するだけでは十分ではなく、それを売らなくてはならない。起業家アリソンには、経験豊富なマーケティングの大家といった風情は（まだ）ない。彼女は、多数のイーベイの商店やウェブに精通する起業家たちとの競争に直面していた。たとえ潜在的に劣った製品を擁していようと、彼らはすでに市場で地位を確立している。あるいは、増え続けるイージンや他のコミュニケーション手段を通じて、サイバースペース内でなんとか増殖しようとしているかもしれない。アリソンは他社のウェブサイト、ニュースレター、メッセージ、画像を見ていたが、有効なものと有効でないものを見分けられなかった。どこから手をつけるべきかもわからなかった。

8) P. E. Green, A. M. Krieger, "Segmenting Markets with Conjoint Analysis," *Journal of Marketing* 55 (1991): 20-31).

彼女には競合他社のステップをすべてたどって失敗から学んでいくだけの時間の余裕や経営資源がなかった。

　アリソンはどうすればいいのだろうか。彼女は挑戦に尻込みしたりはしない。本章の知識で武装し、競合他社のサイトからメッセージ、アイディア、画像を「分解」し、自分自身でもいくつか追加することだろう。ご存知の通り、彼女はとても独創的だ。市販のウェブベースのツールを用いて、集めたデータを既成の実験計画法で処理するだろう。統計の本を見なくても、誰でも手軽にこのツールを使える（ちなみに、アリソンは大学で悲惨な成績のテストが戻ってきて以来、統計書を手にしたことはない）。その後、ターゲットとする回答者に、eメールやウェブ上で短時間で終わるネット調査への参加募集をかける。ほんの2、3時間で、あるいは、おそらく1日で、調査の実施に十分な数の回答者が集まり、システムは自動的に実行可能な結果を導き出す。つまり、最も効率的なターゲティングと最も高いリターンの獲得のために有効なもの、有効でないもの、成功している競合他社、顧客のマインドセット、態度によるセグメントなどを明らかにするのだ。

　競合情報におけるRDEの長所は、簡単で手頃な価格でスピーディーに情報を構築し、実行可能な結果を直ちに提供することだ。アリソンはフォーカスグループに当たってみる必要すらない。ただインターネット接続ができるパソコンがあればいい。このツールの高度なサーバーが、実験計画法、データ収集、回帰分析等の諸分析、セグメンテーションといった残りの作業をこなす。一般的に、普通のフォーカスグループに比べると、かなり有利なコストでできる。また、ほんの2、3時間から1日程度で作業が終わる。ビジネス上のベネフィットは、異なるマインドセットの潜在顧客を発見することで、これはおそらく他の手法では得られないだろう。

　資金の乏しい起業家にとって、ノートパソコン1つで済むなら悪くない！　そして、競合他社の広告攻勢に怖気づき圧倒されている人、どこから着手すべきかわからない人、眠れぬ夜に寝返りを打ちながら、こうすべきか、ああすべきかと自問自答を繰り返している人にとってもそうだ。

ドクター・スースの絵本を思い出してみよう。客が緑色の卵とハムを食べるのをためらっているときに、こう語りかける。

Try them! Try them!
And you may.
(やってみよう！　やってみよう！
きっと　うまくいくだろう。)[9]

---

9) Dr. Seuss, *Green Eggs and Ham* (Random House: New York, 1976).

SELLING BLUE ELEPHANTS
How to Make Great Products that People Want
Before They Even Know They Want Them

第 2 部

RDE で新しい未来を切り開く

もう誰にも止められない。
多くの賢明な企業の将来を支えてきた
RDE の折り紙つきの実績を背景に、
限界を広げてこのアプローチの利用を
新分野に広げる開発が進行中だ。
第 2 部では、RDE がイノベーションを促し、
より良いパッケージや雑誌の表紙を作り出し、
チャンスを隅々まで広げていく様子を
紹介していこう。

RUBIK'S CUBE OF CONSUMER
ELECTRONICS INNOVATION

第 **6** 章

家電製品の
イノベーション

最近、著者の1人（ゴフマン）がニューヨークからマイアミへ出張に出かけたときに、機内で目を通していた「アメリカンウェイ」誌の中に短いが興味深い記事を見つけた。そして、絶え間ない継続的なイノベーションが企業や国の脅威となる過当競争を生んでいることを再確認した。[1]

「聴力」

　携帯音楽プレイヤー用に合計2,345タイプのイアヘッドフォンがあるが、センハイザーの3つのiPod用ヘッドフォンは抜きん出た存在だ。PX100（60ドル）は音質がすばらしく2、3年前には聴けなかった重低音の再生に優れている。PX200（70ドル）も同様で、音漏れを防ぐクローズドバック・タイプのデザインが用いられている。ローエンド製品のMX500（20ドル）は、重低音の響きはそこまで良くないが、人目を引くメタリックブルーの外観とインラインの音量調節機能をきっと気にいるはずだ。www.senheiserusa.com

——クリス・タッカー

「少ない投資で大きなリターン」

　ノキア770インターネット・タブレットは、増加しているインターネット接続可能機器の中型サイズ（ノートパソコンより小さく、携帯電話よりも大きい）を席巻している。オープンソースのソフトウエア、リナックスを使用し、ワイヤレス接続可能な770は、高解像度の見事な画面で写真やウェブを閲覧でき、インターネットラジオが配信される。RSS★がついているので、お気に入りのブログの更新情報がすぐにわかる。350ドル。

——C・T

　熱烈な音楽愛好家が入手可能なあらゆるイアヘッドフォンを1分間ずつ視聴したいなら、1週間分の労働時間に相当する40時間を優に超えるだろう。それもイアヘッドフォンに限っての話だ。膨大な量の製品にはただただ驚くばかりだ。これほど競合品でひしめき合う市場で、どうすれば本当に卓越した新製品を作り出せるのだろうか。

新製品開発の分野では膨大な量のリサーチが行われ、このテーマの専門誌まである。そして、チャンスはまだ無限だ。製品やサービスそのものを超えて、イノベーションを中心とした純粋な学術分野が生まれている。そこでは、イノベーションをどう育み、どう管理し、そこからどのように利益を得るかといった内容を扱う。

私たちが開発や販売で成功するためには何が必要か。たとえば家電製品ではどうだろうか。人々の心情を感じとるデザイナーか、積極果敢なマーケターか、くだらないことを言わない広告の第一人者か。あるいは、こうした人々をすべて揃える必要があるのか。

おそらく本当にすべきことは、記事を引用したノキア製品のように、他の製品の特徴を組み合わせて新製品を発明することではないだろうか。もちろん発明が本当に組み換え作業で成り立っているなら、特徴は補完的であるべきで、それなら混合させることは理にかなっている。それは疑問の余地があるにせよ、答えは思っているよりも肯定的で利用可能で達成できるものだろう。RDEを活用した体系的な組み合わせのアプローチを実践すれば、より短時間で新製品のアイディアを獲得できる。疑い深い人はこの時点で先回りして、組み合わせを用いたイノベーションという考え方自体があまりにも機械的、自動的、魂がこもっていないので、創造性の魔力とはまるで無縁だと主張するかもしれない。実際はこの言い分には根拠がない。有名なアメリカ人クリエーターで、ディズニー大学の学長を務めるマイケル・ヴァンスはかつて「イノベーションは、新しいものを創造したり、古いものを新しい方法で再編したものだ」と述べていた。[2]

IDEOのゼネラル・マネジャーのトム・ケリーは「より安く、より早く、よりシンプルなアプローチ」を信奉している[3]。顧客を観察するリサーチに何カ月もかける余裕があり最終的に「完璧」な製品ができる

---

1) AmericanWay, 1 November 2005 issue; AA Publishing, Fort Worth, TX.
2) Kerri Aalls, "Of Butterflies and Bumblebees", *Breakthrough Success Newsletter*, BBS 4 (26) (2 August 2005) より引用。
3) Tom Kelley, *The Art of Innovation: Lessons in Creativity from IDEO, America's Leading Design Firm* (Currency: New York, 2001) トム・ケリー著『発想する会社！』(鈴木主税・秀岡尚子訳、早川書房、2002年)
★ ウェブの更新情報を簡単にまとめて、配信するための文書フォーマット。

なら、それはそれで幸運だが、今日の市場ではそんなやり方はむしろ例外と言ってもよい。競合他社はそれほど長く待ってはくれず、先に市場シェアを奪ってしまうかもしれない。OS2/2.0*¹ の後に出されたマイクロソフトのウインドウズ3.0（その後3.1に）が快勝したのを覚えているだろうか。OS2/2.0は、多くの点でマイクロソフトのOSよりも優れていたのに、失敗に終わった[(4)]。その理由の1つとして挙げられるのが「タイミング」だ。それが成否の分かれ目になる。

　1980年代半ば、IDEOはノートパソコン「ダイナブック」に取り組んでいた。それは、黒いキャスト（鋳造）・マグネシウムを用い、時代の最先端をいく優美なデザインのコンピュータだった。当時、最も成功していたビジョナリー*² の中には、このデザインに軍配が上がると信じている人もいた。「正しいもの」をかぎつけて成功している著名なベンチャーキャピタリストをはじめとして、ケリー自身もそう信じていた。ダイナブックもそのサポーターも予想していなかったのは、インテルがすぐに新しいプロセッサチップ「インテル386」を市場に投入したことだ。ダイナブックがようやく、珠玉のデザインだが古いインテル286を搭載した新製品を紹介したときには、いくらすばらしい外観でフル機能が装備されていても、古い技術では成功しないのは目に見えていた[(5)]。タイミングがすべてだった。

　RDEのプロセスはスピードを兼ね備えている。アプローチ全体が民主的でスピーディーで簡単なので、誰でも世界中のどこからでもRDEを使って24時間以内に顧客マインドを理解することができる。ますます高度になった技術が利用できるようになり、インターネットが世界中にあまねく普及する中で、RDEの合理化も進んでいる[(6)]。それがどのように進んでいるのか、なぜそうなっているのかを見ていこう。

組み合わせを用いた R&D の手法

　開発の合理化を理解する簡単な方法は、まずシナリオを思い描いた後で、そのシナリオの実現に必要なものに立ち返って取り組んでいくことだ。私たちのシナリオは、アジアのベンチャー企業で、新しい家電製品の企画・製品化と販売を手がけるアバカス（仮名）に関するものだ。同社の4人のマネジメントは皆30歳以下で、若さあふれるビジョナリーの情熱を持っていたが、資金はほとんどなかった——事実、ゼロに近かった。彼らはいわゆるネットオタクで、コンピュータとともに育ち、インターネットは「技術」というよりも「生活の一部」だ。アバカスを結成する前、彼らはそれぞれ異なる企業で働き、プログラミング、ウェブサイトの構築、ソフトウエア販売に従事し、数え切れないほどのコンピュータゲームで遊んだ経験があった。

　アバカスは作るべき家電製品を探るために、新しい製品アイディアに対する顧客の反応を測定した。若い起業家たちは初期の市場調査を経て、すぐに独創的な試みの大部分は多かれ少なかれ一貫したパターンに従っていることを発見した。つまり、アイディアに関わる環境をおおまかに把握し、世界各国のフォーカスグループの顧客に新しいアイディアを与え、それから試作品を作り出すという流れだ。そこではエンジニアが責任者として開発、測定、発売を手がける。

　しかし、もっとよい方法がありそうだ。インターネットや RDE のような技術を用いて、新しいアイディアを家電製品に組み込めばよい。

---

4) マイクロソフトのせいだけではないと信じている人もいる。マイクロソフトの成功は必ずしも、同社があまりにも賢かったり、非情だったりするせいではない。競合相手があまりにも「のろまで、的外れで、無能で、近視眼」だったからだ。(Brad Wardell, "Celebrating OS/2 2.0's 10th Birthday," www.stardock.com/stardock/articles/os2_birthday.html, 31 march 2002)

5) Tom Kelley, *The Art of Innovation: Lessons in Creativity from IDEO, America's Leading Design Firm* (Currency: New York, 2001)　トム・ケリー著『発想する会社！』（鈴木主税・秀岡尚子訳、早川書房、2002年）

6) Alex Gofman, Howard Moskowithz, "Consumer-Driven 'Concept Innovation Machine': A Dream or Reality?" *In Proceedings of the XVI ISPIM Annual Conference*, "The Role of Knowledge in Innovation Management," Porto, Portugal, 2005.

★1　OS 2 は IBM とマイクロソフトが共同開発した OS。OS 2/2.0 は主に IBM が開発した。

★2　技術革新の先行きと影響を見通す洞察力を持った人。

そもそも従来のアイディア創出のやり方では遅すぎることは明らかだ。世界中の市場調査の専門家は確かに、競合他社の動向を追跡し、彼らが実施していることについて分厚いレポートを提出するだろう。さまざまな企業のレポートであふれた部屋がいくつも——それほど記録を保存しておかない企業でも少なくとも書棚がいくつも必要になる。新製品のアイディアを試すためのフォーカスグループは簡単に準備できるかもしれないが、実施にお金がかかる上、既知の事柄を確認しただけで終わることも多い。[7]

　一方、インターネットをスキャニングすれば、驚くべき速さで、新しい家電製品やサービスを何度も生み出せる。CNETのような閲覧サイトに目を通すと、ある新製品が登場して、その製品が受け入れら

図6-1 ●家電製品に関する今週の最新情報を伝えるCNETからのeメールの例。

れたときのみ、競合品が登場し、次々と改良品が発表されていることがわかる。そして、そのペースは加速している。たとえば図6-1は、CNETから毎週送られてくるeメールの一例だ。これが10倍や20倍もあり家電製品はダーウィンの生存競争さながらの状況になっている。実際に、リストされているヒット製品はすべて多機能だ。ほんの2、3年前（おそらく、2、3カ月前）には、この種の組み合わせはSFの世界だけのもので、まったく想像もつかなかった。

アバカスの合理化された発明プロセス

　アバカスは発明プロセスをよりシンプルで、素早く、安価なものへと再構築した。アバカスのやり方は次の3つの原則にまとめることができる。

- **原則1：民主化**──RDEの手法は、どこでも、いつでも、誰でも（経験の浅い人でも）使えるインターネット・ツールに基づくべきである。

- **原則2：ゲノム的思考**──RDEを用いて、さまざまな家電製品から成功するアイディアを見極め、家電製品に関する「顧客マインドのデータベース」を作る。同時に、RDEでの経験を生かして、他のアイディアを生み出すことで、顧客である参加者を受身の批評家ではなく積極的な共同クリエーターへと変える。

- **原則3：イノベーション＝組み替え**──小規模で簡単なRDEの調査をいくつか行い、成功するアイディアを特定した後、これらのアイディアを一連の世界初の製品コンセプトへと組み込み、RDEの調査で最終テストを行う。

7）第1章を参照。

戦略から製品仕様へ

　プロセスの核心に入る前に、1つ確認しておこう。RDEのツールはデザイナーやエンジニアにとって妥当性や関連性はあるのだろうか。マーケターのみを対象としているのではないか。その答えは、これから説明するデザイン会社の経験を見ればわかる（グラフィック・デザインを取り上げた第7章でも詳しく説明する）。

　ミシガン州トロイに拠点を置く設計会社のフォード・アンド・アールは、ブランディングを手がけている。顧客インサイト・マネジャーのレネ・キャメロンはIdeaMap.Netで何百回も調査を行ってきた。「この手法の魅力は、フォーカスグループを1回行う予算で、より短時間のうちに定量データが得られることだ。それがコスト面と時間的な魅力だが、それにも増して魅力的なのは、統合的手法である点だ」[(8)]

　エンジニアにとってはどうだろうか。第1章のヒューレット・パッカードの事例では、マーケターだけでなく、デザイナーやエンジニアにとっても、このプロセスは技術的、芸術的に魅力があった。実際に、キャメロンの同僚でオプティミゼーション・グループ社長のジェフ・イウォードは、ヒューレット・パッカードのRDE経験について端的に述べている。「これで半年の仕事が2週間でできる——特にヒューレット・パッカードの顧客に勧めるべき内容がわかった」

　これで、新製品を「発明」する次のステップに移れそうだ。ここでは基本的に、構成要素を組み合わせるという観点で開発を考え、その後そうした構成要素を自ら創出する。アイディアを混合、マッチングしてデータを集め、自動的に分析し、レポートするという重労働は、すべてコンピュータが行う。このステップは、序章で紹介したRDEの一般的なプロセスのバリエーションと言える。

表 6-1 ●家電製品のアイディアを組み込む基本構造

カテゴリー	内容
A	それは何か。何をするか
B	誰あるいは何のためのものか
C	使いやすい
D	特徴
E	付属品
F	どこで見つかるか。どのような買い方をするか

ステップ1：異なる製品分野に使えるカテゴリーの基本構造を作る／選ぶ

基本構造によって、アバカスは同種のコンピュータに関するアイディアの混合やマッチングが可能になった。家電製品の製品開発では、表6-1のような構造になった。

ステップ2：構成要素を選び、ゲノミクス発想のシステムで混合する

アバカスは3つの家電製品から要素を取り出し、まったく新しいアイディアを作り出すために、それらを一緒に「混合」した。表6-2は、こうしたアイディアの一部を示している[9]。もちろん、アバカスは道理に適ったアイディアを見極める準備をしていたが、アイディアを混合させた後でようやく自分たちの予測がどれだけ正しいかを把握することができた。しかし、最初の部分での繰り返しはそれほど問題ではない。なぜなら、RDEのアプローチでは、あるアイディアが良いとわかった後でも、すぐに別の新しいアイディアを試してみることができるからだ。

ステップ3：潜在顧客をウェブサイトに呼んで参加を促す

これまでの事例と基本的に同じプロセスで、eメールで回答者を応募する。

---

[8] Tim Macer, "DIY MR ASP OK?" *Research Magazine* 432 (May 2002: 42-43).
[9] 家電のようなハイテク分野の製品は商業化が可能になる前でさえ、陳腐化してしまうことが多い。表6-2の要素を見るときにはこの点を考慮する必要がある。というのは、アバカスがゲームスター用に評価したときには最先端だったが、現時点ではすでに時代遅れになっているかもしれないからだ。

表6-2 ● 3つの家電製品カテゴリーに関するカテゴリーA（何をするか）のアイディア。アバカスは、混合させてコンセプトを作るために、少数のアイディアを選んだ。

タブレット型パソコン	ポータブルDVD	ポータブルゲーム機	新しい特徴：タブレット型DVDゲームスター
ノートブックの性能とタブレットの機能のすばらしい組合せ	外出先で番組が見られる7インチ画面のポータブルDVDプレイヤー	ポータブルゲーム機にマルチメディア機能をつけた次世代レベルにする	DVDプレイヤーの性能とポータブルゲーム機の機能をつけたタブレット型PCのすばらしい組合せ
小型電源を装備したPDAサイズのパソコン	退屈な移動時間を楽しい時間に変える10インチ液晶画面のポータブルDVDプレイヤー	バーム、ビデオ、MP3の機能が一つになったおしゃれなマルチメディア・ポータブル・ゲーム機器	退屈な移動時間を楽しい時間に変える10インチ液晶画面の「ポータブル・タブレット型DVDゲームスター」
ポケットにぴったり収まる完全装備のパソコン	3Dのビジュアル・サラウンド音響つきマルチメディア・ポータブルDVDプレイヤー	ゲーム、音楽など、オールインワンのポータブル・エンタテインメント・ユニット	ゲーム、音楽など、オールインワンのポータブル・エンタテインメント・ユニット

ステップ4：新製品のアイディアを（自動的に）作り、顧客に試す

　参加者は次々とコンセプトを素早く評価していく。おそらくそれほど注意を傾けずに、直感で答えているのだろう。これらのコンセプトが異なる3製品からゲノム的な発想で混ぜ合わされて作成されたことを、参加者は知らないし、気にも留めないだろう。たとえ知っていたとしても、参加者はこうした断片的な情報は瞬時に忘れ、あとから思い出すこともない。インターネット調査への参加者の多くは、特に注意深いわけではなく、一語一句をじっくりと読んだりしない。実際に、他の人と同じような反応、つまり広告や提供物を見たときに大多数の人がするような直感的、本能的な反応を示す。参加者が多少なりとも関心を示したならば運が良い。それ以上を望んではいけない。RDEの強さは、実験計画法により、参加者が選択理由を自覚していないときでさえ、どれが参加者にとって重要かがわかる点にある。

コンセプトの不完備性

アバカスが新製品のゲームスターを作るために用いたテスト・コンセプトの不完備性（incompleteness）について説明しておきたい。新しい製品やメッセージの設計において RDE が非常に強い力を発揮する理由の根底には、この不完備性がある。

アバカスのプロジェクトでは、それぞれ 6 つの要素が含まれる 6 つのカテゴリーで「アイディアレットの宝庫」ができた。[10] 直感的だが結局は「不正確な」アプローチなので、ゲームスターの実験では、「完備性を満たすコンセプト（complete concept）」をテストする必要がありそうだ。つまり、6 カテゴリーからそれぞれ 1 つずつ取り出して合計 6 要素を必ず含むコンセプトである。この完備性に関するコンセプト・テストのロジックは、従来のコンセプト開発の手法の多くで使われてきた。[11] しかし、完備性を満たすコンセプトを用いた調査方法でしか、参加者は正しい製品アイディアを理解できないとするのは誤った思い込みで、最終的には失敗してしまうだろう。

RDE はこのパラダイムには従わないが、それには相応の理由がある。RDE では、個人ベースで参加者にとっての各アイテムの絶対値（貢献の度合い）を測定する。こうした絶対値を得る唯一の方法は、それらをデータベース化して学び、法則やトレンドをつかむことであり、統計学者が「不完備なデザイン（incomplete design）」と呼ぶものを用いる。テスト・コンセプトの一部についてはわざと網羅するカテゴリーを減らすのだ。不完備なデザインにおけるこうした特別な処理の詳しい説明は、教科書とコンピュータ・プログラム[12]に任せて、ここでは立ち入らない。ただし、回帰分析などの統計手法では、不完備なデザインのおかげでデータ分析や絶対値の発見ができることは頭に入れておきたい。

---

10) いくつかの理由によりこの特別なデザインが非常に有用なことを知っている利用者が多い。著者たちもかなり気に入っているが、だからといって、4 要素を含む 5 カテゴリーや、3 要素を含む 10 カテゴリーなど、他のポピュラーなデザインを使わないという意味ではない。

11) Dan Lockhart, Matt Knain, "An Overview of Alternative Conjoint Approaches," *The Research Report* 11(1), Maritz Marketing Research, Inc. (Winter 1998).

12) 自動処理する IdeaMap.NET のようなホスト型ツールを使わない場合でも、SYSTAT、SPSS など多数のプログラムがある。

こうした設計で小さなコンセプトを作るRDEの戦略には、3つの明確なメリットがある。簡単に読めるコンセプトを作るので、被験者が実験を楽しめること。手軽に解釈できる確かなデータを提供すること。そして、データベースに結果を蓄積し、製品や時間を超えてトレンドが把握できることだ。

ステップ5〜7：結果を学びアクションに向けて法則を導き出す

　RDEの基本理念の1つは、それほど労力をかけずに直接答えを示すことだ。著者の1人の担当医であるハーバード大学のS・S・スティーブンズは、1967年に「眼外傷で明らかになるはずだ」と述べているが、まさにその通りだ。彼が言う「眼外傷」とは、「目的に合わないデータや文章を大量に見るときに、頭の中心部で感じる痛み」のことである。「見ることを強制されたり、複雑すぎて現実感を伴わないような感じがする」。

　この見解に従うとして、DVD、ポータブル電子ゲーム機、タブレット型パソコンの特徴を用いてゲノム的に考案された新製品について、RDEで明らかになったことを見ていこう。

　ゲームスターの基本的な方向性を把握するのに必要な情報はすべて、平均効用（影響度）を示した**表6-3**で見つかるだろう。しかしこれまでに何度も見てきたように、マインドセットによるセグメンテーションはより強力な製品やメッセージを生み出す。ゲームスターの場合もそうだった。

　今回は、少なくとも明確なセグメントが3つありそうだった。これらのセグメントは、ゲームスターの特徴に対する反応から導き出されたパターンに基づいて、236人の参加者を分類することで明らかになった。

　ここで、各セグメントで最高の評価を得たアイディアを調べて、「セグメントに名前をつける」ことにしよう。セグメンテーションはコン

ピュータが簡単に統計処理を行って示してくれるが、コンピュータは開発者でもマーケターでもないので、セグメントに名前をつけることはない。ただグループに割り振るだけだ。したがって、最も良いアイディアを見つけて、セグメントの名称を考えてみるとよいだろう。

- セグメント1は、パワーや利便性に興味がある人々のようだ。
「データのバックアップや、ソフトウエアのインストール、あるいは映画鑑賞用に、オプショナルのCD-ROM、DVD/CD-RWドライブがある」
「自分のデバイスをニーズに合わせてカスタマイズする」

- セグメント2は、多様な用途を望む人々らしく、いわゆる技術屋かもしれない。
「ウインドウズXPプロフェッショナルのすべての機能や特徴が装備されたタブレット型DVDゲームスター」
「DVDに加えて、CDやMP3を聞いたり、ゲームをしたり、タブレット型パソコンとして使うことができるマルチファンクショナル機器」

- セグメント3は、エンタテインメントのために用い、携帯性と利便性を望む人々のようだ。
「どこにでも持ち運べる最軽量のマルチメディア機器」
「自分の部屋だけではなく、家のどこにいても映画が見られる」

特徴を混合する作業を通して、アバカスは新製品の創出につながる興味深い発見や機会をいくつも得た。それらを簡単な一覧表にすることで、開発者は情報の背後に次のような意味があることを理解した。

1 **ゲームスターへの基本的な関心度は、全体的にほどほどの水準で、どのセグメントでも同様である**。全体の加算定数の34は、参加者の3人に1人がゲームスター製品のアイディアに基本的に関心があることを意味する。加算定数の高いセグメントを探してみたが、見つからなかった。つまり、同製品を本当に望んでいる潜在的セグメントはないということだ。ただし、3つのセグメントと

も、製品のアイディアを自分とはまったく無関係なものとして切り捨てているわけでもなかった。これは、クレッジトカードでもよくあることだ。

2　アバカスは特定セグメントにターゲットを絞り、異なる製品を作ることが可能だ（そうすべきである）。ワンサイズの製品は全員にはフィットしない。3つのセグメントにはそれぞれ興味を引くアイ

表 6-3 ●ゲームスターに関する一部要素のスコア（全パネルとセグメント別──S1〜S3）。重要な要素は太字にしている。

要素		合計	S1：パワーと利便性	S2：多目的と技術屋	S3：エンタテインメントと利便性
	基本サイズ	236	53	116	67
	加算定数	34	42	34	28
A 1	DVDプレイヤーの性能とポータブルゲームの機能がついたタブレット型パソコン	6	0	77	**10**
A 3	DVDに加えて、CDやMP3を聞いたり、ゲームをしたり、タブレット型パソコンとして使えるマルチ機能デバイス	9	0	**13**	8
B 1	タブレット型パソコンまたはノートパソコンとして使える転換可能な機器	6	0	7	8
B 4	家のどこにいても映画が見られる	6	-1	4	**15**
C 2	どこにでも持ち運べる、市場で最軽量のマルチメディア機器の1つ	3	1	0	**10**
C 4	市場で最軽量のマルチメディア機器	1	-2	-1	8
D 1	プログラム制御された3つのショートカットボタン	3	7	-3	**10**
D 4	スリム・サイズのリモコン、ACアダプタ、オーディオ／ビデオ用ケーブル、充電可能なバッテリーセット付き	3	**10**	-3	8
E 2	自分のデバイスをニーズに合わせてカスタマイズする	6	**13**	5	0
E 4	トラベルキット装備	4	**13**	4	-3
F 1	大手デパートで買える	6	**9**	1	**10**
F 2	お気に入りの家電専門店で買える	4	1	1	**11**

ディアが見つかった（表 6-3 参照）。評価得点の高い要素は、新製品の基礎となる。

3　アバカスは顧客マインドを参考にして製品をつくった。アバカスはシンプルなシステムでゲノム的に特徴を一緒くたに混ぜ合わせた。それによって、ウェブプログラムの助けは必要だが、参加者の「マインド」は正真正銘の製品創造ツールになる。参加者は自分が望んでいるものをきちんと表現できないかもしれないが、アバカスにはアイディアのブレンドを作ることへの不安はなかった。それどころか、アバカスが必要としていたのは、作業に使うアイディアのデータベースのみだった。このデータベースについては第8章で取り上げる。

新製品「ゲームスター」の作り方

　RDEはその日のうちに新しい組み合わせを導き出したが、具体的にどのように行ったのだろうか。新製品開発の場合、有意な結果であることを確認する法則に従いながら、要素を混合して新しいアイディアを作る。

- 法則1（テーマ）：要素は直感的に組み合わせて互いに補完させることで、本当にぴったりマッチングさせなくてはならない。

- 法則2（RDE志向）：同質的なターゲット層に訴求できるように、特定セグメントで評価得点が高い要素でなくてはならない。

- 法則3（ビジネス）：経済的、時間的に可能なアイディアでなくてはならない。

　この3つの法則が組み合わさると、結果として有望な新製品が（うまくいけば次々と）生み出される。この戦略で、アバカスは2つの製品コンセプトをつくった（表 6-4 参照）。

表 6-4 ●ゲームスターの 2 つの製品コンセプト

技術屋セグメント向け製品	利便性セグメント向け製品
DVD に加えて、CD や MP3 を聞いたり、ゲームをしたり、タブレット型パソコンとして使えるマルチ機能デバイス	DVD プレイヤーの性能とポータブルゲームの機能がついたタブレット型パソコン
タブレット型パソコンまたはノートパソコンとして使える転換可能な機器	自分の部屋だけではなく、家のどこにいても映画が見られる
シネマモードで暗い場所での画像コントラストを調整する	プログラム制御された 3 つのショートカットボタンで、よく使う操作の所要時間を短縮させる
オプションで、映画を見たり、音楽を聞いたり、ゲームをするときに、ステレオ音声を 2 つに分けるオーディオ分割デバイス付き	お気に入りの家電専門店で買える

　アバカスにとって（実際に、このアプローチを用いたすべての企業にとって）の成果物は「新しいアイディア創出システム」である。新しいアイディアはテストにかけた後、経済的な配慮などの組み合わせが有効かの判断も加味しながら、調整、ブラッシュアップ、修正が行われる。このときの判断は主観的なものだ。次の節で、別の角度から「有効性」の検討について説明する。

相乗効果が生まれるアイディア

　ここまで、参加者全体か 1 つのセグメントの中で評価得点の高い要素を見つけて製品やコミュニケーションを生み出す方法を紹介してきた。その一方で、要素間の相互関係はどうだろうか。個々の要素は単独では非常に高い成果を出すのに、一緒に組み合わせると、互いに打ち消し合ったり相性が悪かったりして、失敗作となってしまうことがある。反対に、非常にすばらしい結果をもたらす要素の組み合わせが見つかる可能性もある。単独でも良いが、組み合わせるともっと輝きを放つのだ。

　アバカスや他の開発者が、要素の成果が増幅し相乗効果が働く組

み合わせや、互いに抑制し合う組み合わせを見つけるときに役立つ、RDE の応用例について話を進めよう。

本書ではここでの分析の根拠には触れず、**表 6-5** の結果を中心に見ていきたい。たとえば、C3 と E6 を組み合わせるときの効用を単純に足し合わせると 1 + 1 = 2 とゼロに近い値である。しかしこのシステムを使うと、要素間で大きな相乗効果が働き（+16）、実際の合計は 18 になることがわかる。

多数のプロジェクトで幅広く分析をしたところ、要素間でうまく相互作用が働くのはごくわずかだった。RDE ツール（IdeaMap.Net）は自動的にそうした例を発見する。[13] アバカスの開発者はこうした相乗効果を念頭に置きながら、ゲームスターを設計した。

表 6-5 ●ゲームスターの特徴の組み合わせのうち、本当に違いが出てくるもの（抜粋）

組み合わせ	要素	テキスト	効用	相互作用	単純合計	実際の合計
C3 × E6	C3	シネマモードで暗い場所での画像コントラストを調整する	1			
	E6	オプションで、映画を見たり、音楽を聞いたり、ゲームをするときに、ステレオ音声を 2 つに分けるオーディオ分割デバイスがある	1	16	**2**	**18**
A5 × F3	A5	ゲーム、音楽など、オールインワンのポータブル・エンタテインメント・ユニット	2	16	**2**	**18**
	F3	ベストバイやサーキットシティのような家電専門店で販売されている	0			
C5 × F4	C5	落下事故に耐えうるデザイン	4			
	F4	メーカーのウェブサイトで直接購入でき、在庫があるときは 30 ドルの払い戻しが受けられる	2	-15	**6**	**-9**
B2 × F5	B2	友達、家族、同僚などに個別のメッセージが作れる。（中略）手書きのメモや図なども送信でき、e メールに手書き署名を添えられる	5	-15	**9**	**-6**
	F5	オンライン上で便利で、素早く、効率のよい買い物ができる	4			

13) この技術は IdeaMap.NET 独自のもので特許出願中である。

組み合わせで勝率を上げる

　組み合わせたアイディアは成功するだろうか。アバカスの新製品はたくさん売れるだろうか。

　RDEはこれらの質問に部分的にしか答えてくれない。異なる製品の要素をゲノム的に組み合わせてつくったアイディアを用いた、このタイプの研究で高い成果を出したものは、その後のテストや市場でもうまくいく傾向がある。その理由はかなり単純だ。混合とマッチングにより、参加者にテスト・コンセプトを矢継ぎ早に提示するやり方は、いわゆる「美人コンテスト」のように大勢の参加者の中から1人の勝者を選び出す目的で行われるプロジェクトではありえないもので、より耐久テストに近いものと言える。このタイプのインタビューで良い結果を出した要素は、さまざまな場面ではっきりとした存在感を示す。そうした要素に賭けることは、レース、天候、競馬場、騎手などの条件が違っても輝かしい戦歴を持つ競争馬に賭けるようなものだ。勝ち馬と同じく、評価の高い要素には、製品に組み込むだけの価値がある可能性が高い。

❋　❋　❋

　ところで、起業家アリソンはどうなっているだろうか。本章の内容が役立っただろうか。

　アリソンのビジネスは順調に成長し、製品ラインも追加された。しかしある時点で、革命的な新製品のアイディアが尽きてしまった。そんな折に、国内の会員制ディスカウントショップ・チェーンから、既存製品のうちの数種類をワンパッケージに収めたファミリーサイズの冷凍食品をつくらないかと提案された。アリソンはとても張り切った。超大型市場にアクセスするチャンスが巡ってきたようだ。しかも、そのチェーン店の名前は子供の頃のヒーローの名前に似ていて、アリソンは特別に親しみを感じていた。

ここでは、まったくの新製品を開発する必要などない——ただ、既存製品を組み合わせればいい。しかし、複数の製品のうち、どの組み合わせが最も良いだろうか。ランダムに選ぶだけでは、うまくいかない。相性の悪い組み合わせが店頭に並ぶようになったら、購入を見込めたはずの顧客がそっぽを向いてしまうだろう。おまけに、休暇シーズンを前にほとんど時間がなかった。ここで必要なのはRDEだ。この瞬間の彼女の最善策は、利用可能な製品をシンプルに組み合わせることに違いない。

　アリソンは最近、彼女のファンからイノベーションに関する本をもらった。その本には、実験とダンスを比較した興味深い考え方が書かれていた。

　　音楽が途切れると、ステップは乱れてしまう。しかし、それはダンスをやめる理由にはならない。作家が筆を止めれば、本が書けなくなるのと同じことだ。試作品作りをやめたときに、イノベーションも停滞する。期待通りにならなくても、机に座って落ち込んでいてはいけない。何かを作るべきだ。[14]

　どこかで聞いたことはないだろうか。そう、序章で紹介したドクター・スースの絵本に出てくる「やってみよう！　やってみよう！　そうすれば、うまくいくだろう！」というアリソンにとっておなじみの言葉だ。その本には、より洗練された表現で同じことが書かれていたのだ。

---

14) Tom Kelley, *The Art of Innovation: Lessons in Creativity from IDEO, America's Leading Design Firm* (Currency: New York, 2001).　トム・ケリー著『発想する会社！』（鈴木主税・秀岡尚子訳、早川書房、2002年）

BRIDGING COOL DESIGN
WITH HOT SCIENCE

第7章
デザインと技術を
結びつける

ファッションや小物のデザイナーとして数々の賞を受賞し、世界的にも有名なシンシア・ローリーは、日用品からインスピレーションや着想を得ることが多い。彼女がわくわくするのは、ルイ・ヴィトンの柄がついたデザイナーズ・トイレットペーパーや、デザイナーズおしゃぶりなど、非凡で型破りで、直観とは相容れないが、ひねりの効いたデザインの話をしているときだ。彼女のようなファッション・デザイナーほど、インスピレーションに頼って仕事をしている者はないだろう。だが、デザイナーでいられるのは、インスピレーションのおかげだろうか。

　「次のヒット製品を探すときに、より重要なのはインスピレーションか経験か」との問いに、ローリーはこう答えた。「卵が先か、鶏が先かの問題です。実際にはどちらも大切で、フィフティ・フィフティだと思います」

　経験はただ無難なものではなく、しばしば卓越した創造へと、デザイナーを駆り立てる。デザイナーやビジネスパーソンにとって立証済みのアプローチに、インスピレーションを新製品の着想に用い、その後、経験を生かしてそれを成功させる方法もある。もう1つ、経験によって選択肢を狭め、インスピレーションを用いて、それらの選択肢をさらにより良いものへと発展させる方法がある。このように、インスピレーションと経験は一緒に活用すべきである。両者は、ひどいクリエイティブがよく示すような相互排他的な敵というよりはむしろ、互いに高め合う関係にある。

　残念ながら、頻繁に起こるのが、デザインが製品の特徴と連動せず、ユーザーに焦点を当て損なってしまう例だ。もっと多いのが、「芸術」という名目で完全にユーザーを無視してしまう例だ。なかには、扱いにくく（顧客の目には）魅力のないデザインで、互いに張り合おうとするクリエーターもいる。こうした芸術志向の独善的なデザインは、変わっていて斬新なので、最初のうちこそ一部の顧客の注意を引くかもしれない。[1]しかし、デザインへの注目がずっと変わらないという保証はなく、まさに気を引こうとしていた人々を敵に回してしまう可能性もある。

こうした不幸な事態へと変わるのを防ぐ方法はあるだろうか。RDEが、アイディアを扱うものからデザインを扱うものへと進化し、そのプロセスで定められた規律によって、顧客にとって最も望ましい方向へと創造性を高めていくことは可能だろうか。

　著者たちの親しい友人であるマルコ・ベボロは、数あるポストモダン・デザインの目利きができる幸運な少数派だ。実際にそれが彼の仕事の大半を占めている。ベボロはフォーサイト・アンド・トレンドのディレクターとして、フィリップス・デザインでカルチャースキャン・トレンド調査プログラムを率いている。デザイン界のビジョナリーの1人である彼は、企業が環境インテリジェンスに向かうと信じている[2] 環境デザインのパラダイムは控えめながら、ユーザーのニーズや嗜好にデザインを自己適用させる技術を用いて、親しみやすい人間中心のデザインを提唱している。環境インテリジェンスは機械に組み込まれ、感知や変更やフィードバックを行う近未来の方法なのかもしれない。現状はどうだろうか。デザイナーはどのように感知や変更やフィードバックを行っているのだろうか。

　こうした顧客志向のアプローチは、顧客インサイトに関する知識を持ち経験を積んだ専門家や、ベボロのような一握りのビジョナリーのデザイナー向きだ。少なくとも今後数年程度では、アルゴリズムやソフトウエアでは代替できない。幸運な企業は、良いデザイナーを維持するために、あらゆる可能な手を打っている。私たちは彼らの仕事を少し軽減し、より生産的にできないだろうか。

　今日の技術は、デザイナーにとって真の恩恵をもたらしている。たとえば、技術のおかげで、デザイナーは規律的なアプローチを用いて、尻込みしたくなるほど膨大なデザインの特徴やその組み合わせを変え

---

1) 「ややもすれば巧妙な企業の製品で支配されている市場で、正当性を与えることが問題だ」とする意見もある（Steve Bryant, "My Space Is Successful Because It's Ugly," *Intermedia*, 21 February 2006; http://blog.eweek.com/blogs/intermedia/archive/2006/02/21/6156.aspx）。一部のセグメント（10代など）には受けても、長い目で見ると大多数の消費者には成功しないのが一般的である。
2) Reon Brand, Marco Bevolo, "The Long-Term View: Using Emerging Socio-Cultural Trends to Build Sustainable Brands," *In Proceedings of Interactions 2002, The 6th European International Design Management Conference*, Dublin, Ireland, March 11-13, 2002.

たり、有効な特徴や組み合わせを見つけたりできる。その結果、最も手頃で受容しやすいデザインの選択肢へと絞り込める。そうした選択肢を得るのに、デザイナーの才能に頼る必要はない。しかも、顧客インサイトに関するハードデータをタイミングよく用いることで、初期の生産性はより高まる。

　デザインのプロセスにおいてタイミングは非常に重要だ。顧客が「うまくいかない」と言いそうなオプションを考え出すことにデザイナーが貴重な時間を費やす前に、生産的なガイダンスが必要だ。芸術家向けの生産的なガイダンスは、次世代のiPodのように収益性を見込める方向へ集中できるようにする。経営陣の中にビジョナリーがいなかったり、そうした人材を雇う余裕がなかったりする不運な企業でさえ、RDEの明確なガイダンスに従えば、次世代の大ヒット製品に近づけるかもしれない[3]。その例は後述する。

　それでは、デザイナーが脅威を感じずに、RDEのツールを使うにはどうすればよいか。1811年から17年にかけてイギリスで起きたラッダイト運動（機械打ち壊し運動）は、生産の機械化に対して労働階級が否定的で暴力的な反応を示したものだ。労働者たちは機械が自分たちに取って代わるのではないかと恐れていた。実際には、専門家たちはもはや機械や最新のデザイン支援技術を恐れたりしない。RDEによるデザイナー支援についても同様だ。幸いにも今日——少なくとも予測しうる近い将来は、機械がデザイナーに代替しそうな気配はない。RDEのテストは言語で表現されたアイディアの代わりにビジュアルデザインを用いるが、顧客マインドの方程式を計算し分析することで、デザイナーの仕事をより簡単にし、効率性を高めてくれる[4]。考えてもみてほしい。RDEは週7日24時間ずっと知的活動を助け、不平を言わず、気分のむらもなく、言い返すこともなく、うっかりと忘れることも決してないのだ！

　第6章で、デザインに定評のあるフォード・アンド・アールがコンセプトのレベルでRDEのアプローチを幅広い問題に首尾よく適用した事例を紹介した。製品のコモディティ化が進み、新製品が目まぐるしいペースで投入される中で、デザイナーは製品のビジュアル要素

をつくってほしいと誘われ、実際に引き抜きも行われている。問題は、どうやって競合品と差別化するかだ。モノのデザインは、顧客がその製品を棚から選び出したり、DM を捨てずに開封したり、ウェブの訪問者がすぐに退出したり迷子になることなく「しつこく」ウェブを回遊したり、買い物客が雑誌を棚から取り出したりする確率を高める可能性がある。

次に紹介するのは、RDE を使った雑誌の表紙の開発事例だ。従来の「美人コンテスト」的な調査にとどまらず、どの表紙が良く、どの表紙がダメなのかを測定する。RDE の目的はさらに奥深い。デザイナーが特定の方法で異なる物理的特徴を用いて表紙を作った場合、買い手の心理はどう動くか。どのタイプの表紙が効果的か。表紙への関与の度合い、つまり、被験者が反応するまでに表紙を注視した時間の長さを測定する場合、RDE はどの特徴が「注目を集め」、どの特徴が意識にのぼらないほど速く処理されるかを明らかにする。この知識によって、デザイナーは自らの創造性を広げ、どれが有効かを学び、その後で、より良い表紙をデザインできるようになる。

日曜大工派向け雑誌の表紙

雑誌をめぐる競争環境は厳しく、印刷物とウェブ、有料と無料、一般的話題と個別対応など、選択肢はかつてないほど短時間で広がっている。読者を引きつけて、少なくとも雑誌を購入し、たとえ少しの間でも斜め読みしてもらうためには、表紙デザインはきわめて重要だ。

目立つ雑誌の表紙は、売店での販売促進の鍵となる。雑誌の表紙は少なくとも 2 つの目的でデザインされる。1 つは、見た目や雰囲気で

---

3) さらなる参考情報は以下を参照。Alex Gofman, Howard Moskowitz, "Consumer Driven 'Concept Innovation Machine': A Dream or Reality?" *In Proceedings of the XVI ISPIM Annual Conference*, "The Role of Knowledge in Innovation Management," Porto, Portugal, 2005.
4) Alex Gofman, Howard Moskowitz, "State-of-the-Art Research and Development Tools to Put Innovation in the Hands of the Many," The XV ISPIM Annual Conference, "Successfully Creating Innovations Products and Services: Integrating Academia, Business, and Consulting," Oslo, Norway, 2004.

雑誌のイメージを作ること。もう1つは、購入やリレーションを促進することだ。買い手が雑誌を選ぶ重要な瞬間に手が伸びやすいのは、目立つ表紙の雑誌だ。

しかし、どんなビジュアルなら、読者を引きつけるか。どんなメッセージなら、読者の好奇心をそそり、もっと見たくなるだろうか。

日曜大工をする人を対象とした雑誌の例を取り上げてみよう。RDEの課題は、表紙のどの部分が顧客の買う気を促すかを発見することだった。RDEで法則を導き出せば、編集スタッフは、少なくとも反応を促す表紙の特徴に関して、より賢い対応ができる。RDEプロジェクトは戦略的（法則を導き、チームがより賢明な行動がとれるようにする）で、戦術的（今後3カ月でその問題をどうするかを考える）でもある。

ビジュアル上の空白部分を補う

これまで述べてきたように、RDEで用いる実験計画法では、一部のコンセプト（試作品）についてはすべてのカテゴリーを使うとは限らない。画像の効果において重要な最初の問いは「ビジュアルの空白は想像で補われるのか。これはRDEと表紙にどんな意味を持つか」だ。私たちが何かを読んでいるときには空白を補う作業を行っていて、テキストの要旨を把握するために一言一句を読む必要はない。しかしグラフィックの場合、欠けた要素のある絵（雑誌の表紙）をどのように見るのだろうか。不完全な絵を眺めて、文章の空白を補うのと同じ方法で何らかの判断を下すのだろうか。

著者たちの経験をまとめると、次のようになる。図7-1は、テキストで書かれたコンセプトの情報量を減らしたときの効果を示したものだ。アイディアが言語で表されている場合、回答者はしばしば欠けた情報を補う。不完備なコンセプトでも、回答者はそれほど不快感を抱かずに、そのコンセプトに反応する。[5]

図 7-1 ●情報量（テキストのみ）を減らしたときの効果を示したワインのコンセプトの例

情報量	コンセプトの構成要素
5つ	芳醇な果実味のするやや辛口で重厚な赤ワイン 世界で最も優秀なワインの作り手の伝統的な製法を用いた 飲む前にその味を思い描ける 特別なときを祝うすばらしい方法 北カリフォルニア産
4つ	芳醇な果実味のするやや辛口で重厚な赤ワイン 世界で最も優秀なワインの作り手の伝統的な製法を用いた 特別なときを祝う最高の方法 北カリフォルニア産
3つ	芳醇な果実味のするやや辛口で重厚な赤ワイン 世界で最も優秀なワインの作り手の伝統的な製法を用いた 特別なときを祝う最高の方法
2つ	芳醇な果実味のするやや辛口で重厚な赤ワイン 特別なときを祝う最高の方法

図 7-2 ●情報を徐々に減らしたビジュアルサンプルの例。頭の中で空欄を補うのをやめるのはどの時点か。

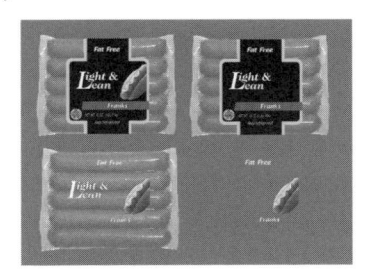

同様にグラフィックのみの場合を見ていこう。**図 7-2** は食肉製品のポイントを説明したパッケージ・デザインだ。完備性を満たすデザインと、特徴を減らした分解デザインが示されている。絵の情報量が減ると、意思決定が難しくなる。デザインの判断がしにくいと感じ始めるのは、大量の情報が省かれたときで、一要素のみを抜いたデザインであれば、おそらく参加者は評価の際に戸惑うことはないだろう。

5) Howard R. Moskowitz, Sevastiano Porretta, Matthias Silcher, *Concept Research in Food Product Design and Development*, 2005 (Blackwell Publishing: Ames, IO, 2005).

図 7-3 ●妥当な範囲で情報を減らしたビジュアルサンプルの例。一度に除くのは１つのオプションのみとし、背景には常にパッケージ全体の形を残している。

　幸いにも、欠けたカテゴリーが複数にならないようにする方法がある[6]。経験上、グラフィック・デザインに RDE を使うときの第１の法則は、知覚テストで提示するコンテンツに（全部でなくても）大部分の情報を含めることだ。この学びはいくつかのプロセスに影響を及ぼす。デザインに関しては、雑誌の表紙の数を増やす必要が生じる。この追加作業は、ビジュアル要素を組み合わせるという重労働をこなすウェブベースの RDE ツールには大きな問題ではない。経験的には、回答者も気にしない。彼らはただ表紙を見るだけなのでたいして問題とはならないのだ。

　回答者を最も混乱させるのは、パッケージそのものがない場合だ。パッケージの体裁を保っている限り、ときどき欠けた要素があっても構わないようだ。グラフィックに RDE を使うときの第２の法則は、「空」のパッケージあるいはパッケージの輪郭を常に提示することだ。図 7-3 から、第１法則と第２法則を守れば、どのコンセプトももっともらしく見え、混乱を招かないことがわかる。

　実際にやってみたところ、心強い結果が得られた。複数プロジェクトでビジュアルデザインを評価してみると、知覚テストで提示するコンテンツから一部の情報（相対的に小さな部分）が欠けていても何ら問題ないことが報告された[7]。

レイヤー構造のデザインを利用

　RDEをデザインに適用する場合、文章のみ、あるいは文章と画像を使用する状況とよく似ている。3層構造の雑誌の表紙デザインの例で、その基本となる考え方を説明しよう（**図7-4**参照）。わかりやすくするために、実生活で見るものよりも単純化して、基本的特徴を3つのみとする。表紙やパッケージの各特徴は、透過性のレイヤー（ケーキの層のイメージ）としてとらえることができる。画像処理ソフトのフォトショップのユーザーなら、この喩えですぐにわかるだろう。フォトショップのレイヤーは、該当する層の重要なオブジェクト以外はすべて透けて見えるようになっている。コンピュータ（ブラウザ）は、RDEが指示する組み合わせに従って、こうした透過性のレイヤーを重ね合わせ、異なるパッケージや表紙を作り出す。それだけのことだ。

　RDEで作る新しい組み合わせは、それぞれ新しいパッケージや雑誌の表紙に対応している。一連のインタビューが終わると、参加者に異なる雑誌の表紙（さまざまな組み合わせ）を見てもらう。ブラウザは特定のレイヤーを選び出し、それらが組み合わさった形で画像を提示するので、参加者は個別のレイヤーを見ることはない。レイヤーの組み合わせはとても素早くつくられるので、参加者には1枚の雑誌の表紙のように見える。

図7-4 ● RDEのデザインをケーキのようなレイヤー構造に分解した例。影や不透明な部分は説明用に示したもので、実際の見え方は違う。

6) この問題に対応するために、RDEで使うグラフィック・デザインはすべて特別に最適化されている。いつものように心配は無用で、その作業はRDEがやってくれる。RDEツールは、ほぼ完全な状態のグラフィックを用意するという条件を満たす目的のみに作られた一連のデザインを用いる。
7) Johannes Hartmann, Howard Moskowitz, Alex Gofman, Madhu Manchaiah, "Understanding and Optimizing Communications and the 'Look': Sustainable Co-Creativity Using Internet-Enabled, Visual Conjoint Analysis," *In Proceedings of 2004 ESCOMAR Asia Pacific Conference*, Shanghai, 2004.

表紙の評価は実際に容易だ。デザイン（各表紙の組み合わせ）を作る作業はすべてコンピュータがやってくれる。インタビュー開始時にサーバーをアップロードしたときに、個別のレイヤーはすでに参加者のコンピュータに準備されているので、それを組み合わせるだけでよい。参加者はこうした組み合わせの背後に実験計画法があることは知らないし、そもそも知りようがない。

　参加者は一度に1枚ずつ表紙デザインを評価していく。評価にかかる時間は12〜18分程度なので、ほとんどの参加者は負担を感じない。実際に、実験の感想を聞くと、「楽しかった」と言う。その秘密は、知覚テストのほうが、テキストを読むよりもずっと速く評価できる点にある。「直感的反応」とも言えるこの反応速度のおかげで、RDEで使うグラフィックのコンセプトが増えても、それほど負担増とはならない。

　完全な表紙でなければ参加者は反応できないのではないかというデザイナーの不安をよそに、現実はまったく逆である。参加者は**図 7-5**に示したような完備性を満たす表紙でも、**図 7-6**のように一部の要素が欠けた表紙でも、問題なく評価を行った。インタビュー後の出口調査で「やりにくい点はなかったか」と聞いてみたが、不完全な表紙デザインに違和感を抱いた参加者は皆無だった。[8]

図 7-5 ● 雑誌売り場で見かけるような、要素がすべて揃った表紙の例。

図 7-6 ● RDE のテスト用の組み合わせで、一部の要素が欠けた表紙の例 [9]

反応時間で評価する

　雑誌への関心を促進する要素を学ぶために、プロジェクトは行われた。私たちが編集者だったなら、直接的な問題に答える具体的発見と、賢くなれる一般法則を期待して、興味津々で見守ることだろう。編集者たちはクリエイティブな努力を測定されることを嫌がるが（彼らは「クリエイティビティは測定できない」と主張する）、最近では、将来の意思決定の前提条件として、表紙デザインに関する顧客の評価を受け入れる人も増えている。

　今回RDEのプロジェクトでは、それぞれ3つの要素を含んだ3つのカテゴリーを用いた。個々の重要性と、有効な内容や制作物を特定するよう試みた。**図表7-7**は各要素の効用を示したものだ。[10] こうした情報の潜在的成果は計り知れないほど大きい。どの要素が興味の喚起に役立つかが事前にわかれば、表紙デザインを最適化し、法則を運用できるようになる。

　RDEは、読者の興味を喚起するデザインだけでなく、クリエイティブをめぐる複雑な心境を引き起こす。というのも、RDEでは一定の規模が持ち込まれるが、それはデザイナーの芸術性とは相容れないからだ。

図7-7 ● RDEを雑誌の表紙に適用した例。効用（表の「関心」の欄）が4を超えると興味を促進し、下回ると興味を減退させる。その中間は総じてニュートラル。

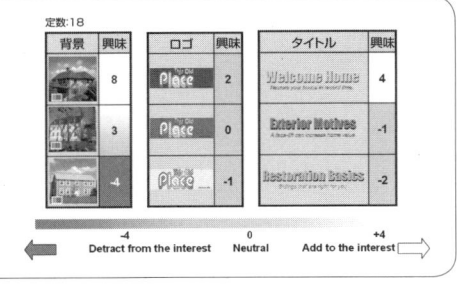

---

8) Howard R. Moskowitz, Sebastiano Porretta, Matthias Silcher, *Concept Research in Food Product Design and Development*, 2005 (Blackwell Publishing: Ames, IO, 2005).
9) 不完全（タイトルが欠けている）であるにもかかわらず、結果のデータを見ても、参加体験に対するコメントを見ても、参加者はこの表紙の評価に問題を感じていないようだった。実際の場面で使うときには通常、3つ以上の特徴を用いる。そのうちの1つが欠けてもほとんど気づかれることはない。
10) このケースは単純化したデフォルメで、オリジナルのプロジェクトではもっと多くの特徴やオプションが用いられた。

編集者が提起した最初の疑問は、「この調査は長すぎないか。回答者は自分の答えに確信が持てるのか。コンピュータの画面上の表紙のテスト画像から何が学べるか」だった。RDE はたしかに、受容されやすい表紙の特徴を特定するために、多数の代替案を必要とする。前述の食品の事例では、試作品づくりでさほど問題は生じなかった。パスタソースや他の消費財を手がける製品開発者は今では試作品の制作に慣れていることが多い。しかし雑誌の編集者には、たくさんの表紙をテストすることはかなり新しい試みなので、30年前に RDE が開発に入り込んできたときの製品開発者の反応と同じく、当初は懐疑的な様子だった。幸いにも、調査の参加者は編集者ではなく、編集者が何を言おうと関係なかった。参加者は短いオリエンテーションを受けた後、12 〜 15 分という負担のかからない時間内に調査を終えた。

　657人の参加者の反応パターンを RDE は自動的に分析した後、すぐに最初の結果が出た。参加者は、その雑誌の既存の読者か、取り上げている話題に興味を持って雑誌のウェブサイトにアクセスしてきた潜在的読者だった。彼らに対してどの要素が有効かというと、誰もが思っていたように、主に表紙に載せる写真だった。図 7-7 の「関心」という項目の数値は、個々のデザイン要素の貢献により、売り場でその雑誌を買うと答えた参加者の比率だ。数値は加算的で、加算定数から始まって要素が足されていく。合計は、その組み合わせがどれだけ高い評価であるかを示している。

　画像のカテゴリーのみを見ていこう。最初の家の写真に惹かれたのは、参加者の約 26% だ（定数の 18% をベースに、写真の効用 8% が加算される）。最後の写真を使うと、そのほぼ半分の 14% になってしまう（18 － 4 ＝ 14）。この考え方に従うと、タイトルが「ウェルカム・ホーム：記録的な短時間でわが家をリフォームしよう」だったときに興味を持つ参加者は約 20% だが、「住宅リフォームの基礎：あなたにぴったりの外装」のときは約 14% でしかない。

　編集者が他にも知りたがったのは、顧客の目を釘付けにするのはどれか、である。効果的な表紙もそうでない表紙もある中で、RDE が実際にどのように買い手の目を引く見栄えの良い表紙をはじき出す

図 7-8 ●雑誌の表紙の特徴がどれだけ注視する時間に影響するか (11)

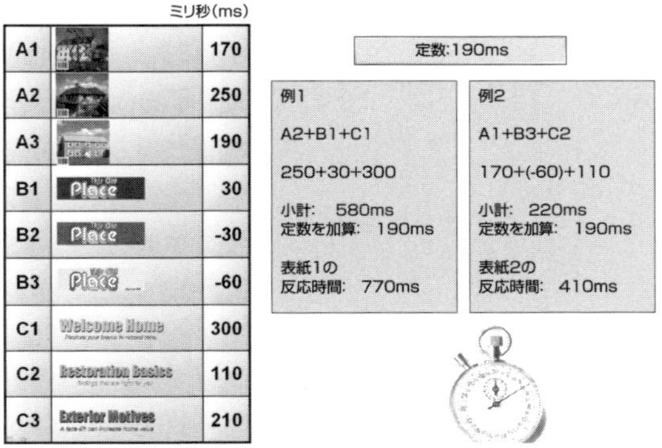
ミリ秒(ms)
A1 170
A2 250
A3 190
B1 30
B2 -30
B3 -60
C1 Welcome Home 300
C2 Restoration Basics 110
C3 Exterior Motives 210
定数:190ms
例1
A2+B1+C1
250+30+300
小計: 580ms
定数を加算: 190ms
表紙1の
反応時間: 770ms
例2
A1+B3+C2
170+(-60)+110
小計: 220ms
定数を加算: 190ms
表紙2の
反応時間: 410ms

かというと、非常にシンプルな手法がとられている。参加者がその表紙に接してから反応する（関心の度合いに応じて評価をつける）までにかかった時間を測定するのだ。システムに組み込まれている特別なソフトウエアは、画面にビジュアルが完全に映し出されてから作動するようになっていて、ダウンロードやアップロードの時間はカウントされない。注視時間は長いこともあれば、短いこともある。RDE は異なる雑誌の要素への反応時間をたどるという作業をする。

反応時間はどの要素が注意を引いたかを客観的に特定するので、編集者にとって重要な情報となる。その要素に興味を持っているかどうかを買い手が意識していようがいまいが、とにかく注目を引いたかどうかがわかるのだ。

図 7-8 は 1000 分の 1 秒（ミリ秒）で表わした反応時間である。プラスの値は注視時間が長かったということだ。私たちや編集者たちは、その特徴が注意を喚起する（その特徴が注視時間を長くしている）という意味に解釈した。たとえば、表紙に「外装の真意：改装で家の価値を高められる」という文言があった場合、平均的な参加者は文字のない場合よりも 10 分の 3 秒長くその表紙を見ると想定される。これ

11) 正の数はこの要素が開始時間に加算されることを、負の数は減算されることを意味する。開始時間の加算値を得るには、その数値を定数に追加しなくてはならない。

は、参加者はメッセージを読むなど、何らかの行為をしているからに違いない。そして、興味の度合い（評価得点）から、顧客の購買意欲をそそる良いメッセージかどうかがわかる。人々がじっくりと読む良いメッセージは、興味と注目の両面で秀でている。RDEはこの2点を測定する。

図7-8には、いくつかマイナスの数字もある。基準時間よりも注視時間が短いことを示す。たとえば、表紙の3つのロゴのうちの2つは、注視時間はマイナスの値になっているが、まったく見てもらえないという意味ではない。これらの要素を表紙に追加すると、注視時間が短くなるということだ。

良いアイディアはすべて時間をかけて見るものだろうか——言い換えると、顧客は長い時間がかかるせいで、かえって嫌いになってしまうことはないだろうか。これは編集者からの典型的な質問でもある。**図7-8**に示した一連のデータは、この問いに答えるときに非常に役立つ。たとえば、参加者たちはより興味深いタイトルにより長い時間をかけている。こちらが伝えたい内容に興味を持ってもらえれば（興味の項目の値が高いもの）、買い手が見たり読んだりするのに時間をかけるのは道理に適っている。

他の質問を挙げてみよう。

1 **注意は引いても、興味を減退させるケースはあるか**。興味の値はマイナス（興味を持つ読者数を減らす）だが、注視時間はプラス（注意を引く）という要素は存在する。ただ、興味の値が低かったりマイナスだったりするが注視時間は高い、という要素を探してみると、それほど多くはない。誰しも嫌いなものを見るときには、それほど時間をかけないのだ。

2 **あまり時間をかけて見ていない（関心は高くない）が、注意は喚起されているケースはあるか**。即決するのに慣れている人なら、そういうこともあるだろう。ただし、好意的な判断の場合に限られる。表紙の写真のプロジェクトでもそうしたケースが見られた。情報

処理が早い参加者がいたのだ。彼らは写真をじっくり見ないだけで、素早く見ては判断を下し、おおむね好意的な点数をつけていた。

注目される表紙を作る

　ここまで、RDEがマーケターや製品開発者に提供したような情報を、編集者にどう提供するかを見てきた。最終的な結果は同じで、読者のマインドがどう動くかというアイディア、受容や購入を促す特徴を統合するための具体的な方向性を示す。それは、編集者は表紙をまとめるために、良い結果を出した要素からアイディアを選び出し、混ぜ合わせればよい。もちろん、その目的はコンピュータ・プログラムに編集者の判断を代替させることではない。編集者に参加者のマインドを感じ取ってもらい、どれが有効で（図7-9）どれが有効ではないか（図7-10）を示すだけだ。残りの部分は編集者次第となる。だが、編集者も今では、読者に評判のよい色使い、絵、内容、スローガンについての具体的方向性を把握して武装するようになっている。

図7-9 ● RDE調査で参加者全体から高い評価を得た要素を組み合わせてつくった表紙（高スコア）

図7-10 ● RDE調査で評価の低かった要素でつくった表紙（低スコア）

第7章　デザインと技術を結びつける

3D 画像もお手のもの

　RDE は、印刷物や平らなパッケージなど 2 次元の対象物を扱う「平面的な」世界では使いやすそうだが、3 次元（3D）の対象物ではどうか。私たちは 1990 年代に、カスタムメイドの未来型デバイスで「リアル」の 3D 体験を再現しようと試みたが、あまりうまくいかなかった。他のプロバイダは図 7-11 のようなバーチャルリアリティ・デバイスを用いた実験を行っている。ただし、缶詰のスープの新しいパッケージの評価で、平均的な回答者がこの種のデバイスを身につけても、買い物現場の再現にはならないという懐疑的な声もある。

　大部分の人は、本や雑誌の絵、写真、テレビなど平面的なメディアから、3D のイメージを見ることに慣れている。そのため、パソコンの平面の画面上で 3D のパッケージを評価するのは、それほど問題ではない。それよりも、どれだけ簡単にパッケージ類を細かく分解し、混合し、マッチングできるかが重要だ。根強い人気があるプレッツェルの袋の事例で、今日の技術を用いた部分的なソリューションを見ていこう。

図 7-11 ●バーチャルリアリティのヘルメットを用いた 3D 環境でのテストの例（オーストラリアのスウィンバーン工科大学の好意により掲載）。現在の技術レベルでは、このアプローチは被験者への負担や煩わしさが大きすぎるとの懐疑的意見もある。

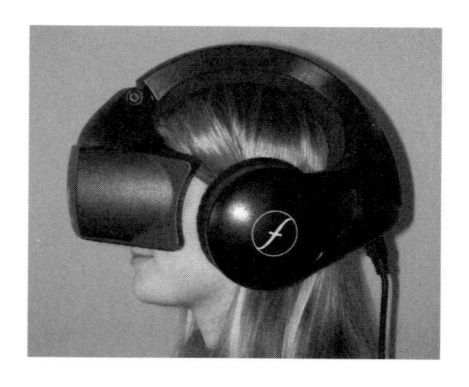

プレッツェルのパッケージ

　プレッツェルの大手メーカーは、その独特のひねった形をして塩味の効いたスナック用に、世界中の消費者にアピールするような、新しいパッケージをつくりたいと思っていた。RDEで解決すべき問題は、どのタイプの特徴が異なる国々で有効かということだった。アメリカではプレッツェル月間が2回も設けられているほど人気のある製品[12]だが、どうすれば目的にかなうパッケージを設計できるだろうか。

　余談になるが、プレッツェルが1400年前からあったことをご存知だろうか。ある説によると、イタリア人修道士が弟子に褒美を与えるために、余った生地の切れ端を焼いてみたという。祈祷のときの腕を組むポーズをまねて、生地を丸めてひねった。そして、こんがりと焼きあがった新しい食べ物を「プレティオラス」と名づけた。ラテン語で「小さな報酬」という意味だ。

　中世には、婚姻関係の表現に「tying the knot」が使われるようになったが、2つの名家を結びつけるためにプレッツェルが用いられたのがきっかけだ。プレッツェルの環は「永遠の愛」を象徴していた。

　では、硬いプレッツェルはどのように生まれたのだろうか。実は硬いプレッツェルは偶然の産物だ。パン屋の見習いがかまどのそばで居眠りをして、長く焼きすぎてしまった。最初、パン屋の主人は見習いの不注意を叱りつけたが、味見をしてみると、すぐに大きな可能性に気づいたのである。

---

12) カンザス州立大学のウェブサイトによると、3月はソフトプレッツェル月間、10月はプレッツェル月間である。もちろんシリアスな行事ではない。http://housing.k-state.edu/dining/FitCourse/justforfun.html.

　このセクションの他の情報源は次の通りである。
　"The History of the Pretzel," www.kitchenproject.com/history.Pretzel.htm.
　"Pretzel", *Wikipedia The Free Encyclopedia*, http://en.wikipedia.org/wiki/Pretzel
　"The history of pretzel," http://msms.essortment.com/thehistoryofp_rrka.htm.
　"Bush makes light of pretzel scare," http://news.bbc.co.uk/1/hi/world/americas/1758848.stm.

プレッツェルはメイフラワー号でアメリカにやってきたと信じている人もいる。清教徒たちは何か必要なものがあると、プレッツェルをインディアンとの取引に用いた。

今日、アメリカにおけるプレッツェルの年間消費量は1人当たり2ポンドである。中部大西洋岸諸州では1人当たり4ポンド、フィラデルフィアは1人当たり20ポンド以上だ！

規律的な実験の結果として生まれたのではないにせよ、アメリカで愛されてきたプレッツェルの発明はきわめてユニークだ。私たちはこの魅力的な製品のパッケージ・デザインにRDEをうまく活用できるだろうか。シリアルの箱と違って、プレッツェルのパッケージは平面的ではない。明らかに問題は、2次元の画面で3次元の課題を扱うことである。驚いたことに、その解決法は簡単だった。

デザイナーはまず、プレッツェルのパッケージの6つの特徴を用いて数パターンを作成した（**図7-12**参照）。それぞれの要素は透過性レイヤー上につくられ、他のレイヤーとぴったり合わさるように適切な場所に配置された。曲がった表面もすべての要素に反映された。**図7-12**の中央部を見るとわかるように、デザイナーは1つのテンプレー

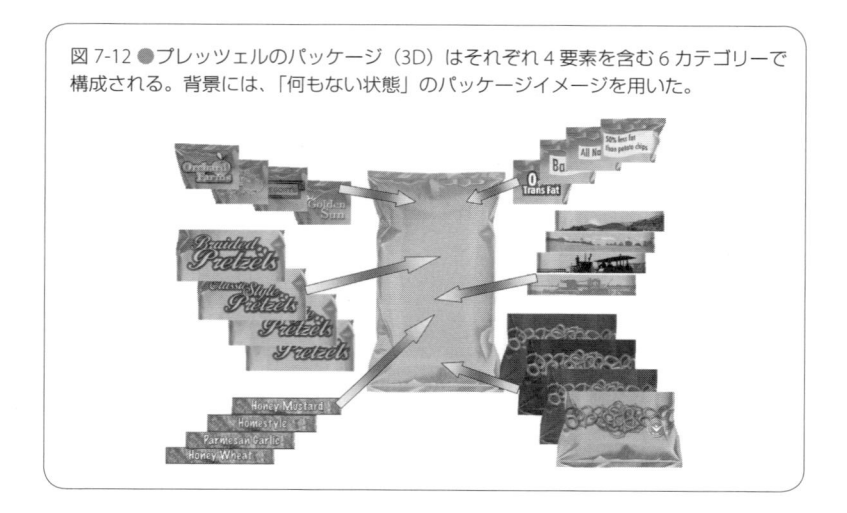

図7-12 ●プレッツェルのパッケージ（3D）はそれぞれ4要素を含む6カテゴリーで構成される。背景には、「何もない状態」のパッケージイメージを用いた。

図7-13 ●要素やデザインのパーツで、組み合わせ画像を作る（左の3つのレイヤーのパッケージのアウトラインは例示のためのもので、実際には使用しない）

トを使って簡単に作業できる。その結果、RDEの原則に従って組み立てられた、現実的な画像ができあがった。

さらに**図7-13**を見ると、これらのデザインの要素やパーツをRDEがどのように組み合わせて、パッケージらしく見えるようにしたかがわかる。

先述のテキストベースのRDEとの大きな違いは、画面上のパッケージに要素がない場合にも、「空白を埋める」背景画像が必要だということだ。最良の解決策は、各画面の背景に、全レイヤーの下に空白のパッケージを置くことだ。これは「ゼロ・コンディション（要素がまったくないデザイン）」と呼ばれる方法で、中がスカスカでも気にならない。空白のパッケージの背景画像は、コンピュータの画面上の知覚テストのサンプルを、たとえ欠けた要素があっても、消費者にとって意味がある、受け入れやすいパッケージのように見せてくれるのだ（**図7-14**の最後のパッケージを参照）。

これを実施した結果、デザイナーは芸術、科学、RDE、消費者に関する知識の融合に成功した。**図7-14**を見るとわかるように、パッケージはリアルに見える。最も重要な参加者（消費者）からの報告においても、現実的なパッケージを評価していると感じたとあった。皆にとってもメリットがあったのだ。

図 7-14 ●新しいプレッツェルのパッケージの 3 つの組み合わせ。3 番目の画面は、実験計画法の指示に沿って要素を 1 つ抜いている。不完備性の概念を用いているが、デザイン戦略によって煩わしさが軽減されている。

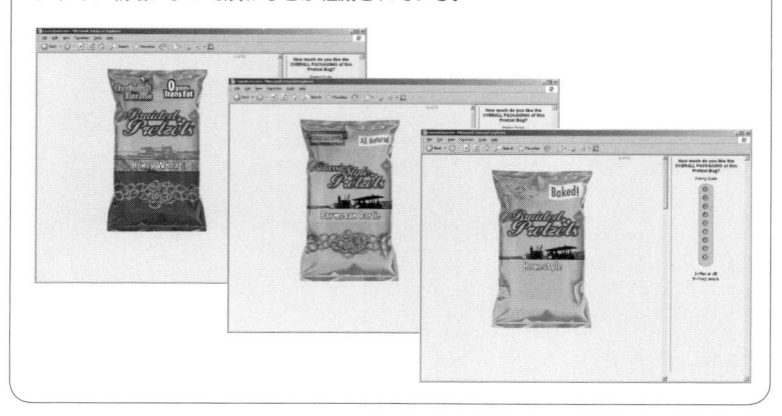

　このように、RDE はパッケージ担当のデザイナーの仕事を簡単にしてくれる。デザイナーはただ構成要素をつくって、コンピュータで組み合わせればよい。異なる試作品をたくさんひねり出す必要はない。消費者テストを困難にしていた、時間がかかり骨の折れる非決定的（自由）な作業はいらなくなるのだ[13]。

　この RDE のテストは国際的に行われ、当初の目的通り、各国でどの特徴が消費者の反応を引き出すかが明らかになった。

シャンプーのパッケージ

　最後にもう 1 つ、デザインの事例を紹介しよう。プレッツェルと似ているが、「健康・美容」という別の製品カテゴリーの商材だ。原則は同じで、結果はより有望だったが、今回の課題に RDE が起用された背景は異なっていた。

　デザイナーには、最終イメージを作る前に、パッケージの要素の最

高の組み合わせを選ぶという課題が与えられていた。フォーカスグループを実施してみると、圧倒的に強い要素は選び出されなかったが、顧客が好む要素はたくさん特定できた。これらの要素をさらに調査したが、別々のパーツであることが問題となった。そこで、最も良い組み合わせを見つけるために、RDE が用いられることになった。

図 7-15 は、それぞれ 4 つの要素を持つ 6 つの特徴（カテゴリー）で構成されるシャンプーのボトルの例である（プレッツェルのデザインもたまたま同様の構成だったが、特徴や要素の数が異なるときも RDE は利用できる）。デザイナーはすでに、パッケージの全体的な外観を特定していたが、絵や説明について最良の要素は把握していなかった。

ビジュアルを作成後に、RDE の実施に要した時間はわずか 30 分だった。その後、デザイナーは対象者にウェブ・プロジェクトへの参加を募るメールを送った。今回に限らず、どのプロジェクトでも、関係者は座ってコーヒーを飲みながら、リアルタイムでデータが集まる様子を見守る。先述のグラフィックの事例のように、コンピュータはリアルタイムで各要素（レイヤー）を重ね合わせていくが、回答者はそれに気づくことはない。そのプロセスのイメージ画像が図 7-16 である。

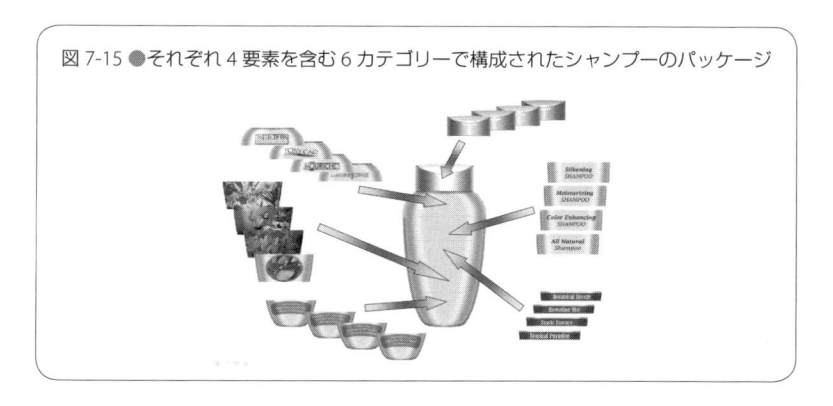

図 7-15 ●それぞれ 4 要素を含む 6 カテゴリーで構成されたシャンプーのパッケージ

13) Alex Gofman, Howard Moskowitz, "Rule Developing Experiments (RDE) in Package Co-Creation." In Proceedings of 2006 IIR FUSE Brand Identity and Package Design Conference, New York, 2006.

図7-16 ●シャンプーのパッケージのイメージ画像。一番下は輪郭のレイヤー。その上に要素以外の部分は透明なレイヤーを重ねていく。

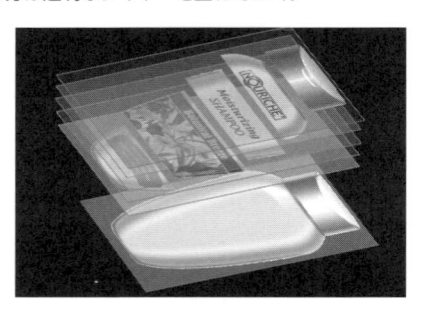

　翌朝、雑誌の表紙や他のRDEプロジェクトで用いたものと同じタイプの表を使って、デザイナーは各要素の良し悪しを正確に把握した。なお、今回のテストでは、アメリカの南部と西部で参加者の反応は大きく異なっていた。セグメントと相互作用を念頭におきながら、デザイナーはターゲットを絞り込んだパッケージを作り出した。RDEの実施によるもう1つの嬉しい結末は、簡単であまりお金もかからないことだった。

RDEは「芸術王国」でも通用するか

　デザイナーにとって依然として重要な問題の1つが、「グラフィック要素の加算的モデルの妥当性」である。RDEをアイディア創出に使うようになった初期の調査でも、テキストのコンセプトについて妥当性の問題がしばしば議論された。当時の目標は、アイディアを組み合わせてコンセプトを創出する方法を確認することだった。パッケージ・デザインは1つの芸術だと信じられているせいで、再びこの問題が浮上した。

　著者たちは、この妥当性の問題を説明するために、多数のリサーチを行ってきた。[14]RDEのモデルがパッケージの特徴にも有効なことを示すやり方に、いわゆる「ホールドアウト」手法というものがある。こ

の手法では、RDE を一部の組み合わせのみで、評価を高める要素を示すモデルを作る。その後、そのモデルを用いて、テスト済みだがモデル作りには使わなかった要素の組み合わせ（ゆえに「ホールドアウト（とっておく）」と呼ぶ）についての反応を予測する。

　経験上、予測精度はたいてい非常に高い。RDE はとっておいたデザインの評価を、プラスマイナス 7％の範囲で予測できる。大半の批評家は、実際の成果に近い予測に満足し、その後は RDE の手法を問題なく受け入れるようになる。新しい組み合わせの反応を予測することで妥当性を示すというシンプルなやり方だが、デザイナーやマーケターの懸念を払拭する上で大きな効果がある。

芸術と技術の結婚

　本章ではグラフィック・デザインを取り上げてきたが、これまでの章よりも議論の余地がありそうだ。その理由は単純だ。パッケージ・デザインでも、表紙のデザインでも、棚のデザインでも、グラフィックはたいてい芸術の領域に属すものと考えられてきたからだ。アーティストは点数をつけられることを好まない。「芸術のための芸術」という考え方は、ビジネス界では顕著な特徴ではないが、グラフィック・デザインでは浸透している。パッケージはマーケティングで新たに脚光を浴びている分野の 1 つとみなされているが、顧客インサイトに対するデザイナーの典型的な要求は通常、体系的に変化させたコンテンツに顧客が「どう反応するか」ではなく、顧客がほしいと「言っている」ものを発見するという観点で語られる。もちろん、RDE を活用して得た顧客の反応など問題外である。しかし幸運なことに、今日のデザイナーはそうした見方を改め、RDE の考え方を取り入れ、芸術と技術の結婚を歓迎している。

14) Howard Moskowitz, Sevastiano Porretta, Matthias Silcher, *Concept Research in Food Product Design and Development*, 2005 (Blackwell Publishing: Ames, IO, 2005). Alex Gofman, Howard Moskowitz, "State-of-the-Art Research and Development Tools to Put Innovation in the Hands of the Many," The XV ISPIM Annual Conference, "Successfully Creating Innovations Products and Services: Integrating Academia, Business, and Consulting," Oslo, Norway, 2004.

❋ ❋ ❋

　私たちがグラフィックに取り組んでいる間に、起業家アリソンの会社ではさまざまなことが起こっていた。彼女は「大物」ビジネスパーソンになっていた。アリソンは成長著しいカラフルな食品の事業を、全米のスーパーマーケット向けの即席冷凍食品にも広げる決意をした。数ある製品の中で自社製品を際立たせる良いパッケージ・デザインの選択が課題となっていた。

　さらに、アリソンは彼女のファンクラブの会長（たまたま世話をしてくれた主要なベンチャーキャピタリスト）から、カタログ通販を手がけてはどうかと勧められていた。アリソンは第5章を読んで、すでにカタログにどんな特徴を盛り込めばよいかを把握していた。彼女はRDEで導き出したメッセージを使って非常に成功していた。現在必要なのは、リサイクルの分別箱へ放り込まれることなく見てもらえるカタログであり、最終利益に貢献するような印象的で魅力的な表紙デザインであった。

　アリソンは、利用可能な資本をすべて製品ラインの拡張に投じてきた。休暇シーズンは間近に迫っていたので、この課題は早急に取り組む必要があった。魅力的なパッケージやカタログの表紙を一からデザインする時間的余裕はなく、一流のデザイナーを雇える見込みも薄かった。クリエイティブな人物を探して、自分の型破りな考え方を共有することは容易ではないと、アリソンも知っていた。過去のデザイン会社との付き合いを考えても、彼らの「作品」がアリソンの製品や顧客に最も合っているかどうか、確信が持てなかった。

　この宿題をこなすためには、一晩か二晩で3Dグラフィックの最後の仕上げをしてくれる、優秀なフリーランスのデザイナーを雇うとよいだろう。

　デザイナーに提供する素材として、アリソンは何が用意できるだろうか。フォトショップなどのグラフィカル・デザイン・ソフトに慣れているなら、ここでもRDEが役立つ。アリソンはソフトウエアをイ

ンストールして、最初の製品に合いそうなアイディアを検討した。スーパーマーケット向け製品で使ったビジュアルの他にも、パッケージに使えそうな画像のストックがあれば、それを使えばよい。どれが一番良いか。どの背景色がよいか。どのロゴを使うべきか。カタログの表紙についても同じ問いが思い浮かぶ。これらの素材についても、自分でつくったり、これまでに集めた写真や絵を使ったりすればよい。

アリソンはこれまでのRDEの課題と同じく、有効性が明らかで、自分で扱える外部ホスト型のウェブツールを使うことにした。彼女はパッケージを表現するのに十分な変数を含むデザインを選んだ。背景のビジュアルをアップロードし、絵やロゴを挿入していった。自社製品と比較してテストするために、競合製品のグラフィックを用いてもよい。その後、アリソンは1時間余りでパッケージ用テンプレートを作り上げた。すぐに3Dグラフィックのサンプルを見ることができ、アリソンはまるで画家やデザイナーになったような気分を味わった。

ターゲット層に向けて簡単なウェブ調査への参加を募ることは造作なかった。アリソンはすでに経験済みで、簡単にできる上に費用も手頃だった。ウェブ調査にログオンした参加者は、一連の異なるパッケージ（プロジェクト1）あるいはカタログの表紙（プロジェクト2）を見て評価する。翌日、システムは自動的にパッケージ用の法則（どれが良くて、どれが良くないか）を導き出す。以前と同様、アリソンはどれが有効かを見つけ出した。

パソコンや写真のストックを使って、たかだか2日間の作業でこれだけのことができるとは、たいしたものだ。アリソンが雇ったフリーランスのデザイナーはすぐに仕上げにかかり（作業時間分の請求額を低く抑えられ）、出来栄えもすばらしかった。というのも、デザイナーはすでに顧客の好みやアリソンが承認しそうなものを心得ていたからだ。カタログ通販とともに、これは新しい富をもたらすだろう。

繰り返しになるが、こうしたアプローチは、実験や、安価だがパワフルなパソコンに適性のある人にとって悪い話ではない。

SELLING BLUE ELEPHANTS
How to Make Great Products that People Want
Before They Even Know They Want Them

第3部
未知なる宇宙へ旅立とう

さあ、シートベルトを締めて、
離陸の準備をしよう。
従来の限界を超えた、
規律的な実験の目的地へと旅立とう。
宇宙探査と同じく、
旅の最中に何が見つかるかは予測しにくい。
新しい展望が開けるかもしれないし、
期待していた目標には到達できないと
知ることになるかもしれない。
それは誰にもわからないことだ。
さあ、カウントダウンを始めよう。

MIND GENOMICS:
CONSUMER MIND "ON THE SHELF"

第 **8** 章

マインド・ゲノミクス：
顧客マインドに注目せよ

顧客を深く理解するために、抜け目のないマーケターはどうするか。水晶玉を覗き込むか。トレンド・コンサルタントを雇って将来を展望するか。もちろん目的は、トレンドをキャッチして、それに乗って、「最も早く、最も賢く」行動し、成功することだ。

　では、ビジネスの現実はどうだろう。時間もお金もない。それでも、ボタンを押せば簡単に「グーグル時間」で入手でき、理解しやすく、すぐに使えるように加工され、綺麗に収納されたナレッジが必要だ。今日のマーケターや開発者は、簡単に使えて、ほぼパッケージ化された、体系的なナレッジを求めている。特定テーマの顧客マインドについて整理されたインサイトを用いて、開発やメッセージづくりのヒントとする。

　私たちはアバカスのゲームスターのプロジェクトに取り組んでいるときに、この顧客マインドの百科事典について少し詳しくなった。アバカスはポータブルDVD、ゲーム機、タブレット型パソコンという3つのアイディアのデータベースを調べていた。アバカスの面々はゲノム的アプローチに沿って複数の情報源を1つの新製品に組み込み、新製品のアイディアを「一緒くたにして混ぜ合わせた」のだ。

　この3つのデータベースを用いた研究を通して、特定分野のテーマや1つの製品に限らず、より広範な情報を含んだ統合的なデータベースの必要性が見えてきた。もちろんRDEで作るようなタイプのデータベースだ。たとえば、食品がテーマなら、多くの類似した食品データベースがあればよい。ステーキ、ケーキ、コーヒー、コーラ、フルーツジュースなど、異なる食品のデータベースになるかもしれない。これらのデータベースは、RDEが提供するナレッジをもとに共通の構造を作り出す。データベースのユーザーはアイディアを調べたり、その有効性を探ったりする必要はなくなる。そうした情報はRDEを使えば簡単に手に入る。

　しかし、もっと大胆に踏み込んで考えてみよう。単一データベース内の製品間でカテゴリーや要素などの情報構造に一貫性があれば、このデータベースはマーケターや開発者にとってさらに有用だ。ある製

品情報の利用法を深く理解すれば、全製品のデータベースを調べやすく、鳥瞰的な見方を養うことができる。開発者やマーケターはごく簡単に、何がうまくいき、いかないのか、どんなセグメントが存在するか、特定製品を超えて全体に適用するセグメントはどれかを学ぶ。その日のうちに収穫がある――機会をより大局的に把握できるようになるのだ。仮にデータベースが小規模で近視眼的に一製品に限定されていたなら、そうした機会は単なる雑音か的外れだとみなされていたに違いない。

　近視眼はしばしば統制された焦点として、誰も喜ばない類の完璧主義を装うことがある。完璧主義のモットーは、「歩く前にハイハイを。走る前に歩け」という悲惨なものだ。私たちはデータベースを使って走り出そう。おそらく全速力で走ったり、長い距離をゆっくり走ったりして楽しめるだろう。

　異なる要素（製品の特徴、ブランド名、感情、有効性など）で構成されるデータベースや、一製品だけでなく多数の製品を含んだデータベース、依頼前にすでにRDEによって定量化されているデータベースは、RDEの原則である「顧客マインドの方程式」をロジカルに広げたものになりうると私たちは信じている（一部の人々は私たちがやっていることを「顧客マインドの計算」と呼ぶが、私たちはずっと「方程式」という言葉を使ってきた）。

　効用などの測定基準を加えることで単なる情報を超えた「顧客マインドの百科事典」は、ゲノミクスの科学と情報工学に基づきながら、新しい科学「マインド・ゲノミクス」を打ち立てるものだ。その目標は、公式化・構造化された事実（ファクト）ベースのアプローチを使って、人々がどのようにアイディアに反応するかについて理解を深めることにある。

マインド・ゲノミクスを用いたデータベース

　このアプローチは現代のツールを用いるが、新しい方法ではない。マインド・ゲノミクスは、実験心理学の刺激反応の原則から始まり、リサーチや統計分野の実験計画法やコンジョイント分析へと引き継がれ、マーケティング戦略情報からマインドセットのパターンを特定する複合テストまで扱うインターネット調査へと轟音を立てながら突き進んできた。私たちは今日盛況な応用生物学のゲノミクスにならったアプローチをモデル化した。[1]

1　消費者や顧客に関する実践的な情報源

　顧客問題でビジネス・コミュニティを非難する出版物は膨大な数にのぼる。それも、経済学から心理学、人気雑誌から科学雑誌、マーケティングや技術など幅広い分野において、ニーズやウォンツの理解、店頭での選択行動調査、広告やコミュニケーションなど、さまざまな顧客の側面を扱っている。

　こうした情報をめぐって頻発する重要な問題は、情報量が膨大になることだ。顧客調査に関する業務をしていると、職場では雑誌や書籍を次々と渡され、会議に次ぐ会議で、役立ちそうな即席の専門知識の短期研修が果てしなく続き、圧倒的な量の情報に追われることになる。情報を体系化しようとする努力も、膨大な資料の前には歯が立たない。たとえ有用な情報でも、近づくことさえままならないのだ。

　資料は豊富にあっても、マーケティングや開発の専門家たちの大半は、以前にも増して消費者や顧客について学ぶ時間をとれずにいる。彼らは最新ビジネス書で経営幹部たちの見解を読んだり、テープで書籍の要約を聞いたり、1日や2日間の研修で詳しい説明を受けたりする。実務に当たる人には資料の吸収は義務で、その日のうちに、それを行動へと変えなくてはならない。

　したがって、顧客マインドのデータベースを作る第1の理由は、膨

大な情報の中から顧客マインドに関する情報を集めて整理し、ナレッジに基づいてタイミングよくビジネスに活用できるようにすることだ。

2　トレンドの情報源

　これまで、ある程度の規模の企業のほとんどが、参加者に態度や習慣を尋ねる追跡調査を行ってきた。たとえば、コンピュータ産業の追跡調査では、参加者にどのブランドのコンピュータを買おうとしているかと尋ねる。消費者が、調査員に自分たちの受け止め方や好みを語ることには何ら問題はない。ところが企業にとっては、ただ表面的でワンパターンの「無難な情報」よりも、消費者が本当に望んでいることを知るほうがはるかに役に立つ。

　データベースの2つ目の理由は、市場のトレンドを大規模に監視・分析し、顧客が直接口に出す前に新しいニーズを読むことだ。ヨギ・ベラ★が言うように、とりわけ将来について予測するのは難しい。

3　新製品のアイディアの情報源

　マーケティング関連ビジネスの専門家のほとんどは、「イノベーションか死か」という決まり文句を聞いたことがあるだろう。この警告の言葉は、ビジネスウィーク誌の表紙を飾ったり、広報活動に積極的な企業の経営幹部が口にしたりするが、いずれにせよ、今日では「イノベーションは重要な競争力だ」とする考えが主流となっている。しかし、企業はどうすれば新しいアイディアを体系的なやり方で開発できるだろうか。

　本書では、イノベーションについて取り上げた第6章でゲノミクスにヒントを得た手法を紹介した。そこでは、開発者は異なる製品カテゴリーの要素を混合し、ゲームスターという新製品のアイディアを生み出していた。潜在的な可能性を引き出すためにアイディアを混合

---

1) さらなる情報は以下を参照。Howard R. Moskowitz, Alex Gofman , Jacqueline Beckley, Hollis Ashman, "Founding a New Science; Mind Genomics," *Journal of Sensory Studies* 21(3): 266-307.
★　アメリカのメジャーリーグで活躍した野球選手。

させる手法を使うためには、マーケターと開発者は既存のデータベースを利用して、RDEで混合できる状態のアイディアを用意しておかなくてはならない。

　顧客マインドのデータベースの第3の理由は、複数分野の多様なアイディアを混合・分析することにより、持続的に新しいアイディア用の「イノベーション・マシン」を活性化させることだ。

RDEでデータベースを作る

　いわゆるイノベーション思考の多くは2軸の周りを旋回している。1つめの軸は新しいアイディアを考え出す活動で、いわゆる観念作用（ideation）の段階だ。2つ目の軸は測定基準である。しかし、いずれも計画的につくられたものではない。

　観念作用の段階では通常、ブレーンストーミング、フォーカスグループ、個人の思考活動が行われる。フォーカスグループに内在する問題はすでに取り上げた（第1章を参照）。アメリカのどの世代のビジネス・プロフェッショナルも、チームワークを信じるように育てられ、ブレーンストーミングの生みの親である広告専門家のアレックス・オズボーンに、企業の問題には「特攻隊のようなやり方で」攻めるようにと教え込まれている。

　最近のウォールストリート・ジャーナル紙の記事で[2]ジェード・サンドバーグは、伝統的なブレーンストーミングは失敗に終わると分析している。その記事には、工科大学の元学長であるジョン・クラークの言葉が引用されている。ブレーンストーミングをするうちに、誰かが話題を乗っ取ったり、間違いだと証明しようとしたり、参加している上司に良い印象を与えようとパフォーマンスをしたり、ただ自分が楽しむためにコメディ・セントラル[*1]のような課題に変えてしまったりする。「グループが本当にクリエイティブなアイディアを生み出した例は1つも思い出せない」とクラークは語っている。

RDEでは、問題の究極の解決策を探す代わりに、参加者やプライバシーに細かな配慮をしながら、非常に民主的な「機会均等」のアプローチを推進している。参加者はアイディアを生み出し（多ければ多いほど楽しい）、RDEはどれが有効かを判断するという「重労働」をこなす。グループ討議は誰か1人の歪んだ考えに染まって、幅広い意見を抑制してしまう結果になりかねないと、ハーバード教育大学院のデビッド・パーキンソン教授は警告する。「良いアイディアを得る最良の方法は、人々に個別に書き出してもらうことだ」。つまり、多くの場合、人々を1つの部屋に閉じ込めなくても、最良の結果は得られるのだ。

　銀行家のジョー・ポリドロは、グループワークのもう1つの問題点として自意識を挙げている。「私たちは皆、ヌーディストキャンプの新入りみたいに、恥ずかしそうに座っている」。他にも、限られた会議時間内にイノベーティブな発想ができるように、誰かの心を「スケジュール通りに動かす」のは非常に困難な点が懸念される。

　ブレーンストーミングによるグループでの思考活動であれ、個人の集中的な思考活動であれ、RDEはいずれのプロセスも実質的に改善する。その方法とは、アイディアの創出と評価を区別し、リスト上の項目に対する数値指標という目的を与えるだけだ。ビジネスでは、プロセスや成果に関する指標が好まれる。ステージゲート・プロセス★2 など、会議で生まれたアイディアの数だけ論文が存在する[3]。しかし、実際にアイディアを生み出す公式化されたシステムが欠けている。RDEはそれを提供する。クリエイティブなアイディアをテストし、有効なものを見つけ、その後、潜在的な願望に関する情報をさらに利用するためにデータベース化するのだ。

---

2) "Brainstorming Works best if People Scramble for Ideas on Their Own," *Wall Street Journal*, 13 June 2006.
3) R. G. Cooper, *Winning at New Products: Accelerating the Process from Idea to Launch*, 3rd ed. (Cambridge, MA: Perseus Books, 2001.
★1　アメリカのコメディを中心としたケーブルテレビ。
★2　製品の開発プロセスをいくつかのステージに分け、ステージごとにやるべきことや意思決定ポイントを設けるプロセス管理手法。

RDE はテスト段階でアイディアの混合やマッチングを行うので、異なる製品カテゴリーから体系的に、まったく異なるアイディアの混合やマッチングを行えば、イノベーション・サービスとして発明マシンを作り出せる[4]。

　2000 年になって私たちは図らずも、製品のイノベーションに向けたトレンド理解用の顧客マインドのデータベースについて何度も議論することになった。最初に登場したのが、食品だった。おそらく食品産業では相対的にゆっくりと物事が進むせいかもしれない。そのときのテーマは「その食品をおいしくするもの、食べたい気持ちにさせるものは何か」で、サブテーマが「食品そのもの、ブランド名、感覚的満足などのアイディアに対する顧客マインドに関してデータベースが作れるか」であった。

　食品会社のマコーミックとの議論を通して、RDE を使って最初の体系的な顧客マインドのデータベースが作られ、「クレーブ・イット！(Crave IT!)」と命名された。これは、データベースを作り、数年後ごとに RDE の調査を実施し、食品に対する顧客の考え方や関連事項を追跡していくという考え方に基づいていた。次の 4 つの点で、クレーブ・イット！はそれまでの調査とは非常に異なっていた[5]。

1　**結果の深さ**——データベースでは、顧客マインドの代数学を理解するために実験計画法と、顧客がどう自分自身を描写するかを把握するための分類用質問票を用いる。

2　**テーマの幅**——データベースでは、食品の描写、感情、消費場面、ブランド、健康強化など幅広いテーマをカバーしている。

3　**製品の幅**——最初のクレーブ・イット！のデータベースは 30 種類の製品を扱い、それぞれについて「RDE のメガ調査」とも言うべき大規模調査が行われた。

4　**比較可能性**——個別調査は可能な限り、他の調査と同じように行った。この並行的なやり方によって、製品ごとに、同じタイプ

のメッセージに顧客がどう反応するかが示され、データベースの威力が増すこととなった。

クレーブ・イット！データベースは手始めに過ぎなかった。ひとたびRDEを使ってメガ・データベースを作るコツをつかめば、残りの部分は簡単だった。私たちはニュージャージーのU&Iグループとパートナーを組み、イット！ベンチャーズという会社を作り、データベースを次々に横展開していった。飲料（ドリンク・イット！）、ファーストフード（グラブ・イット！）、健康食品・飲料（ヘルシー・ユー！）、保険（プロテクト・イット！）、募金や非営利団体（ギブ・イット！）、さらには、情勢不安と公共政策（ディール・ウィズ・イット！）などのデータベースである。非常に幅広いが、いずれも扱いやすく、使い勝手がよく、RDEの原則を具現化していた。

その一例として、購買体験のデータベースを取り上げてみよう。これはインディアナ大学ケリービジネススクールの支援と指導の下で開発され、「バイ・イット！」と命名された。

こうしたデータベース開発の横展開における言葉の使い方に興味を持った人もいるだろう。自分の限界をはっきりと知るためにも、文字化してみることが一番である。私たちは多くのことを知っていると勘違いしているが、紙に書き出してみると知らないことばかりだと気づかされる。少なくとも、自分の知識があまりにもとりとめなく、整理されていないことがわかる。購買体験と飲食体験にRDEを用い始めたとき、私たちはこのことに気づいてショックを受けた。RDEで購買調査（たとえば、テレビ）のデータベースを1つ作るのは容易だが、30のトピックについて同じ構成のデータベースを30作るとなると腰が引けてしまったのだ。どれが真のカテゴリーか、買い物では何が一般的か、といったことを考えなくてはならなかった。データベースを

---

4) 他分野の異質なアイディアを一定の方法で混合やマッチングするという考え方は、1990年半ばにモスコウィッツがその著書 *Consumer Testing and Evaluation of Personal Care Products* (New York, Marcel Dekker, page 430) で打ち出したものだ。当時のRDEは非常にシンプルな処理でも十分なレベルとは言えなかったが、今では簡単に実施できる正規のシステムができた。第6章も参照のこと。

5) J. Beckley, H. R. Moskowitz, "Databasing the Consumer Mind: The Crave It!, Drink It!, Buy It!, and Healthy You! Databases." In Proceedings of Annual Meeting of Institute of Food Technologists, Anaheim, CA, 2002.

並行的に設計するというRDEの要求事項を満たすには、より深い思考が求められたのだ。

　1年前にクレーブ・イット！データベースを開発したときにも同様の経験をした。基本カテゴリーを考えて、それを食品や飲料カテゴリーの30製品に適合させた。それによって、調査参加者へのコミュニケーション方法について、私たちはより深く考えることとなったのだ。異なる製品を比較し、大量のデータの意味を理解し、実際の開発やマーケティング活動に結び付けていくためには、オリーブやコーラやフライドポテトについて、どんなことを言うべきだろうか。

　最初に発見したのは、これらのデータベースの開発には、各分野の専門家に加わってもらうことが重要であることだ。そうすれば、より専門知識を反映した調査ができるようになる。おそらくゼネラリストでは十分に課題をこなせないだろう。

　第2の発見は、初めのうちこそ30の案件用に要素を見つけるのは難しかったが、コツさえつかめば、簡単に進められるようになることだ。データベース開発プロジェクトの開始時に、その要素が伝えているであろう内容を表わしたテンプレートを作る。それを参考にしながら、適切な要素をテンプレートに当てはめていけばよい。

　第3の発見は最も重要だ。それは、とにかくやってみることだ。完璧でなくてもいい。顧客やデータベースによる知識構築には完璧なものなどない。私たちも最初の作業はわくわくしたが、その後のデータ集めでは不安に陥り、結果分析の段階で胸をなでおろした。データからパターンが明らかになり、開発者、マーケター、仕入担当者などが、顧客マインドの理解、トレンドの見極め、新しい機会の発見に役立つ新しい方法だと言ってくれた。このデータベースは、アイディアやブランド名のうち本当に有効なもの、有効でないものを知りたいという好奇心も十分に満たした。「自分のブランドやメッセージはどうだろう」と知りたくなる気持ちの重要性を過小評価してはいけない。

30 製品をカバーするバイ・イット！データベース

　現代の経済環境では、手に余るほど選択肢が多いので、ケリー・スクールのマーケティングの教授は、これらのデータベースに特化したモスコウィッツ・ジャイコブズやイット！ベンチャーズといった企業と一緒に、仕入担当者、マーケター、開発者を対象とした、革命的なまでに広範囲に及ぶデータベースをつくっていった。目標は単純明快だ。RDEを使って、検索可能な顧客マインドのデータベースを作り、アイディアを広げることだった。

　私たちは次の基準に基づいて、データベースとデータ収集の手法を簡単かつ効果的に設計した。

1　**製品の幅と種類**——データベース用に30の異なる製品を選んだ（**表8-1**参照）。デパートや専門店で見るように広範囲の製品を調査するとともに、家庭用品、パーソナル用品、高額品などを幅広くカバーしたいと思っていた。

表8-1 ●バイ・イット！データベースに含まれる製品の幅と種類

家庭用品	パーソナル用品	高額品
トースター	水着	自動車
ミキサー	サンダル	テレビ
皿	ブーツ	冷蔵庫
タオル	ビジネススーツ	ソファー
シーツ	ネクタイ	芝刈り機
グラス	ソックス	タイヤ
テーブルクロス	サングラス	洗濯乾燥機
ナプキン	ペン	
キャンドル	運動器具	
電気ドリル	レポート用紙	
クッション	出産祝い	
カーテン		
ランプ		

2　**要素の幅と種類**——表 8-2 では、異なるカテゴリーの製品であるトースターの例を取り上げた。要素のデータベースは、普段から買い物や製品情報の検索で使っている言葉を用いると役立つ。さらに、顧客が自分の感じたことを語り始めたとき、製品や関連情報を超えて、感情にまで対象を広げることができた。バターつきパンの顧客インサイトに関する観察を用いた定性調査では、このデータベースがより厳密な調査を行う出発点となった。

表8-2 ●バイ・イット！データベースの 30 種類の製品の 1 つ、電気トースターのカテゴリー、要素の論拠、実際の要素の例（一部を抜粋）

	要素の論拠	トースターの要素（テキスト）
カテゴリー1：店舗デザイン／物理的場所	エリアの特徴。（中略）必要なものすべて	トースター、フード・プロセッサー、ジューサー、専門器具の特徴が載ったカタログ。トースターのページは何ページもある
	たくさんの選択肢。（中略）今日使う	オンラインか店舗。（中略）現在最も人気のスタイルやモデルについて多数の選択肢
カテゴリー2：製品選定／価格体系	多数。（中略）あなたのスタイル。（中略）欲しいものが簡単に見つかって、すぐに試せる。（中略）使うと良い気分になる	ぴったりの価格。（中略）いつでも
	ワンストップ・ショッピング。（中略）多数の選択肢。（中略）ブランド、色、サイズ	心配し始める。楽しい気分で店を出る（中略）購入しがいがある
カテゴリー3：ターゲット顧客、買い物客／感情	さっさと買い物を済ませられる	さっさと買い物を済ませられる
	心配になる。（中略）買い物で散財しても、楽しい気分で店を出る	ワンストップ・ショッピング。（中略）多数の選択肢、ブランド、色、サイズ
カテゴリー4：ブランドの階層／サービス・レベル／便益	店名の階層	ロウズ、ホームデポ、メナードなど店で
		ウォルマート、Kマート、ターゲットのような店で

3 　多様な顧客グループのデータ収集──30種類の調査で参加者を別々に集めるのは非効率だ。やる気のある参加者が、間違った調査（たとえば、まったく使わない製品の調査）に応募してきても対応できるようにする。

　私たちはプロセスを見直して、参加者が最も興味のある調査を選べる戦略をとることにした。参加者はeメールの招待状のリンクをクリックし、異なるテーマが示された「掲示板」のところに行き、最も興味のある調査テーマを選ぶ。その後、参加者は標準的なRDEのアンケートを行う。体系的に変化させたコンテンツを評価し、その後、自分のプロフィールに関する質問に答えてもらう。この戦略により、その製品に興味を持つ参加者の力を借りながら、データベースは速やかに構築された。

データベースから得たインサイト

　意味のあるビジネス上の意思決定にデータを用いるときのポイントは、自分が何を求めているかを理解することだ。今日の大半のビジネスでは、もてあますほど多くのデータにアクセスする。まさに「情報の氾濫」だ。問題は、その情報をどう整理し、データから知識へ、知識からインサイトへ、インサイトから実行へと進化させるかである。

　バイ・イット！のデータベースで得られた結果について本が1冊書けるほどだが、それでは「2万フィート」の高度から素早く概観するという目的には沿わない。マーケターが興味を持ち、バイ・イット！データベースの成果物を見たくなるような問いとともに、ポイントのみをいくつか紹介してみよう[6]

---

6) H. Ashman, S. Rabino, D. Minkus-McKenna, H. R. Moscowitz, "The Shopper's Mind; What Communications Are needed to Create a 'Destination Shopping' Experience? *In Proceedings of the ESOMAR Conference*, "Retailing/Category Management: Linking Consumer Insights to In-Store Implementation," Dublin, Ireland, 2.

質問1：購買促進の「誘因」として何が重要か

顧客は何を探しているか。異なる製品について、同じようなパターンを示すのか。あるいは、法則が異なり、ある製品について重要な要因が他の製品ではそうでもないことがあるのか。

明らかに違うタイプの人々を引きつけている、本質的に異なる3つの製品（運動器具、カーテン、水着）で重視されるものを見ていこう（図8-1 参照）。

ずばり要点だけ言うと、最も頻繁に人々が口にしたのは「価格」である。しかし、それだけではない。運動器具ではほぼ一貫して価格が重要だと語られたが、水着では価格が重要だと答えたのは参加者の3分の2にすぎなかった。現実的に考えると、顧客は運動器具を買うときには、価格をじっくりチェックし、事前に大量の情報で武装をして来店するのかもしれない。販売員もきちんと備えておいたほうがよい。一方、おそらく衣類ではこうした価格の知識はそれほど重要ではない。価格については、以上の予測が立てられる。

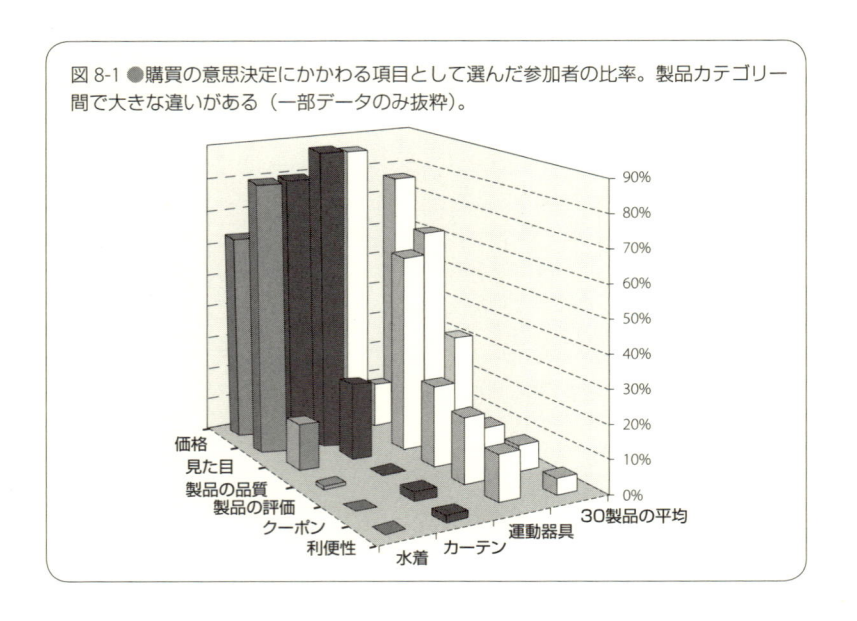

図8-1 ●購買の意思決定にかかわる項目として選んだ参加者の比率。製品カテゴリー間で大きな違いがある（一部データのみ抜粋）。

製品の品質も顧客を引きつける要因として興味深い。価格と同じく、品質は一部の製品で重要だ。たとえば、値が張る運動器具はそうだ。一方、水着はそうでもない。衣類の場合、品質はそれほど重視されず、強調されないのかもしれないが、健康器具では品質を語ったほうが賢い戦略と言えそうだ。カーテンも中位の結果だが、品質はさほど重視されていないようだ。私たちはすでに重要なものとそうでないものを学びつつある。しかし、まだここで終わりではない。

質問2：異なる製品でも、セルフサービスという言葉への反応は同じか

　今日、セルフサービスが大流行している。市場やビジネスの情報源の一部でさえセルフサービスだ[7] サービス機関がコストを管理するように、セルフサービスの重要な方法は、顧客にその仕事をさせることだ。これはつまり、レストランでウェイトレスが運ぶ代わりに自分で食べ物をとる、あるいは、スーパーでレジ担当者の代わりに自分で清算するという意味だ。

　バイ・イット！の調査では、セルフサービスの要素に対し、図8-2のような「セルフサービス――誰にも邪魔されたり、せかされたりしない」というニュートラルな表現が用いられた。その理由は、30製品すべてに適用させるためだ。繰り返しになるが、本当に役立つデータベースにするためには、同じアイディアが異なる製品に当てはまらなくてはならない。マーケティングやマーチャンダイジングで使う言語について、その表現がどこで有効か、男性にも女性にも同じように効果的かどうかがわかるはずだ。

　図8-2は、ある小売店で製品カテゴリーごとのセルフサービスの有効性を示したものだ。たとえば、ローコストで投資も少ない、ソックス、ペン、サングラスなどはセルフサービス向きの製品といえる。タイヤはどうもセルフサービスには向いていないようだ。同じく重要なのは、ネクタイや芝刈り機など関与の高い製品では、女性たちは気配りやサービスを求めている点だ。

7）たとえば、グローバルビジネス情報を収集している www.marketresearch.com など。

図 8-2 ●セルフサービス（邪魔されたり、せかされたりしない）のアイディアは、異なる製品や男女間で、どのように作用するか。数値は効用で、その要素がメッセージに含まれていたら購入に興味を持つと答える参加者が増える割合を示している（参加者全体のデータから一部を抜粋）

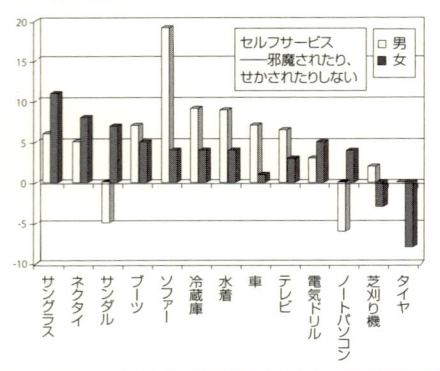

[グラフ：横軸＝サングラス、ネクタイ、サンダル、ブーツ、ソファー、冷蔵庫、水着、車、テレビ、電気ドリル、ノートパソコン、芝刈り機、タイヤ；凡例＝男、女]

図 8-3 ●メーカーが提案した小売価格の値札に「特価」とある場合、異なる製品や男女間で、どのように作用するか。数値は効用で、その要素がメッセージに含まれていると、購入に興味を持つと答える参加者が増える割合を示している（参加者全体のデータから一部を抜粋）

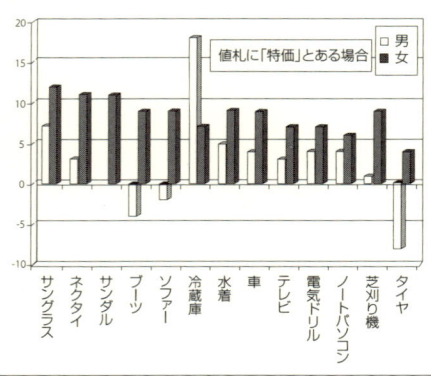

[グラフ：横軸＝サングラス、ネクタイ、サンダル、ブーツ、ソファー、冷蔵庫、水着、車、テレビ、電気ドリル、ノートパソコン、芝刈り機、タイヤ；凡例＝男、女]

　他の表現についても、同じようなマーケティングやマーチャンダイジングの分析が可能である。たとえば、値札上の「特価」の表記は、製品間で違いがあったが、そのパターンははっきりしなかった。サングラス、冷蔵庫、皿など関連性のない一部の製品で価格感度が高いのだ。しかし、真の違いは男女の間に見出された（**図 8-3** 参照）。

ここでの結論は何だろうか。ごく簡単に言うと、RDEはどんなマーケターや仕入担当者でも利用でき、有効な要素を示すデータベースの作成を可能にする。もちろん一連の要素がすべてをカバーしているわけではない。しかし、こうしたデータベースの結果を実際に目にするまで、私たちは（ほとんどのマーケターや仕入担当者も）、何が有効かということを深いレベルで理解していなかった。RDEは、調査テーマや製品カテゴリー、主要な特徴をまとめて構造化できる総合的なデータベースの作成を可能にすることで、この問いに答える。

質問3：購買行動が異なる場合、マインドセットに違いはあるか。製品が違っても同じ購買行動をとるか

顧客の中には、異なるマインドセットの人々がいる。彼らは違った見方で世の中をとらえ、テスト・コンセプトにまったく異なるパターンで反応し、製品やメッセージを「良い」から「すばらしい」へと発展させる機会を提供する。こうしたセグメントを見つける際には、異なるコンセプトの要素に対する反応パターンを分析する。彼らは同じメッセージに同じように反応する。つまり、好き嫌いのパターンが同じなのだ。

しかし、製品によって要素がやや異なる場合はどうだろうか。そもそもセグメントが見つかるだろうか。買い物に対する考え方に違いがあるのだろうか。私たちがこれまで見てきた限りでは、その答えは「イエス」だと、かなりの確信を持って言える。しかしそれだけでは、RDEの使用は従来通り、特定の製品やコミュニケーションに関する発見のみに限定されてしまう。

もう少しストレッチして「大きな目的」を目指してみよう。異なる製品でも共通する一般的なセグメントは見つかるだろうか。もし見つかれば、データベースは購買メッセージに対する顧客の反応を解読するためのロゼッタストーン（手がかり）となり、十分に元が取れ、おつりもくる。異なる製品について共通するグループを発見できれば、マーケターや仕入担当者にとって、広告や製品の表示で言うべきことや行うべきことの新しいガイドとなる。製品が異なっても共通する

セグメントがわかれば、一連の関連製品はもとより、関連しない製品についても、ほぼ体系化された開発、マーケティング、仕入れのアプローチを安心して利用できる。開発者、マーケター、仕入担当者は細部にとらわれずに、特定の問題の解決に一般法則を適用できるようになる。多数の事例から抽出したことよりも、法則のほうが扱いやすい。

それでは、私たちのデータが示しているものを見てみよう。30製品の調査のそれぞれの反応パターンを見て、セグメンテーションのプロセスを進めていくと、バイ・イット！データベースでは3つの一般的なパターンが見つかった。この調査の参加者たちは、自分たちの反応から異なるセグメントに分類できようとは考えもしないだろう。しかし、実際に分類してみると、**表8-3**のような結果となった。彼らが強い興味を示したテスト・コンセプトの特定の要素やメッセージを用いて、グループの特徴を抽出した。反応パターンにより彼らを定義し（左欄）、いくつかの仮説を立ててみた（右欄）。

図8-4は、バイ・イット！の一部プロジェクトにおいて、セグメントごとの反応を割り振ってみたものだ。製品ごとに、セグメントの母集団が異なり、セグメントの配分も違う。

表8-3 ●バイ・イット！プロジェクトの全30製品における、買い物客の3つのセグメントとその仮説

セグメント	仮説
手軽な買い物派——買い物好きで、サービス、入手しやすさ、使いやすさ、価格を求める。店舗の全体的な雰囲気には興味がない。	このグループは自分の子供や配偶者を楽しませるものを積極的に探している。
製品こだわり派——買い物好きで、スタイルと豊富な種類を求める。店の雰囲気に影響を受け、好みのスタイルが反映された店舗環境を望んでいる。店の雰囲気や購買経験がよければ、少し高めのお金を払うことを厭わない人もいる。	このグループは製品への関与が高く、大失敗ではない限り、子供や配偶者は気にかけない。
価格・サービス重視派——買い物好きで、安い価格やバーゲン品を見つけることにスリルを感じる。店の全体的な雰囲気には興味がない。	このグループは掘り出し物を見つけることに興味があり、他の人も巻き込んで探すのを手伝ってもらう。

図 8-4 ●各製品における 3 つのセグメントの割合（一部のデータを抜粋）

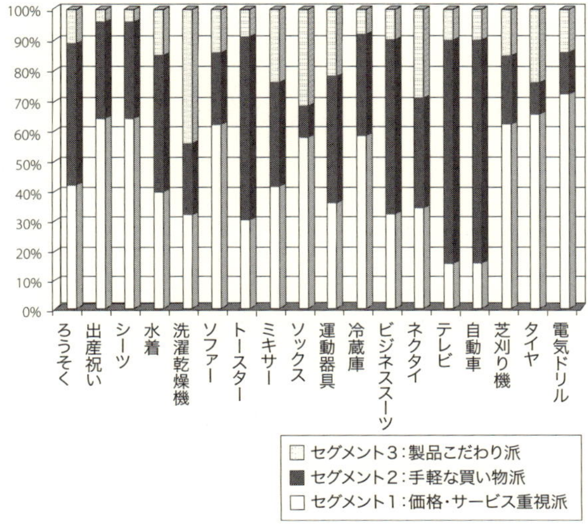
100%
90%
80%
70%
60%
50%
40%
30%
20%
10%
0%
ろうそく
出産祝い
シーツ
水着
洗濯乾燥機
ソファー
トースター
ミキサー
ソックス
運動器具
冷蔵庫
ビジネススーツ
ネクタイ
テレビ
自動車
芝刈り機
タイヤ
電気ドリル
セグメント3：製品こだわり派
セグメント2：手軽な買い物派
セグメント1：価格・サービス重視派

誰に何をどう伝えるべきかを知ることは非常に重要だ。**表 8-4** の電気ドリルの例のように、どの製品カテゴリーでも消費者への正しいメッセージが見つかるかもしれない。「価格・サービス重視派」には適正価格を取り上げたメッセージが最適で、常に心に響くはずだ。反対に、「手軽な買い物派」はその店が提供する包装や発送などのサービスが最良のメッセージとなる。「製品こだわり派」には、専門家に頼らず自分でやってみたい人にアピールするようなデザイナー・ツールや店舗について語るといいだろう。こうしたメッセージは販売環境を「良い」から「すばらしい」へと変える可能性がある。

関連事項で非常に重要なのが、潜在顧客の該当セグメントを知ることだ。これ自体が大きなテーマで、解明すべき事柄だ。マーケターは誰かと会ったときに、その人に該当するセグメントをどのように見つければよいのだろうか。最も単純なシナリオは、パネル全体に対して最適化した 1 つのメッセージを使う代わりに、各セグメントに最適なメッセージを組み合わせて使うことだ（たとえば、店やカタログのあちこちに提示する）。マーケターが適切なセグメントを感知できれば、

顧客を楽しませたり、画期的なメッセージや製品を選んだりすることは簡単だ。これは本書のテーマでもある。この課題については追加情報がすぐに利用できる。[8]

表8-4 ●電気ドリルの購入の決め手となるもの。セグメントごとに共感するメッセージは異なる。

		全体	S1	S2	S3
	基本サイズ	126	91	15	19
	定数	33	33	26	38
セグメント1：価格・サービス重視派	ロウズ、ホームデポ、メナーズのような店で	11	**12**	2	13
	いつでも適切な価格だ	8	**12**	3	-8
	仕事、「自分でやる」スタイルや、ライフスタイル、個性に合っていたり、(中略) 趣味で使ったりするための電気ドリル	6	**10**	-10	4
	シンプルで、買いやすい。煩わしさはまったくない	6	**9**	7	-11
	親切でつきまとわない店員。(中略) サービスは個人に合わせたものだが、自分がそれを悪用しているとは感じない	6	**8**	2	-4
セグメント2：手軽な買い物派	電気ドリル用の手頃なパッケージやギフト包装サービスがある	-9	-11	**13**	-13
	至るところにあるチェーン店で (中略) どこでも電気ドリルが買える	2	1	**13**	1
	思いつく限り、ありとあらゆる種類の電気ドリルが揃ったオンラインストアで買う	2	4	**12**	-12
	あなたのニーズをよく理解しようと時間をかけてくれる、自分に似たタイプの販売員から買う	2	4	**10**	-12
	現在最も人気があるモデルを多数揃えたオンラインストアやリアル店舗	0	0	**9**	-9
セグメント3：製品こだわり派	シアーズ・ブランドのシリアル	4	1	5	**16**
	ロウズ、ホームデポ、メナーズのような店で	11	12	2	**13**
	地方のハウスメーカーで	4	5	-15	**12**
	ウォルマート、Kマート、ターゲットのような店で	8	8	4	**11**
	幅広い補完的アイテムがそろったデザイナーツール	1	-2	5	**8**

チーズケーキを食べたいと思わせる秘訣

　デパートや専門店からダイニングルームに話を移すことにしよう。これから取り上げるのは、おいしいチーズケーキだ。好きな人なら誰でも、チーズケーキがさまざまな素敵な場所で見つかることを知っている。チーズケーキ・ファクトリー、カジュアルなファミリーレストランなど、2ダース以上は思いつくだろう。オレオ入りのチーズケーキもあれば、1つに決められない人向けにオンラインで注文すれば「今月のチーズケーキ」が家に届くサービスもある。チーズケーキ・ファクトリーのいくつかの説明を見るだけで、よだれが出そうになる。

　オリジナル・チーズケーキ：砕いたグラハムクラッカーの上に、スパイスの効いたおいしいパンプキンのフィリングを載せて焼き上げ、ホイップクリームのバラ飾りで仕上げました。これまでのパンプキンパイを超える味です！

　小麦粉を使わないゴディバ・チョコレート・チーズケーキ：小麦粉を一切使っていないゴディバ・チョコレート・ケーキの上に、ゴディバ・ミルク・チョコレート入りのゴディバ・チョコレート・チーズケーキの層を重ね、さらにゴディバ・チョコレート・ムースを載せました。

　グレーブ・イット！プロジェクトを実施している間に、私たちはすぐに食品の人気に差があることに気づいた。驚くまでもないが、チョコレートの調査は最も人気があり、約500人が参加した。ピザとアイスクリームが2位と3位で、カフェイン飲料のコーヒーとコーラがそれに続く。チーズケーキとステーキは同数だった。他にも、シナモンロール、ポテトチップ、チキンなど、まだまだ人気の食品はたくさんある。

　もう1つの興味深い発見は、驚くほど男女差があったことだ。その

---

8) W. R. Klecka, "Discriminant Analysis," *In Quantitative Applications in the Social Sciences Series* (19) (1980): 7-19; Howard R. Moskowitz, Sebastiano Porretta, Matthias Silcher, *Concept Research in Food Product Design and Development* (Ames, IO: Blackwell Publishing, 2005).

違いは多くの点で納得のいくものだった。女性はチョコレートバーに目がなく、チョコレートバーのデータベースの参加者の5分の4以上が女性だった。男性はステーキにご執心で、男性の参加比率が高かった。チーズケーキはというと、予想通り女性の支持が高かった。**図8-5**に参加者の数を示している。

真の収穫は個々の要素の評価結果から得られた（**表8-5**を参照）。購買体験のバイ・イット！データベースでも同じことが見出されたのだが、重要なポイントは食品の説明にあった。ブランドでも、健康や品質の保証でもなく、食品そのものだったのである！　172人の参加者が興味を示したアイディアを参照してみよう（最初の「全体」という欄）。製品についての言葉のヒット件数が最も多い。「寒い日には温かいチーズケーキの誘惑」といった表現はさほど支持されていない。この表現の効用は3という微々たるもので、この表現を用いたときに「わかった」から「食べたい」へと変わる参加者は3％にすぎない。レストランのメニューで顧客の気を引こうと説明するようなやり方で、チーズケーキを描写すれば、数値は高くなるかもしれない。「渦巻き状にラズベリーをあしらい、ホワイトチョコレートを沿えて、パリパリに焼いたパイ皮とピーカンナッツを飾ったチーズケーキ」は顧客を引きつける類の言葉だ。数値は3から19へと上昇、つまり約5分の1の参加者が食べたくなる。こうした表現なら強力だ。

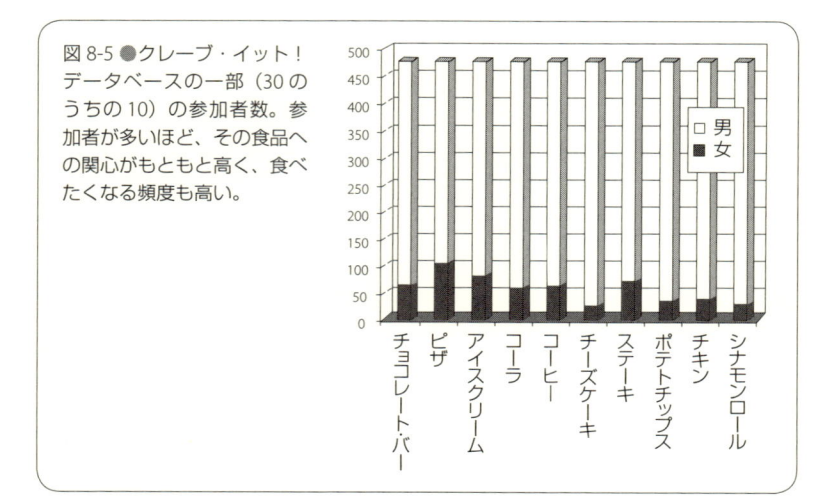

図8-5 ●クレーブ・イット！データベースの一部（30のうちの10）の参加者数。参加者が多いほど、その食品への関心がもともと高く、食べたくなる頻度も高い。

表8-5 ●クレーブ・イット！データベースの3つのセグメントにおいて、チーズケーキで決め手となる言葉——セグメントごとに実際の反応を示している。

		全体	S1	S2	S3
	基本サイズ	172	36	88	48
	加算定数	41	55	32	45
セグメント1：夢想家	寒い日には温かいチーズケーキの誘惑	3	11	6	-8
セグメント2：技巧派	渦巻き状にラズベリーをあしらい、ホワイトチョコレートを沿えて、パリパリに焼いたパイ皮とピーカンナッツを飾ったチーズケーキ	19	-38	42	20
	ぶ厚いフィリング、とろりとしたソース、刻んだナッツ、新鮮なフルーツを添えたチーズケーキ	14	-27	35	5
	チョコレートの皮の中にチョコレートチップをリボン状に巻き込んだ濃厚なチーズケーキ。お皿の横に、ラズベリーソースを添えて	18	-20	35	17
セグメント3：クラッシック派	グラハム・クラッカーを敷き詰めた、滑らかな表面のチーズケーキ。ふわふわの軽い風味、クリーミーな舌触り	16	-3	15	32
	舌の上でゆっくりとろけて、繊細で濃厚な風味が広がるリッチなチーズケーキ	17	8	17	25
	卵、クリームチーズ、砂糖、バニラ、レモン汁のような材料を使った本格派チーズケーキ	11	4	7	23
	渦巻き状にラズベリーをあしらい、ホワイトチョコレートを沿えて、パリパリに焼いたパイ皮とピーカンナッツを飾ったチーズケーキ	19	-38	42	20

　ケンタッキー・フライド・チキンの興味深い動きも、これらの発見の裏付けとなった。ケンタッキーは健康食ブームに乗じるために、メニューのマイナーチェンジだけでなく、企業名まで変えてしまった。彼らはどうやら、社名から「フライド」という言葉を取ってしまえば、健康志向の人々を引きつけられると考えたようだ。そして大々的なマーケティング・キャンペーンを行い、「KFC」ブランドを用いてより「健康的な」製品として宣伝した。KFCにとって残念なことに、顧客はこうした口実にだまされなかった。KFCは味覚よりも健康を優先させたため、従来品をこよなく愛していたロイヤル顧客を失っただけでなく、競争で勝ち得たかもしれない潜在顧客をも失ってしまった。同社は最近、再び名前を元に戻すと発表した。[9]

9) Robert Gordman, Armin Brott, *The Must-Have Customer: 7 Steps to Winning the Customer You Haven't Got* (New York: Truman Talley Books, 2006).

食べたい気持ちにさせるのは、食品そのものとその説明であり、健康のようなメッセージでは代替できない。「本質からはずれた」メッセージは、おそらく補足的に使うべきで、主要な食品の説明に置き換えるべきではない。これは実に興味深い発見である。

　それだけではない。イット！データベースは顧客百科事典として設計されており、どのように製品カテゴリー（実際には、食品のスーパーカテゴリー）が役立つかを示している。ここで、セグメント戦略に戻ってみよう。食品や飲料では3つの（もっとあるかもしれないが）マインドセットが見つかった。

1　**夢想家**：「場面や雰囲気を詳しく説明し、ロマンチックな絵を描いてほしい。食べ物にはそれほど興味がない」という人だ。夢想家セグメントの人に製品を描写するのは難しい。また、このセグメントを見つけるのは難しい。彼らはそれほど多数派ではなく、参加者172人中の該当者はわずか36人だった。

2　**技巧派**：言葉で絵を描くように製品を説明すれば、このセグメントの人はその製品が好きになる。参加者の約半分が該当する。チーズケーキ好きだが、最初の反応は鈍く、チーズケーキという言葉だけではうまくいかない。彼らの加算定数は32と低く、興味を抱くのは3人に1人しかいない。しかし、適切な言葉を使えば、4人に3人、74％まで高めることができ、その食品に本当に夢中になる。図8-6は技巧派が好むチーズケーキの例である。

図8-6 ● 技巧派好みのチーズケーキ

図8-7 ● クラシック派好みのチーズケーキ

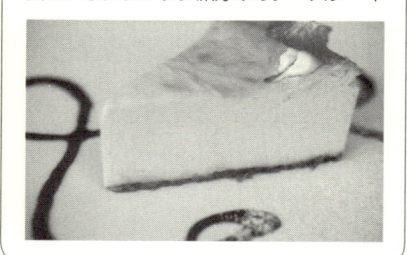

3 **クラッシック派**——このセグメントの人々には、伝統的な製品を提供するとよい。参加者の約4分の1が該当する。彼らは基本的なアイディアで良いと思っている。彼らの約半数が、たとえ魅力的な言葉がなくても、チーズケーキに目がないと言うだろう。適切な言葉を足すなら、過剰な表現（たとえば、「ぶ厚いフィリング、とろりとしたソース、刻んだナッツ、新鮮なフルーツをあしらったチーズケーキ」）を避けて、オーソドックスな描写をすれば、彼らの32％以上が食べたい気持ちになるだろう。図8-7はクラッシック派が好むチーズケーキの例である。

アメリカ人の大好物

　アメリカ人がアイスクリームとチョコレートに目がないことを知っているだろうか。「クレーブ・イット！」の調査[10]でも、大好きな食べ物のリストの中で、アイスクリームとチョコレートは、バーベキュー味のリブステーキと肩を並べている。

　食べ物の嗜好には地域差だけでなく、男女差もある。食品調査を行うと、男性はリブステーキを、女性はアイスクリームとチョコレートを好んでいることがわかる。

　地理的要因も関係する。北西部の人はプレッツェルとピザが好きだが、南東部の人はチーズとバーベキュー味のリブステーキが好きだ。さらに調査すると、中西部と北西部ではステーキが、南西部ではトルティーヤ・チップスとハンバーガーが支持されている。[11]

---

10) 一連のRDEの研究はマコーミック・アンド・カンパニー社がスポンサーとなり、モスコウィッツ・ジェイコブズ社が、ザ・アンダースタンディング・アンド・インサイト・グループLLCと共同で実施した。
11) "Americans Crave Meats and Sweets: McCormick Sponsored Ground-Breaking Study Reveals the Nation's Food Cravings," McCormick & Company, Inc. press release (Hunt Valley, MD, 2001); "McCormick & Company, Inc., releases more Findings from Sponsored Crave It" Study," McCormick & Company, Inc., press release (Hunt Valley, January, 2002).

データベースのライブラリ構想

データベースにビジネス情報を蓄積することは、新しいアイディアではない。データベースが（レクシス・ネクシスやウェブの検索エンジンを用いて）アクセス可能な体系化されていない情報や構造化されたデータ表で構成されているにせよ、意思決定のサポートや背景調査を目的とした情報アクセスは一般的に行われている。

イット！データベースは、当初は買い物について取り上げたが、今では多くのものを扱うようになった。ここから、顧客マインドに深く迫る「ユニークな新タイプのデータベース」という RDE の実用的なアプリケーションが生まれている。誰が何を買うか、経済動向はどうかなど、情報を要約する機能を持ったデータベースの代わりに、ここでは、マーケターが広告、製品開発、マーチャンダイズにも適用できそうなコミュニケーションを用いて、いつでも利用でき、簡単に解釈が可能で、手頃な価格ですぐに入手できる、マインドセットに関するデータベースの作り方を紹介している。

これらのデータベースは今後どうなっていくのだろうか。RDE を使えば、多数のデータベースをかなり簡単に作ることができ、最終的にはマーケターのライブラリを作ることも可能だ。ここで引用した RDE の結果を収録し、定期的に更新する、さまざまなデータベースを用いて、私たちは相対的に低コストでライブラリを作りたいと思っている。コアとなるデータベースは、購買体験、ファストフード体験、自動車体験など、1つのテーマに関するものだ。データベースの調査はそれぞれ、1つの特定の側面を取り扱う。たとえば自動車の場合、ウェブ・ショッピングの比較、自動車のショールームのレイアウト、試乗、支払い、車のデザイン、テレビ CM などについて、異なる調査を行うだろう。これらの調査にはそれぞれ実験計画法に基づくコンテンツが含まれ、顧客マインドの方程式をはじめ、幅広い自己プロファイリングの分類の理解にも役立つ。コンテンツの材料には、毎日の経験（そこにあるもの）、現在のコミュニケーションの分解（第5章のイージンなど）、そのテーマの将来のビジョンなどが用いられる。

こうしたデータベースを利用可能にして、シンプルで都度払いや検索ができるデジタル情報ライブラリを提供する構想を、私たちは思い描いている。[12] このライブラリでは、適切な技術を用いて、顧客がそのアイディアについてどう思っているか、何をどう言うべきかがすぐに明らかになる。また、本章で説明した遺伝子組換技術を用いて、古いアイディアと自身の考えを組み合わせて新しいアイディアを発明するオンラインツールという構想さえもある。

　次のステップは、この幅広いライブラリをワン・トゥ・ワンマーケティング（あるいは、他のリアルタイムで内容を最適化する活動）へと広げていくことだ。

❋　❋　❋

　手頃な製造設備や新市場を調査しグローバル展開の可能性を探るために中国を訪れた起業家アリソンは、同国の音楽や歴史に魅了された。

　特に気に入った楽器は笛子（てきし）と琵琶だ。これらは他の楽器とは大きく違っていた。笛子は8つの穴のあるシンプルな竹の笛で、琵琶は洗練された4弦の琴だ。どちらも本質的に異なるが、この上なくすばらしい音色を奏でる。笛子は1つの旋律しか演奏できないので、楽曲によって数種類の笛子が使われる。しかし、笛子を作るのは非常に容易で安価だ。吹き方もごく簡単で、いつでもどこへでも持ち運んで、使うことができる。一方、琵琶は最も複雑な音楽を見事に奏でる。しかし、弾き方をマスターするには非常に長い時間がかかるうえ、高価で壊れやすい。したがって、黄帝*が何年も前に大衆に音楽を広めるために音程の標準化を決めたときの対象が笛子だったと知っても、アリソンは驚かなかった。シンプルさが勝つ。とても有意義な話だとアリソンは感じた。

---

12) 特別目的の利用とは逆に、データベース分析段階に従い、より大規模な目的に関係しそうなプロジェクトへの取り組みが増えている。
★　中国の神話上の帝王。

アリソンは自分のビジネスにとって非常に有望な、いくつかの新規事業案に夢中になっていた。問題は、まったく知らない新しい顧客セグメントを対象にマーケティングをしなくてはならないことだった。彼女はどの種類のRDEを使うべきかためらっていた。アリソンは、多大な労力や資源がかかっても、たくさんの素材を使って古典的で綿密な調査を行うべきだろうか。あるいは、これまでに何度も使ってきたRDEのセルフバージョンで、シンプルで速いが、オプションの数が少ない限定的な調査を行うべきだろうか。

　問題は、新しい顧客や製品分野について知識がないことだ。その分野を開拓するための十分な時間もお金もなかった。しかし、賢明なアリソンは重要な一歩を踏み出す前に、顧客を理解することの重要性を十分に認識していた。

　アリソンの解決策は、非常にシンプルだった。黄帝のときも、シンプルさが勝利した。本章で説明したイット！データベースに似た、編集済みの顧客マインドのデータベースを使って、プロセスを精力的に進めることにしたのだ。彼女は特定の調査の反復を省くことで、時間とお金を節約した。まったく新規の分野で、時間は限られ、顧客マインドは一様ではなく、どこから着手すれば良いかもわからず、課題はとても手ごわかった。私たちが買い物の調査でそうだったように、アリソンはデータベースを運用しながら多くのことを学んだ。もちろん、アリソンは野心的なので、おそらく自分のイット！データベースを徹底的に調べつくし、そこから多くのインサイトを得ることだろう。

　アリソンは顧客マインドについてなかなか良いアイディアを持っていた。必要に応じてシンプルなフォローアップのRDE調査を行い、そのアイディアを簡単に調整することも可能だった。最も重要なのは、ゼロから始める必要がないことだ。後日談として、彼女が簡単に入手できるデータベースを使って、その試みに弾みをつけたことを知っても驚くには当たらない。アリソンはきっとここでも大成功を遂げるだろう。なぜなら、彼女は今ではどうすれば最も効果的にスピーディーに顧客マインドを調査できるかを熟知しているからだ。

MAKING THE PRESIDENT AND
PUBLIC COMMUNICATIONS
INTO "PRODUCTS"

第**9**章

大統領と世論を「商品」として扱う

政治コンサルタントの多くは、将来のアメリカ大統領にとって犬を飼うことは実質的に必須条件だと認めている。アメリカ人は「大統領犬」が大好きで、その飼い主以上に愛することもある。ワシントンのフォックスハウンドからブッシュのバーニーまで、犬は野球と同じく伝統なのだ。

　歴代22人の大統領が純血種の犬を飼い、そのほとんどがホワイトハウスにつれてきた。仕事をする大統領犬さえいた。ジョージ・H・W・ブッシュのスプリンガー・スパニエル犬「ミリー」は本の共著者となった。[1] リンドン・ジョンソンのビーグル犬「ヒム」と「ハー」はライフ誌の表紙を飾った。ウォレン・G・ハーディングのエアデールテリア犬「レディ・ボーイ」は手彫りのキャビネット・チェアに座って、大統領が参加する会議を監視した。[2]

　この犬と大統領の小史は、芸術的なデザインよりも、もっと神秘的な分野へと私たちを導いていく。高学歴で権力を持つ政治家が牛耳る社会的、政治的な生活だ。彼らは犬に政治的に不適切な名前をつけるような明らかなミスを避けながら、なぜだか自分の飼い犬を「新しい公人」に仕立て上げようとしている。

　このように複雑で、時には非合理的でもある政治の世界で、RDEはどんな役割を果たすのだろうか。これまで、製品やコミュニケーション活動、あるいは発明を通して利益を出す目的でRDEを活用する話を取り上げてきた。将来の上院議員や大統領についても、食品や家電などと同じ体系的なやり方が使えるのだろうか。

　社会問題や政治問題、特に公共政策ではどうか。適応実験が公共政策の進化に用いられた例はいくつか知られている。[3] 政治学では、他の分野との違いを強調するために、独自の用語を使うことがある。たとえば、「セグメンテーション」の代わりに、政治学者は「選好構造（preference structuration）」や「単峰性（single peakedness）」といった言葉を使う。[4] こうした他を寄せ付けない要塞のような政治学の分野に、規律的でやや理想主義的なRDEは独自のポジションを見つけられるだろうか。

選挙で選ばれる公人は、有権者にこの候補者は「買い」だと納得してもらう方法で、自己アピールする必要がある。人々に何をどのように適切なメッセージとして伝えるかは、非常に重要だ。公人が直面する課題は基本的に、クレジットカードや宝石（メッセージの構築）、イージン（メッセージの分解）でマーケターが直面する課題と似ている。違うのは、儲けではなく、公共政策が主である点だ。頭の切れる候補者は、地政学的な情勢やキャンペーンの場面に応じて、メッセージを調整し続ける必要がある。これはまさにRDEベースのセグメンテーション（政治学では「選好構造」）で行っていることだ。

　広報活動についても、企業のPRマネジャーは、従業員にいたずらに不安感を抱かせることなく、自社が今後実行する困難な変革を伝える方法を見つけなくてはならない。政府高官も、バラ色の楽観主義に彩られていなくても、市民から好意的な感情を引き出せる書類を作る必要がある。RDEはその有効な科学的ツールとなりうる。

　それでは早速、RDEで世論を扱ったものとして、大統領の事例と、テロで揺れる不安定な時期の政府のコミュニケーションの事例を紹介していこう。

商品としての大統領

　もしも大統領候補者が食品だとしたら、どんな商品になるだろうか。買い物かごに入れるのは、どのタイプの買い手だろうか。

　「商品としての大統領」という表現は、ニューヨーク・タイムズ紙

---

1) Millie Bush, *Millie's Book: As Dictated to Barbara Bush* (New York: William Morrow & Co., August 1990).
2) American Kennel Clubのプレスリリース（2 August 2004）。
3) J. S. Fishkin, *The Voice of the People: Public Opinion and Democracy* (New Haven, CT: Yale University Press, 1997) など。
4) 施策を進める上で、同じ特性を選好する個人の割合。以下を参照。Cynthia Farra, James S. Fishkin, Donald P. Green, Christian List, Robert C. Luskin, Elizabeth Levy Paluck, "Experimenting with Deliberative Democracy: Effects on Policy Preferences and Social Choice," *In Proceedings of ECPR Conference*, Marburg, Germany, 18-21 September 2003.

の有名なコラムニスト、ジョン・ティエルニーの記事（2004年の選挙時）から拝借した。それは、政治分野でのRDEの実験に関する記事だ[5]彼は私たちの実験を「モスコウィッツ博士のスーパーマーケット」と名づけ、製品の最適化と政治家のメッセージとの間の驚くべき共通点を指摘した。ちなみにタイトルに用いたティエルニー独特の表現は、ジョージ・W・ブッシュを指したものだが、RDEのアプローチは共和党に限らず、どの政党でも適用できる。

　有権者は普通、候補者を消費財とはとらえない。民主主義の伝統により、市民としての誇りや責任の感覚が根付いてきた。私たちは小学生のときから、公職者を投票で選ぶ権利は市民としての基本的権利だと教え込まれる。もちろん物事の常として、現実はきれいごとばかりではないが。選挙で選ばれる公職者にとって、市民が望んでいるものやその表現方法、適切な票集めの装置を作る方法を知ることの重要性はある程度認識されている。その点で、政治は製品やサービスのマーケティングとそう変わらない。

　それでは、大統領をはじめとする公職者を消費財と考えるとどうなるだろうか。これはそれほど突飛な考え方でもない。事実、大統領はメディアで商品として宣伝されている。今日の大統領候補者は、フォーカスグループを擁して世論の理解に努めるなど、賢明なマーケターに期待するようなことはおおむねすべてやっている。候補者は量（購入量ではなく得票数）を追い求めている。アメリカの大統領は多かれ少なかれ、4年に1度購入する高額商品と似ている。

　したがって、大統領を売るべき商品として扱ってはいけない理由はない。次のロジカルなステップは、RDEで候補者が大衆に伝えるべきメッセージを特定し、「商品としての大統領」にふさわしい宣伝を行うことだ。実際に、私たちが大統領を商品として扱うなら、大統領選の仕事は少し容易になる。ただ環境を監視し、表面化しそうな問題を特定し、RDEで消費者（有権者）の関心を引く決め手を見つけ、その新しいアイディアを候補者に知らせればいい。隣近所など小さな範囲でやってみてもいい。インターネットを使えば、簡単に、素早く、手頃な値段でできるし、たぶん楽しめるだろう。

RDEがインターネットに本格的に導入され始めた2000年頃に手がけたプロジェクトでは、候補者の政治基盤は、RDEが産業分野で行う作業環境とそれほど大きな違いはないことが示唆されていた[6]。具体的に、2004年の大統領選で、ジョン・ケリーとジョージ・ブッシュが選んだメッセージを見ていこう。

　最初に、選挙戦当初のケリーのメッセージを分解してみよう。図9-1は、ケリーのスピーチから抜粋したものだ。大量のコミュニケーションを分解することは特別に難しいわけではない。スピーチを集めて、テーマと単純な引用を特定するという宿題をこなせばよい。候補者の言葉やメッセージの調子を維持するように最大限努力しながら、内容の分析を行う。

図9-1 ● RDE調査で使ったスピーチの引用の一部。必要最低限に絞り込まれたシンプルな宣言文となったが、これらはケリーの言葉である。

John Kerry PRESIDENT
ケリー氏のキャンペーン・ウェブサイトから、実験に使う情報をとってきた。

- 初等教育に包括的な基準を設け、アメリカのすべての児童に健康保険を適用する。
- 大統領や議員と同じヘルスケアプランをすべてのアメリカ国民が利用できるようにする。
- 毒性廃棄物処理場や空気や水をきれいにして、北極圏野生生物保護区やその他の自然がそのまま残された地域を守る。
- 10年でアメリカを中東の石油依存から脱却させ、エタノールなどの代替燃料を生み出し、自動車の効率性を高める。
- バミューダに資金を隠している大企業を解体し、海外移転を行う企業への特別な税控除制度を廃止する。
- 同盟国と共に行動しよう。国際コミュニティへの積極的な参加は、テロとの戦いに必要である。
- 女性の選ぶ権利を守る。女性は自分の身体や生命を管理する権利を持っている。

Kerry Edwards

---

5) John Tierney, "A Trial Balloon Made of Lead?" *The New York Times*, 30 May 2004. ウィキペディアによると、ティエルニーは1990年からニューヨーク・タイムズ紙で働いている。不思議なことに、彼は保守的な立場でものを書くが、リベラル派を自称している。ティエルニーは長年、麻薬戦争、アムトラック、強制リサイクルについて批判的なコラムを書いてきた。彼の記事「リサイクルはゴミだ(Recycling Is Garbage)」はニューヨークタイムズ・マガジンの抗議メールの記録を破ったといういわくつきだ（資料：http://en.wikipedia.org/wiki/John_Tierney_(journalist)）。

6) Howard Moskowitz, Alex Gofman, Prasad Tungaturthy, Madhu Manchaiah, Dorit Cohen, "Research, Politics, and the Web Can Mix. Considerations, Experience, Trials, Tribulations, in Adapting Conjoint Measurement to Optimizing a Political Platform as If It Were a Consumer Product," *In Marketing Research in a .com Environment*, Ed. Richard Brookes (Amsterdam: ESOMAR, 2000): 223-243.

ケリー関連のメッセージは、それぞれ9つの要素から成る4つのカテゴリーにきれいに分解され、全部で36の代表的な要素が得られた。これらの要素は実験計画法で自動的に組み合わされた。テストにかけるコンセプトは、4つのカテゴリーから要素を1つ取り出したり、時にはまったく含めない形で60の組み合わせが作られた。

　各参加者は60のコンセプトを評価した（図9-2を参照）。いずれも同じ36要素で設計されたものだが、参加者はそれぞれ異なるテスト・コンセプトを評価する。ここまでは、ピクルスでも大統領でも同じことだ。結局のところ、同じコインの表と裏にすぎず、区別して考える必要はないのだろう。

　注意：実験的な性格のプロジェクトだったため、参加者はパネル提供者のリストから無作為に選び出した。参加者の条件は「21歳以上のアメリカ居住者」。もちろん、納得のいく使える結果を得るためには、伝統的な世論調査でのサンプリング（標本抽出）と同じ方法で回答者を選ばなくてはならない。ここで紹介するデータは、「コンセプトを証明するためのもの」としてご理解いただきたい。

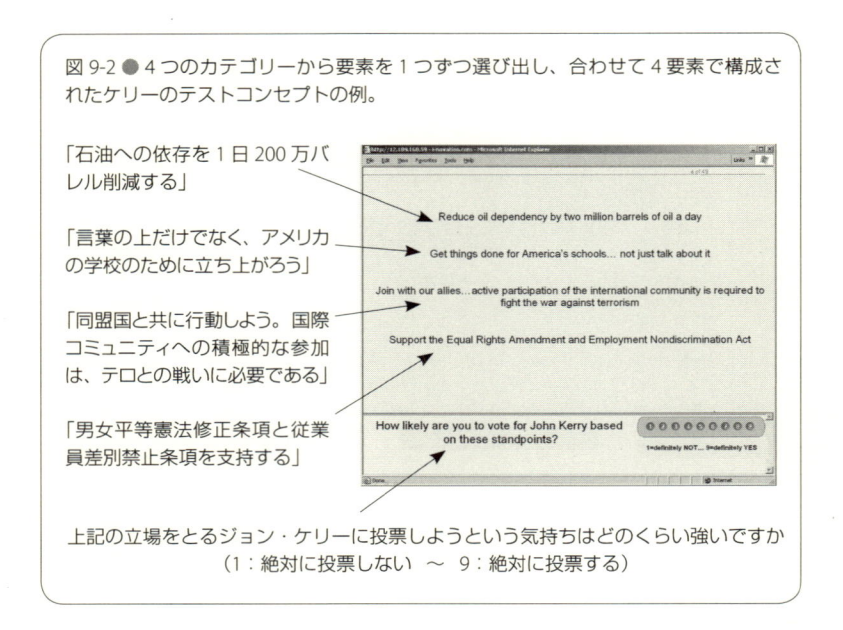

図9-2 ● 4つのカテゴリーから要素を1つずつ選び出し、合わせて4要素で構成されたケリーのテストコンセプトの例。

「石油への依存を1日200万バレル削減する」

「言葉の上だけでなく、アメリカの学校のために立ち上がろう」

「同盟国と共に行動しよう。国際コミュニティへの積極的な参加は、テロとの戦いに必要である」

「男女平等憲法修正条項と従業員差別禁止条項を支持する」

上記の立場をとるジョン・ケリーに投票しようという気持ちはどのくらい強いですか
（1：絶対に投票しない　～　9：絶対に投票する）

大統領になるためにケリーは何を言うべきか

　RDE を政治家に適用する真価は、途中で軌道修正ができることにある。現代の候補者は複雑な世界に生きていて、話しかける相手や世の中の出来事に応じて、関連する内容のメッセージへと変えなくてはならない。したがって、候補者にとってその瞬間に最も重要なものを選び出す方法を提供する点で、RDE は意味を持つ。

　私たちは2004年の選挙の8カ月前から、月に1度、第3水曜日にまったく同じ RDE プロジェクトを実施していった。RDE は規律的な形で進められるので、作業はいたって簡単だ。月1回、コンピュータ調査を用意し、新しい参加者グループを応募し調査を実施すればいい。その結果を紹介しよう。

　各アイディアの効用（あるいは影響値：impact value）を見ることにより、ケリーが何を言うべきかのアイディアが得られる。参加者は、要素を体系的に変えていることも、ケリーが実際に使った文章からとってきていることもまったく知らない。参加者は、提示されたコンテンツを読み、それに基づいてケリー候補者に投票するかどうかを答えていく。

　回帰分析は、RDE のインタビューで用いた36のメッセージに関して行われる。参加者がコンテンツを7〜9と評価したら、ケリーに投票する可能性が高い。1〜6の評価であれば、ケリーに投票をしない、あるいは、決めかねていると私たちは解釈した。RDE の長所は、「特定のコンテンツ」を評価するという形をとるので、参加者に投票するかしないかという二者択一の判断を迫らないことだ。ケリーのメッセージによって参加者は投票相手を変えられる。

　回帰分析は基準値（ケリーが何も言わないときに、100人中何人がケリーに投票するか）と、効用（特定のメッセージを発したときに100人中何人がケリーに投票するか）を示す。間違ったメッセージを発信すれば、効用はマイナスとなることもある。したがって RDE は、有権者の心の内や、そのメッセージの有権者の心を動かす力を示せる

ことがわかる。これは、イージンの場合とたいして違いはない。

2004年3月から10月までの毎月のケリーの基準値を見てみよう。図9-3は、両候補者のデータを同じグラフに表わしたものだ。

最初の基準値は3月の54で、ケリーが何を言わなくても、参加者（554人）の54％がケリーに投票しそうだということを意味する。さらに見ていくと、9月と10月までに、新しい顔ぶれの参加者（毎月異なる）はケリー支持の傾向を強めている。実際に、RDEを候補者に適用した結果は、ケリーの支持基盤がより強固になっていることを示している。

もう1人の候補者であるブッシュのデータを見てみよう。私たちはブッシュの発言についても、同じタイプのカテゴリーと36要素を用いて平行調査を行った。eメールを受け取った参加者には、ブッシュの調査かケリーの調査かを選んでもらった。

ブッシュのデータはあまり強力なようには見えない。ブッシュの支持傾向はかなり変動が大きく、まるで実際に有権者が彼に投票するかどうかを決めかねている様子を示している。[7] RDEでわかるのは、単なる投票意向だけではない。投票意向は「あなたは誰に投票します

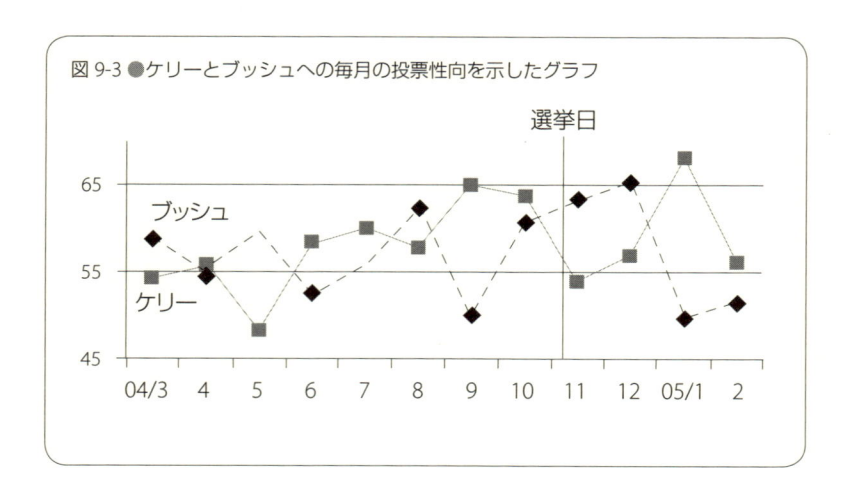

図9-3 ●ケリーとブッシュへの毎月の投票性向を示したグラフ

か」と尋ねれば簡単にわかることだ。RDE は候補者に推奨メッセージを具体的に示すという非常に難しい課題に用いるべきだろう。異なるメッセージの効用を見れば、推奨メッセージかどうかを判断できる。

　36 の要素をそれぞれ 8 カ月間ずっと追跡していくとなると、RDE データの量や豊かさは膨大なものとなりうる。**表9-1** から読み取れることは次の通りだ。

- ケリーにとって強いメッセージは、ヘルスケアに集中していた。たとえば「大統領や議員と同じヘルスケアプランをすべてのアメリカ国民が利用できるようにする」などだ。この要素は常に高い評価（プラス 8 〜 11）で、有権者の心理をよくとらえている。実際に**表9-1**では、ヘルスケアに関するメッセージの 3 つは高い評価となっている。ケリーの選挙対策本部は、こうした結果を受けて、さらに説得力のある強いメッセージを作り込んでいけるだろう。たしかに、ヘルスケアは重要で、有権者が 10％以上増える可能性がある。ケリーはこのトピックで人々の心をつかみ続けるべきだったのだろう。

- ケリーにとって弱いメッセージは全般に渡る。AIDS が絡んでくると、ヘルスケアでさえ弱くなってしまう。弱いメッセージから読み取れるのは、ケリーの RDE 調査の参加者の関心は自分自身に向けられており、大きな社会問題には関心がないことだ。参加者は、メッセージから自分が直接便益を得るときのみケリーに興味を持つようになり、彼を絶対的に支持しているわけではない。

　RDE の利点として、参加者は自分の反応に政治的正しさが求められないことが挙げられる。それぞれのコンテンツにはメッセージの組み合わせが示されているので、参加者はどの論点に反応すべきかを正確には把握していない。RDE は参加者にたくさんの情報を素早く与えることで、感覚的な反応に集中させるのだ。データを分類して小片

---

7) ここから、世論も政治通もリサーチも完全な予測はできない事実を再確認できる。本章の RDE の実施目的は、投票者の選好を確認することではなく、候補者にとって有効なメッセージを見ることである。

表 9-1 ● 2004 年の選挙に先立って、どの要素がケリー候補者に役立つか。強いメッセージは太字、弱いメッセージはイタリックで示し、それ以外は中立である。

		3月	4月	5月	6月	7月	8月	9月	10月
	ベース	544	248	175	150	241	107	75	366
	定数	54	56	48	58	60	58	65	64
経済/雇用	現政権下で失われた300万の雇用を取り戻す	4	4	4	**9**	3	-2	0	**5**
ヘルスケア	メディケアを復活させ、すべてのアメリカ国民に処方薬の給付が受けられるようにする	**6**	**10**	**7**	3	**7**	3	**5**	**5**
ヘルスケア	大統領や議員と同じヘルスケアプランをすべてのアメリカ国民が利用できるようにする	**8**	**8**	**11**	**5**	**8**	**8**	1	**5**
ヘルスケア	ヘルスケアをすべてのアメリカ国民の手に届くようにする	**7**	**8**	**8**	**6**	**9**	4	**7**	4
環境	毒性廃棄物処理場や空気や水をきれいにして、北極圏野生生物保護区や自然がそのまま残された他の地域を守る	2	-2	**6**	0	1	1	1	4
女性	女性の権利、公平性、尊厳のために立ち上がる	-1	-1	1	4	-1	*-8*	-1	-2
海外政策/イラク問題	NATO、多国籍軍、国連と一緒に、安定した民主的なイラクをつくる	-1	0	*-5*	0	-1	*-5*	*-8*	-2
マイノリティ/権利の平等	男女平等憲法修正条項と従業員差別禁止条項を支持する	1	*-5*	-4	0	-1	*-6*	-3	-3
女性/ビジネス	女性経営者の数を増やし、有能な女性のトップ就任を妨げるガラスの天井をなくす	-2	*-6*	-4	-4	-1	-1	*-5*	-3
テロリズム/イラク問題	イラクの平和を勝ち取ることは、テロとの戦争に深い影響を与えるだろう	-2	-4	-3	*-6*	-4	*-6*	-3	-3
ヘルスケア/AIDS	HIV/AIDS感染者の支援プログラムへの資金を増やす	*-5*	-4	0	*-6*	*-7*	*-6*	-3	-4
ヘルスケア/AIDS	AIDSワクチンの研究に対する資金を増やし、国内のAIDSの流行と戦う	-1	-2	0	*-5*	*-5*	*-6*	*-7*	-4
女性/妊娠中絶	女性の選ぶ権利を守る。女性には自分の身体や生命を管理する権利がある	-2	-3	-1	-1	*-5*	*-11*	-3	*-5*
教育	無条件で学校に強制財政支援を行う	-2	*-6*	-3	*-8*	-4	*-12*	-1	*-5*

を拾い出し、どの問題が彼らに影響を与えたかを割り出す。データからすぐに実態がつかめる。

RDEは個人レベルでパターンを見つけ出し、個人のマインドをとらえる。有権者の場合も、異なるマインドセットのセグメントが見つかった。結局、ここで見るべきポイントは、製品は異なる理由で好まれていて、それぞれの理由はセグメントに対応しているということだ。

ブッシュの場合、適切なメッセージを与えたら彼に投票する方向へと動く3つのセグメントが見つかった。1つ目は「自己中心派」で、主に減税を望んでいる。2つ目は「安全推進派」で、主にテロ対策を気にしている。3つ目の「生活水準向上推進派」は、街の活性化、雇用創出、海外の石油への依存軽減などを約束してほしいと思っている。ここから、セグメントが判明するのと同時に、そのセグメントに響くメッセージが正確にわかる。つまり、RDEは最初にナレッジを与え、その次に具体的なメッセージを示唆するというやり方で、候補者を導いてくれる。

いくつかの問題は微妙で、ブッシュの投票者でさえ反応にばらつきがあった。

- イラクで強硬策をとるという約束は安全推進派にアピールしたが、他のセグメントにはそっぽを向かれた。

- 環境保護の話は生活水準向上推進派には受けたが、その他のセグメントの支持にはあまりつながらなかった。

- 自己中心派はヘルスケアの恩恵について聞きたがらないが、他の2つのグループは歓迎した。

- しかし全体的に、3つのグループは、反対よりも賛成の立場であることが多い。ブッシュの投票者は一般的に中流階級で、金銭や安全に関する約束により反応する前途洋々の人々であった。（ケリーと比べて）ブッシュの投票者間では、偏った選好度を示す

論点はそれほど多くなかった。ブッシュはピザを連想させる。つまり、1つのテーマについてバリエーションがあるということだ。ある種類のピザを食べる人は、トッピングが嫌いでなければ、他の種類のピザも同様に食べる。

ティエルニーの言葉を借りれば、ケリーを私たちの「スーパーマーケット」に置くためには、冷凍食品の棚からピザを取り除かなくてはならない。ケリーの投票者を分析していたとき、ピクルスの消費者に見られた味覚の嗜好性のようなものが見出された。

- ある人は酸味とガーリックが効いたインパクトのあるピクルスを好む。ある人はそれを嫌い、マイルドな口当たりのピクルスを好む。その中間のピクルスを与えても、どちらも絶対に喜ばせられない。味覚のセグメンテーションでは、それは不可能だ。

- 全体的なケリーへの支持率はブッシュへの支持率とほぼ同じだったが、民主党への投票へと動く可能性がある有権者は3つの相反するグループに分かれていた。「政治的ピクルス」ともいうべき、ケリーへの個人的嗜好を示すセグメントが存在した。

- 1つ目は「改革推進派」で、教育改革や新エネルギー政策を重視している。

- 2つ目は「理想主義派」で、女性やマイノリティに対する差別と戦うこと、ヘルスケアを改善すること、妊娠中絶の権利を守ること、企業から労働者を守ることを約束してほしいと思っている。

- 3つ目は「問題嫌悪派」で、ケリー支持の傾向が強いので、どんな選挙公約をしても忠誠心がそれ以上強まることはなかった。実際に、細かな言及をすると、彼らを遠ざけてしまう傾向があった。なぜなら、彼らは妊娠中絶の権利の保護や、差別との戦い、教育改革といった問題を嫌がったからだ。問題嫌悪派は反ブッシュを公言するほど、ケリーびいきでもなかった。他のセグメントに対

してケリーが公約をすればするほど、問題嫌悪派を怒らせる結果になりそうだった。ケリーにとって、まったく異なるニーズを網羅しつつ一貫性のある戦略を見出すことは、難しい課題だった。

結局、どちらの候補者にとっても、有権者を自陣寄りに維持することは簡単ではなかった。「ブッシュは基本的に同じ方向に引っ張りながら、犬のグループを飼いならさなくてはならなかった。ケリーは猫のグループを飼いならす必要があった」(8) というように、両者は異なる課題を抱えていたのだ。(9)

公共部門のマインドを探れ

公共部門は新技術の導入が遅いことで有名だ。社会学では時々、環境調査や経営学と共同で比較的長期間の大規模実験が行われる。一部の実験は非常にゆっくりしたペースで何年も続くことがある。(10)

それを考えれば、2、3 年前に、世論を理解するための良い方法として、社会政策で RDE を試してみようと決めたときに、私たちが興奮しつつも少し神経質になった事情をご理解いただけるだろう。私たちはこの取り組みについて公表する際に、うまくいきそうだという感触を持っていた。それはナレッジにエンジニアリングを加えた新しい科学であり、「規範的な世論」と呼ぶべきものだった。

2001 年から 2006 年にかけて、とりわけアメリカ人にとっては、社会不安を引き起こす出来事が頻発した。ヨーロッパ、豪亜地中海（スンダ列島とフィリピン諸島の間の海域）、南米など他の国でも同様に、戦争、健康、環境、経済に至るさまざまな問題が連続して襲いかかってきた。2 つの戦争（アフガニスタンとイラク）が宣戦布告され、それに続いて世界中で反発の声があがり、世界中がテロリズムに神経を

---

8) John Tierney, "A Trial Balloon Made of Lead?" *The New York Times*, 30 May 2004.
9) 本章で説明した特定の結果はどちらの候補者のキャンペーンにも用いられなかった（著者の知る限りでは）。
10) K. N. Lee, "Appraising Adaptive Management," Conservation Ecology 3(2) (1999): 3.

とがらせるようになった。世界的に（とりわけアジアで）消費者に影響を及ぼしたSARSや鳥インフルエンザ。朝鮮の核ミサイル。世界の安定を脅かすイラン。各国で日常的になった自爆テロ……。まだ足りなければ、地球規模の気候変動、壊滅的なハリケーン、南極や北極での解氷現象……。加えて、経済も申し分ない状態とは言いがたい。ウォール街や企業の不祥事、消えゆく年金、瓦解する先物取引、コーポレートガバナンスの信用失墜、アメリカ政府の巨額の赤字、レイオフ。ブルーカラーとホワイトカラーのいずれの仕事についても低賃金国へのアウトソーシングが進んでいる。どれもニューエコノミーの誕生を特徴付けるものであり、アダム・スミスの法則に従っているようには見えない。これらはすべて不安感や社会混乱の要因となるが、他方、消費者調査においてはもうけ話となる。

　脅威、危険、不確実性、重大事に対する通常の反応は、不安を抱くというものだ。不安は通常、人々の機能の一部を高め、モチベーションや生産性を向上させる。プレッシャーがかかる状況のほうが良い仕事ができる人もいる。不安感によって集中力が高まり、やるべきことを達成できるようになるのだ。しかし病的な不安となると、話は違ってくる。度を超えた慢性的で病的な不安のせいで、日常の活動をする能力に支障をきたすようになる。苦痛のレベルによって、生活上の変化がもたらす影響への対応が左右される。

　精神的苦痛のコストは高い。アメリカストレス学会（American Institute of Stress）の報告によると、アメリカのビジネスパーソンは仕事上のストレスによって、生産性の低下、欠勤、事故、離職、治療費、法的費用、保険料、労働者への賠償金が発生し、年間3,000億ドルのコストとなっているという。他の国でも状況は変わらない。ストレスはカナダで年間160億ドル以上、イギリスで73億ポンドもの損失をもたらしている。[11]

　ストレス関係の損失や関連事項（ストレスのコントロール方法など）の解決策を見つけたいなら、市民のマインドの方程式を理解する必要がある。RDEはビジネスという通俗的世界では非常にすばらしい応

用可能なアプローチだが、こうしたテーマにも有効だ。調査担当者はRDEが指示するやり方で、社会的な不安を引き起こす状況を描写するコンテンツを使って、社会問題を扱うことができる。それでは、社会政策のコミュニケーションに関する実施例を見ていこう。

RDE＋テロリズム＝政府の適切なコミュニケーション

　第8章で紹介した消費者マインドのデータベースの概念を社会政策にも応用してみよう。前回は、靴、タイヤ、キャンドルなどさまざまな製品の買い物をテーマに、それぞれをRDEで調査した。30製品のテストは同一になるように意図的に構造化され、異なるテーマを同じ概念で比較することができた。同じ戦略でデータベースをつくって、社会政策でRDEの考え方を応用するとどうなるかを見ていこう。

　社会不安のようにデリケートな問題を扱うRDEでは、評価のときに使う質問が重要な役割を果たすので、適切な表現を用いなくてはならない。評価してもらうコンテンツには、不安感を引き起こす文書（効用値が高い——対処できないという意味）もあれば、安心感や対処能力を促す文章（効用値が低い——その状況に容易に対処できるという意味）もあった。私たちは「記述された状況にどのくらいうまく対処できますか」（1＝容易に対処できる、9＝まったく対処できない）という質問を使った。この質問の文言を決めるのに私たちは特に苦労した。最初に「次のような状況を読むと、どのくらい不安になりますか」という質問を使ってみたところ、調査を最後まで終える人が非常に少なかったのだ。「不安感」に対する評価は行きすぎで、皆に敬遠されてしまったようだ。しかし評価の焦点を「対処」に変えると、状況は一変した。インタビューをやり終える参加者が増えたのだ。質問を変えたことによって、参加者は問題の対処よりも不安を抱かない反応のほうに集中することができた。

---

11) Ravi Tangri, *StressCosts: Stree Cures* (Halifax, Nova Scotia, Canada: Chrysalis, 2003); Marianne McGee Kolbasuk, Diane Rezendes Khirallah, Michelle Lodge. "IT Lifestyles Backlash." *InformationWeek* (25 September 2000): p.58.

表9-2は実際の結果を示したものだ。基本的な不安感の測定値となる加算定数は約19と低い。これは参加者の5人に1人（19％）が、テロリズムが起こるかもしれない漠然とした状況には対処できないということだ。普通の人を怖がらせるのは、車に仕掛けられた爆弾、放射性物質を撒き散らすダーティーボム（汚い爆弾）など卑近な例だ。政府がこうした不安に立ち向かうのは難しい。この調査では「マイナス」項目、つまり不安感が減り対処能力が高まるものは少なかった[12]。確実性、神への信仰、メディアによる適時の情報提供、友人や家族との連絡は、不安の軽減やよりよい対応に役立つ。しかし驚くことに、これらは本当に恐ろしい状況では一時しのぎにしかならない。RDEは政府がただ約束するだけではうまくいかないことを示している。

　さらに、参加者を悩ますもののパターンで分類すると、根本的に異なる2つのグループが見つかった。どちらのグループもほぼ同数だった。最初のグループは想定通りで、標準的なテロの脅威になりそうなものに対して多大な不安を抱く。このグループを「伝統主義者」と名づけた。

　2つ目のグループはまったく想定外だった。RDEによると、このグループは危機が起こったときに活動する外部組織に関する情報をひどく恐れている。危機の緩和に役立つと政府が信じているもの（たとえば、「自国軍があなたの安全を守ってくれる」「疾病管理センターがあなたの安全を守ってくれる」）が、こうした人々にとっては危険を知らせる警鐘となるのだ。これは驚きだった。彼らは、この種のメッセージにまったく対処できないという、非常に強い反応を示した。一方、神や友達、家族による安心感にも強めの反応を示す。政府は彼らに向けたメッセージの出し方を一から見直す必要があるようだ。私たちはこのセグメントを「孤立主義者」と呼ぶことにした。

　確かにテロリズムは単純な状況ではない。RDEは公共政策と不安を引き起こす状況が生じたときに、異なるマインドセットの存在を示唆する。さらに重要なのは、人々のマインドに働きかける要素を特定し、彼らがどのような恐怖を示すか、何を伝えるべきではないかを示唆し、コミュニケーションが不安を緩和する可能性を算出していることだ。

表 9-2 ●テロリズムに対して「不安を生む」コミュニケーション（左）と「不安を緩和させる」コミュニケーション（右）として高いスコアを示したもの。

				基本サイズ	121
				加算定数（不安感や対処不能の状態に関する基本的傾向）	19
		不安を生むメッセージ	効用	不安を緩和させるメッセージ	効用
全参加者		自動車に仕掛けられた爆弾	21	神様があなたの安全を守ってくれると信じている	-3
		放射性物質を撒き散らすダーティーボムの爆発	20	メディアの情報提供が重要である	-5
		ビルの真ん中で爆弾が爆発する	15	友達や家族に安全確認の連絡をとる必要がある	-6
		放射性物質を撒き散らすダーティーボムの爆発	39	友達や家族に安全確認の連絡をとる必要がある	-1
セグメント1：伝統主義者		自動車に仕掛けられた爆弾	38	メディアの情報提供が重要である	-2
		ビルの真ん中で爆弾が爆発する	31	自国軍があなたの安全を守ってくれると信じている	-3
		天然痘や炭疽病などの致死性病原菌が撒き散らされる	28		
セグメント2：孤立主義者		国連軍があなたの安全を守ってくれると考えている	34	家族や友達はあなたの人生で大きな役割を果たす	-5
		国連の多国籍軍があなたの安全を守ってくれると信じている	33	メディアの情報提供が重要である	-7
		自国軍があなたの安全を守ってくれると信じている	20	日常の煩わしさから逃れるためにドライブをする	-7
		疾病管理センターがあなたの安全を守ってくれると信じている	18	神様があなたの安全を守ってくれると信じている	-10
		地域の警察があなたの安全を守ってくれると考えている	14	友達や家族に安全確認の連絡をとる必要がある	-11

12) ここではより幅広いメッセージを用いたデプス調査が必要である。

「伝統主義者」は、標準的なテロリストの戦術を恐れ、不安緩和のために働きかけようとすることは稀である。政府は継続的に彼らを安心させなくてはならない。

「孤立主義者」は、政府がコントロールして国民を安心させようとするときに強い反応を示す。孤立主義者は、神や友達など安心感を促すコミュニケーションによって、伝統主義者以上に安堵感を覚える。これらの人々には柔軟に対応し、政府のことはあまり強調しないのがベストである。おそらく孤立主義者には、家族、対応、歴史的な国民性を強調するとうまくいくだろう。

規範的な公共政策と市民の不安指標

私たちは、インフレ、プライムレート（最優遇貸出金利）、ダウジョーンズ工業株価平均など、生活の異なる側面を特徴付ける幅広い指標に慣れている。人は基本的に測定することが大好きだ。「私はどれだけうまくやっているのだろうか」は、元ニューヨーク市長のエド・コッチをはじめとして皆のお気に入りの言葉だ。企業が顧客に聞いてみたり、子供が学校で自分がきちんとやっているかを確認するときにもこの言葉は使われる。

広範囲の市民が興味を持つ主要な指標のほとんどは政府、教育機関、民間企業がまとめる。そして、利用するのは作成者以外の人々だ。たとえば、ミシガン消費者マインド指数（Michigan Consumer Sentiment Index）は、消費者がお金を使う気分かどうかをスナップショットで示すもので、ISR（社会調査研究所）が毎月発表し、専門家や民家の投資家が日々の意思決定に幅広く用いている。この指標の背後には、他の指標と同じく、シンプルで説得力のある考え方がある。つまり、専門家が定期的にまとめ、多くの人々がさまざまな用途に使えるようにするという考え方だ。

社会政策についても、消費者マインドのデータベースを用いて指標を作ることは可能だろうか。問題の捉え方によって、マイナス面を強調したいなら「不安指標（anxiety index）」、プラス面を強調したいな

ら「チャリティー性向（charity proclivity index）」と呼べばいい。

　おそらくRDEのような考え方を用いて、規範的な公共政策（PPP）という新しい科学を生み出せるだろう。このシナリオでは、社会政策の異なる分野について、コミュニケーションやメッセージのデータベースを定期的に蓄積する。データベースには要素と、パネル全体とセグメント（いわゆる選好度の構造化による）別の要素の効用価値が含まれている。他の政府機関や民間機関が、この情報を定期的に受け取って、仕事に用いる。そうなれば、コミュニケーションを作る際に、対象層に向けて望ましい結果が得られる設計であると自信が持てるようになる。多国籍企業のPR部門で工場閉鎖の決定を知らせる手紙を書くときでも、国税庁の文書を作成するときでも、顧客のマインドを深く知り、どのメッセージがよく理解されるか、不安の緩和につながるかが把握できたほうがよい。

　より大きな視野に立つと、RDEの対象はおそらく教育にも広げられるだろう。つまり、異なるテーマを異なる学生にどう説明すればよいか、どの事例を示せば関連づけしやすいか、どの言葉を使うべきか、というように。あるいは、非営利分野に携わっているなら、最も効果的なメッセージの発信方法は何か、というように。

　RDEのアプローチと呼ぼうが、マインド・ゲノミクスやPPPと呼ぼうが、それはどうでもいいことだ。これらのデータベースがより手頃に幅広く使えるようになり、その価値を認める人々が増えれば、公共の福祉は前進するだろう。

❉　❉　❉

　有能で忠実なマネジャーや従業員の指揮下で、事業が健全に成長していく中で、起業家アリソンには突然、暇な時間ができた。長年の間、慈善事業への寄付に積極的だったアリソンは、コミュニティやチャリティー活動への参加を楽しんでいた。彼女は、自分が持つRDEに関する幅広い知識を資金集めのキャンペーンに活用することにした。一部の人々が驚いたことに（アリソンはうまくいく自信があったので

驚かなかったが)、すばらしい結果が出た。

　アリソンはいまや、彼女のファンクラブのメンバーに励まされて、議員に立候補することを検討していた。彼女に備わっているビジネスへの洞察力、忍耐力、人望があれば、きっとチャンスがある。どのように人々に話しかければよいかを押さえておけばいい。これは、アリソンが本書の初めに直面した問題と同じではないだろうか。ただ分野と状況が違うだけだ。

　アリソンは自分の選挙に関してRDE調査の結果に基づいて微調整をしながら、基盤を整備していった。

　次のステップは、RDEのツールをグラフィックに用いてポスターを作り、説得力のある資金集めの手紙を作ることだ。これは以前ビジネスで実施して、大成功したことだ。アリソンの支持者は選挙を前にして非常に楽観的だった。彼女が正しいメッセージを見つけられれば、有権者の強い支持が得られるとわかっているからだ。アリソンには有権者の生活をさらに改善する方法についてすばらしい構想があった。そして、それを実行する誠実さとエネルギーも兼ね備えていた。支持者はアリソンが具体案を持っていることを知っている。彼女に必要なのは、自分のナレッジとツールを活用することだけだ。彼女はいまや、人口動態やマインドセットに基づいて異なる有権者に向けたメッセージをうまく調整し、人々に支持される提案をつくれるのだ。

RDE DEFEATS MURPHY'S LAW AND
"BARES" THE STOCK MARKET

第10章

マーフィーの法則と株式市場への挑戦

エドワーズ空軍基地によると、エドワード・A・マーフィー大尉は、衝突時にどれくらい急な減速に人が耐えられるかを調べる空軍プロジェクトMX981で働くエンジニアだった。このプロジェクトは1949年にエドワーズ空軍基地で実施され、マーフィーは弾丸よりも速いロケット動力付ソリ用の装置を作り出した。しかしテストは失敗し、ソリに乗っていたジョン・ポール・スタップ博士は一時的に目が見えなくなった。マーフィーが後から発見したように、変換機が逆に設置されていたのが原因だった。マーフィーは技術者の責任だとして、「失敗するやり方があれば、あいつはそのやり方をしてしまう」と毒づいた。

彼の発言を小耳に挟んだ同僚がその名文句を用いるようになった。やがて「マーフィーの法則」として流行し、広く引用されるようになった。事故後しばらくしてスタップ博士は記者会見を開いた。プロジェクトのすばらしい安全記録は、企業がマーフィーの法則を固く信じ、起こるべくして起こる問題に全力で立ち向かった結果だと、彼は述べた。航空機メーカーはこの言葉を受けて、その後数カ月間、自社広告に幅広く使った。そして、多くのニュースや雑誌の記事にも引用されるようになった。こうしてマーフィーの法則が誕生した[1]。

この法則の普遍性を示したのが、ロッキード・マーティンが設計したNASA（米航空宇宙局）の太陽探査機ジェネシスだ。2004年9月、パラシュートが開かずに、ジェネシスは地上に墜落した。原因は減速を感知するスイッチが上下逆さに取り付けられていたことだ[2]。

普遍的法則はそれほど多くないが、残念ながらマーフィーの法則はその1つで、どの分野も避けては通れないようだ。たとえば、企業のコミュニケーションでは、すぐにRDEを活用する場面が見つかるだろう。危機は必ず起こるからだ。企業や政府が危機の際の不適切で軽率なコミュニケーションは、事態の改善どころか、大いに悪化させる可能性がある。企業に危機への備えがなく、適切なコミュニケーションができなければ、多大な損害を被ることになる。そうした事例を紹介しよう。

国際的な自動車コミュニティは、1997年にメルセデス・ベンツが市場に送り出したAクラスを熱狂的に歓迎した。その後、スウェーデンでジャーナリストがテストドライブを行ったとき、Aクラスのある車種が横転した。メルセデスは当初、準備ができていない状態で広報活動を行ったが、問題を悪化させただけだった。メルセデスは安全性を欠いた車のメーカーという非難にさらされることになった。同社は手探り状態のまま、不適切なタイミングで不適切な発言をしてしまったのだ。

　最終的に、メルセデスは幸運にも防衛的な対応から協調的な対応へと戦略を変更した。おそらく変更せざるをえなかったのだろう。よりオープンで誠実かつ前向きなアプローチで、危機の際のコミュニケーションを行えば、メルセデス・ベンツは多大な財政面の損失を避けることができたに違いない。[3] ここでの教訓は、常に準備を怠らずに、いつ何を言うべきかを心得ておかなくてはならないということだ。

　企業や政府が広報活動で失敗し、もっと分別を持つべきだったという話は、単に一般的な興味で紹介したわけではない。よく引用されるキャスリーン・ファーンバンクスの『クライシス・コミュニケーション』[4]という本は、危機の説明でマーフィーの法則を引用している。多くの組織や個人は、否定的な考え方をしなければ、否定的なことは起こらないだろうと願って、前向きな考え方で生きていこうとする。ファーンバンクスは「これはまったくの戯言だ」と指摘する。「『否定的に考えよ』というスローガンにすべきだ」

　彼女によれば、危機は決して避けて通れない。問題への対応と比べて、危機の際には感情的に追い詰められ、出来事があまりにも急展開するので、合理的な考え方をするのが非常に難しくなる。したがって、

---

1) AFFTC History Office, Edwards Air Force Base. "Murphy's Law Was Born Here," www.edwards.af.mil/history/docs_html/tidbits/murphy's_law.html.
2) Guy Gugliotta, "Switches Failed in Crash of Genesis: Errors Stymied Craft's Parachutes on Reentry," *Washington Post*, 16 October 2004.
3) H. Puchan, "The Mercedes-Benz A-Class Crisis," *Corporate Communications: An International Journal* 6(1) (February 2001): 42-46.
4) Kathleen Fearn-Banks, *Crisis Communications; A Casebook Approach* (Mahwah, New Jersey: Lawrence Erlbaum Associates, Inc., 2001).

危機管理で非常に重要になってくるのが、前向きで知的でよく準備されたコミュニケーションと、問題発生前、最中、事後における組織と一般の人々との対話である。

　危機の際のコミュニケーションでは、RDEはどのような役割を果たすのだろうか。RDEは企業にとって危機による悪影響を最小限に食い止められるだろうか。理想的には、問題が起こる前よりも、その組織のイメージを良い方向へ変えたいが、それは可能だろうか。RDEは文字通り窮地を脱して勝利をつかみ、その企業に対する一般の認識や株価に良い影響を及ぼせるだろうか。

　本章でまず取り上げる事例のテーマは危機的状況での世論操作だが、ここで導き出される法則（少なくともパターン）は株式市場におけるマインドをつかむ際にも役立つ。両者には大きな隔たりがあると感じるかもしれないが、世論も投資家もそのマインドを理解することは可能だ。

　最初の事例でエネルギー危機をめぐるコミュニケーションを、2つ目の事例で鎮痛剤に関するコミュニケーションとその株式売買への影響について取り上げる。第9章でも政府のコミュニケーションと大統領選を扱ったので少し重複するが、ここでは世論とファイナンスという、より大きな文脈でコミュニケーションの設計を考える。

企業PRと世論の把握

　今日、新聞やニュース誌を開けばきっとエネルギーに関する記事が見つかるだろう。ニューヨーク・タイムズ紙を無作為に取り出したところ、15以上もエネルギー関連の記事が見つかった[5]。石油や天然ガスの価格が上下し、その変動を見て評論家たちは、すぐにも経済破綻を招くというものから、熱狂的な大衆が第2次世界大戦のイギリスのように雄雄しく前進を続け、戦い抜き、エネルギー不足に対処し、じきにより良い未来を約束する新たな代替エネルギーが見つかるというものまで、ありとあらゆる予測を書いている。こうした将来像は雑誌

の購入者にとってはすばらしい読み物だ。彼らは不安げに様子を見守り、傍観者の立場で一喜一憂する。

ここでビジネスに転じて、エネルギー会社、PR会社、広告専門家について考えてみよう。現状の世論を踏まえて新たに世論を形成しなくてはならない状況に直面したら、専門家である彼らはどんな情報を、どのように発信するだろうか。自分たちのコントロールが及ばない世界、すなわち、厄介な問題に直面して、ウェブサイトやニュースリリースで気の効いた文句をひねり出さなくてはならない状況に、どう対応するだろうか。彼らはただ世論に影響を与え、自社にとって適切なメッセージを使いたいと思っているが、その際にRDEはどう役立つだろうか。

時計の針を数年前に戻してみよう。同時多発テロが世の中を変える前、2001年1月から2月にかけての寒い時期に、エネルギー問題が深刻化していた。カリフォルニア州独自の電力供給体制、急増する需要、予測不能なエネルギー不足により、電力供給の一時停止という危機的状況に直面したのだ。しかも、それはカリフォルニア州のエネルギー需給問題において一時的な解決策にすぎなかった。アメリカの消費者は危機に直面したときの常として、エネルギーの利用に不安を感じ、自分たちの番になったときに備えようと考え、カリフォルニアに視線が集中した。一方、電力会社側は消費者の恐怖心を抑え、信頼を揺るがす状況に対処したいと思っていた。問題は、起こったことの深刻さを強調しすぎずに、消費者に何を伝えるべきか、である。

2001年までに、ウェブはすでにコミュニケーション手段や世論に影響を与えるメディアとして確立していた。ウェブは製品の詳細情報を掲載するメディアだけでなく、宣伝用ツールでもあると見なされつつあった。したがって、自然と浮かんでくるのは、他のメディアと同様にPRに利用する場合、このコミュニケーションのツールをどう使えばいいか、ということだ。とりわけ、ウェブサイトに掲載した特定のメッセージは、電力会社への反感の吸収や修正に、どのように役立つ

---

5) *The New York Times*, 8 January 2006.

だろうか。

　製品に関する特定の情報から、電力に関して安心させる言葉まで、メッセージはさまざまだ。しかし、電力会社は一般の人々の信頼を維持しつつ、自社のエネルギーを販売したいと思っている。ウェブサイトは説得と再保証の両方の目的で構築されているのだ。

　カリフォルニアが何度も一時停止を経験したときの、他の電力会社の発言を見てみよう。**表 10-1** は各社のウェブサイトのリストで、PR と顧客リレーションの活動を分解するための情報源となる。

　これまでの事例でも、あまり効果的ではないメッセージが多かったように、エネルギー産業の場合も同じである。危機のときに、全員に良い効果を与えたメッセージはほとんどなかった。**表 10-2** は、全パネル向け、男性・女性向け、（エネルギーに関心のある 1,000 人のデータをもとにした）3 つのセグメント向けに、それぞれが支持した PR メッセージを示したものだ。この表を見るだけで、企業や PR 会社は、危機の際のメッセージの管理方法について示唆を得られる。

表 10-1 ● RDE での PR のメッセージの解析に用いたエネルギー会社のウェブサイト

カリフォルニア・パワー・アンド・ライト	www.cplc.com
コン・エディソン	www.coned.com
マサチューセッツ・エレクトリック・カンパニー	www.masselectric.com
ニューヨーク州エレクトリック・アンド・ガス	www.nyseg.com
オレンジ・アンド・ロックランド・ユーティリティ	www.oru.com
ペンシルベニア・パワー・アンド・ライト	www.pplweb.com
リライアント・エナジー	www.reliant.com
サンディエゴ・ガス・アンド・エレクトリック	www.sdge.com
サザン・コネティカット・ガス	www.soconngas.com
ツーソン・エレクトリック・パワー	www.tucsonelectric.com

表10-2 ●全パネル、男女別、3つのセグメントに対してエネルギーに関して最も効果のある要素（データの一部を抽出）

要素	要素		効用
全員向けのメッセージ	電話、インターネット、eメール、対人サービス（中略）いつでもサービスに応じます	オレンジ・ロックランド	5
男性向けのメッセージ	電話、インターネット、eメール、対人サービス（中略）いつでもサービスに応じます	オレンジ・ロックランド	6
女性向けのメッセージ	請求時にお金を節約する方法をお知らせします	コン・エディソン	8
セグメント1「信頼性重視派」向けメッセージ	世界中の何百万人ものお客様が既に享受している信頼できるエネルギー・サービス	ペンシルベニアP＆L	8
セグメント2「選択の自由、内情把握、最適化重視派」向けメッセージ	電力料の請求書が高いときにサポートします	コン・エディソン	11
	請求時にお金を節約する方法をお知らせします	コン・エディソン	11
	エアコン代を減らし、従業員満足を高める	ツーソン・エレクトリック	9
セグメント3「障害者支援派」向けメッセージ	電話、インターネット、eメール、対人サービス（中略）いつでもサービスに応じます	オレンジ・ロックランド	19
	高齢者に特別措置を設けます	コン・エディソン	18
	62歳以上の顧客向けの特別サービス	コン・エディソン	17
	エネルギー補助の対象	サザン・コネティカット・ガス	15
	エアコン代を減らし、従業員満足を高める	ツーソン・エレクトリック	15
	視力障害者向けにガス器具や電気器具にマークをつける	サンディエゴG＆E	14

- 全パネルに対して突出したPRメッセージはなかった。唯一の妥当なメッセージは、サービスと請求額の引き下げに関するものだ。ただ、こうしたメッセージは誰もが望んでいることなので意外性はない。

- 男性向けにはサービスとお金、女性向けには主にお金に関するメッセージが効果的である。

- PRにおける一番の収穫は、1,000人の消費者を3つのグループに分解したことにある。

    セグメント①は「信頼できるサービス」を望んでいる。不確実な言葉は一切なく、詳しく信頼性の高さを説明するメッセージを聞きたいと思っている。

    セグメント②は「コントロールすること」を望んでいる。内情に通じ、エネルギーという複雑な世界で、自分は最適な選択肢をとっていると感じたがっている。

    セグメント③は「障害者や高齢者などを助ける」ためにことさら努力をしてエネルギーを選んでいると感じたがっている。このセグメントはとりわけPRメッセージに反応を示し、影響力のある重要かつ強力なターゲットとなる。

危機管理にRDEを活用する

　危機は思いがけないときに訪れるものなので、準備をしておいたほうがよい。RDEは強制的にそうした準備をさせる。実際に、PR会社がうまくいきそうなアイディアを思いついたとき、それは成功するかもしれないが、たぶんそうはいかないだろう。アイディアは1つの目的に偏りがちで、環境面で知覚した1つの問題に反応してしまうものだ。PR活動は時には要所を押さえることもあるが、逃すこともある。RDEはPR活動の幅を広げて、あらゆる関心事を扱うように促す。

これまでの事例のように、PRを最適化する鍵は、適切なときに、適切なやり方で、適切なことを言うことだ。しかし、「適切なこと」とは何だろうか。2001年のエネルギー危機のときに得られたエネルギーのデータを見ると、「適切なこと」は1つではない。エネルギー会社の「優しさ」や「社会的責任」に関する要素に注目してデータを分解してみれば、異なるマインドセットのセグメント（誰に言うべきか）と、各セグメントを引きつける特定のメッセージ（何を言うべきか）が、すぐに見つかるだろう。

RDEのプロジェクトは危機が起こった時点に行う必要はない。たとえば3カ月ごとに環境を監視するときに、危機発生時に関連する要素のみの小規模な研究としてRDEのプロジェクトを行うと、より生産的かもしれない。実際の研究に沿って定期的なモニタリングを規律正しく行っていけば、そのうち最新のメッセージ用のデータベースが持てるだろう。メッセージ作りだけでなく、どんなタイプの人々に、どんなメッセージが有効か、ということもわかるだろう。こうした先見性は、ハイリスクの状況に対処する組織にとって格別の価値がある。彼らは政府や消費者の不都合な反応に対して、準備しておかなくてはならない。危機発生時に直ちに言うべき内容を知ることの価値は、定期的に行うRDEの調査費用よりもはるかに大きい。

ウォール街の法則

株式市場では、投資家は株価について異なる意見を持たなくてはならない。特定の企業に関するどんなコミュニケーションが、投資家やアナリストに株式の売買や保持を促すのだろうか。あらゆる種類のメッセージから、何百万ドル相当の意思決定を即時に行うという夢や希望に満ちた世界を理解するのに、RDEは役立つだろうか。

今日の株式市場のモデルの多くは、株価の変動パターンから生まれた法則を用いて作られている。たとえば、長期的な株価の曲線の形を頼りに、株価変動の起こりうるパターンを予測できると主張する人も

いる。彼らは簡単に理解できる「法則」は提供できないかもしれないが、パターンから見出される「法則」はしばしば機能する。

　株価市場ではよく（危機に限らず）いつもと違う状況も起こるが、それに対する人々の反応を知り、影響を及ぼすための簡単な方法はそもそも存在しない。

　私たちは概して専門家を信頼し、大衆の知恵は信用しない。しかし、ニューヨーカー誌のビジネスコラムニストのジェームズ・スロウィッキーは「適切な環境下で、集団は極めて知的であり、しばしば彼らの中で最も賢い人々よりも懸命である」と述べている[6]。スロウィッキーが指摘しているのは、人々の直感的な知識と知恵であり、集団によるブレーンストーミングという従来の手法でこうした知性を引き出すことではない（第8章を参照）。一部の個人（専門家など）は多くを知っているかもしれないが、実際の知恵は異なる人々の心の片隅にある。彼らの反応を求め、評価を平均することによって、「雑音」から「かなり正確な信号」を抽出できるかもしれない。この原理の説明として、誰かに何度も円を描いてもらうように頼んでみればよい。次々と円を重ねて描いてもらうことで、当初はいびつな楕円形ばかりでも、すぐにかなり形のよい円になる。ぞんざいに描かれたいくつもの楕円から円が生まれる。このように、集団の知恵を引き出すやり方で、問題を説明することがポイントとなる。

行動経済学とバイオックスの実験

　2004年、市場で最も強力な鎮痛剤のひとつ、メルクの「バイオックス」が心臓発作に関係している可能性があり、一部の副作用が正式に報告されていなかったらしいというニュースが流れた。バイオックスは2003年の売上げが25億ドルにのぼるメルクの大ヒット製品で、潰瘍や消化管出血の副作用で知られるアスピリンに代わる安全な医薬品として広くマーケティング活動が行われていた。このニュースの反動は予期された通りだった。メルクに対して個人や集団による訴訟が

相次ぎ、不利なパブリシティが流され、メルクや他の鎮痛剤メーカーは対応を余儀なくされ、メルクだけでなく他の大手製薬会社の株価にも影響が及んだ。

実際に、これはビッグニュースだった。ニューヨーク・タイムズ紙は、2004年10月の運命の発表の後、続く15カ月間で400回以上もバイオックスについて取り上げた。米食品医薬品局（FDA）の声明文として、製薬会社の見解や一般的な反論とともに、不利なニュースが報じられた。こうした悪いニュースによって株価も打撃を受け、製薬会社の株式保有者は苦況に立たされた。

ここでの問いは、株式が「売り」や「買い」ではなく「受け入れられない」という評価になっている状況で、どのようにRDEを利用できるかだ。つまり、投資家やヘッジファンドのマネジャーがFDAの声明文や企業の対応に関するコンテンツを読んで、問題の株式の売買を検討するなら、投資家がとりそうな今後の反応（同社株を売るか買うか）を予測する方法はあるのだろうか。このようなアプローチを生み出せるとすれば、RDEは特定株式への反応について「一定の投資家の行動」を予測できるようになる。株式に関するRDEの行動モデルは、投資家が集めた公開情報からどう売り買いを意思決定するかをめぐって、新しい一連の法則を提供する。

RDEの調査の手順は、食品やクレジットカードの事例で何度も紹介してきたが、今回は重要かつ微妙な要素が含まれるので、データを少し詳しく紹介してみたい。少し変更を加えた形になるが、第5章で取り上げたのと同じ分解のステップをたどった。

ステップ1：問題を特定し材料を用意する

将来の株式購入者と公開情報の関係への理解が問題となる。公開情報には、ブランド、鎮痛剤問題についてのFDAの見解、問題解決の取り組みに関する企業の発表、鎮痛剤問題に関する他の企業の発表が

---

6) James Surowiecki, *The Wisdom of Crowds: Why the Many Are Smarter Than the Few and How Collective Wisdom Shapes Business, Economies, Societies and Nations* (New York: Doubleday, 2004).

含まれている。この種の情報は企業やその将来の業績、さらには将来の株価予想の見方に影響を与えることが推測される。全体像をとらえているわけではないが、おおむね公正で妥当な仮定である。

　私たちは企業とブランドの特定にも着手した。メルクのバイオックスだけでなく、市販薬や他の強力な鎮痛剤も含めたかったからだ。基本的に、混乱の真っ只中にある鎮痛剤を扱う他のメーカーを探すことにした。

　次に、企業のウェブサイトで入手できる情報を集めた。私たちは情報源を限定し、投資家がグーグルで見つけたり、投資家や専門家が最初に選ぶような情報のみとした。この作業だけで何百もの文書が集まった。

　その後、その情報を特定の表現に絞り込んだ。これらの表現は、政府（FDA）や企業のIR部門が通常発信する情報やトーンを反映するものでなくてはならない。企業のサイトやニュースサイトに登場する要素を選ぶことで、投資家が企業を調査するときに触れるであろう情報を確実に組み込むことができる。もちろん、投資家がテストで評価するとき以外の場面で、これらのコンテンツを実際に見たかどうかは定かではない。しかし、情報は流布しており、アナリストや投資家などの声が加わった背景の雑音もその一部を構成している。

ステップ２：実験設計法に則って要素の混合とマッチングを行い、コンテンツを作り出す

　このステップはRDEのツールで自動的に行われ、一人ひとりの個別の設計プランが用意される。それぞれのコンテンツには、評価用の質問がついている。今回は、参加者に対して、読んだ情報に基づいて株式を買うか、売るか、保持するかと尋ねた。コンテンツごとに異なる企業名が含まれているが、一部は企業名がないものもある。売買の判断はコンセプトの評価とは種類が異なるので、参加者は戸惑うこともなかった。

ステップ3：参加者を募り評価を集める

資産のある投資家はたくさんいるので、一般市民から適切な参加者を探すときには特段の苦労はない。この調査では、分類用の質問の1つは投資金額に関するものだった。正味資産の多寡でデータを分析するためだ。このプロジェクトでは、少なくとも5,000ドルを投資する一般市民に絞り込み、医療関係のメッセージの調査への参加を呼びかけるeメールを送った。

参加者には、インタビュー実施時まで、具体的なテーマについて説明しなかった。間接的なやり方でプロジェクトを紹介したのは、将来の株式購買行動が実際の関心事であることに注意を向けないためだ。私たちはRDEの調査を、臨床試験の発見への反応に関するもので、調査の本当の目的を隠す妥当な方法と位置づけていた。

ステップ4：調査結果を分析し、どのメッセージが一般に株式の購買を促すかを特定する

ここまで、興味の測定、つまり新製品のアイディアやコミュニケーションに興味を持つ参加者の割合を扱ってきた。株式の場合は、売りたい人と買いたい人の両方の感情の強さを見る必要があった。たとえば、特定のメッセージやブランド名、企業名は売買の意向につながるのだろうか。大半のコンセプトには1つの企業名しか含まれていないので、売り買いの評価はすなわちその企業の株式に対する評価だと想定される。

表10-3は各メッセージの推進力となる要素を示したものだ。FDAからのメッセージそのものは売買には影響を与えない。それよりも、ブランドと企業の対応が売買の評価により大きな役割を果たす。たとえば、ワイスの「アドビル」は同社株の購入意欲を高めるが、メルクの「バイオックス」は購入意欲を低下させる。また、企業の対応に関する発表は投資家の反応に違いをもたらす。FDAへの同意や、医薬品に関するある種の警告文を「速やかに」掲載すると、購入意欲を高める可能性がある。たとえば、「この薬が鎮痛用に安全に利用できる

というFDAの見解に当社は賛同いたします。消費者は推奨投与量を越えたり、指示された期間よりも長く飲み続けたりしないでください」といった文章だ。

表10-3 ●鎮痛剤のメッセージの要素の例（一部のみ掲載）。加算定数は反応の平均レベルで、買う（50以上）、売る（50位以下）、保持（50）。実際の効用はメッセージの強さを表わし、買う意向（効用の値はプラス）または売る意向（マイナス）の評価がされている。

	要素	買う(+)売る(−)
加算定数（さらに情報がなくても、売ったり買ったりする傾向がある）		35
カテゴリー1:鎮痛剤のブランドと製薬会社	A6　ワイス「アドビル」	7
	A5　バイエル「アリーブ」	6
	A2　ファイザー「セレブレックス」	-2
	A3　メルク「バイオックス」	-7
カテゴリー2:FDAの声明文	B4　FDAは、患者がラベルの指示に従って適切に使う場合に得られる効能は、全体的に見てリスクを上回ると信じています。	2
	B5　FDAは医者が患者のために代わりの治療法を探すことを推奨します。	-3
カテゴリー3:企業がとる行動や今後のステップに関する発表	C4　企業はこの薬をさらに評価するための主な臨床調査のスポンサーとなり、FDAとの共同の取り組みを続けます。	3
	C2　18カ月以上の服用者に重要な心血管系リスクが発見されたので、企業はこの薬を回収しました。	-6
カテゴリー4:製品や発見したことに関する事実	D1　この薬が鎮痛用に安全に利用できるというFDAの見解に賛同します。消費者は推奨投与量を越えたり、指示された期間よりも長く飲み続けたりしないでください。	6

立場が変われば同じメッセージへの反応も変わる

　ここまで、RDE のデータを、異なるマインドセットの人々に分類された 1 つの大きなデータの固まりとして見てきた。このやり方で法則は見つかったが、どのメッセージが特定メーカーの株式の購入を促すかは発見できなかった。一般的に何が有効かはわかったものの、私たちの関心事はメルクなど特定株式への評価である。メルク株の売買評価に対してどんなメッセージが必要か。メルク株の売却や購入を促す可能性が高いメッセージはあるのか。RDE が企業名とメッセージの間の「相互関係」を発見できるなら、そのメッセージを発信した結果、特定株式への売買の気配が変わりそうだと見抜くツールになるかもしれない。

　有効なものを見つけるために、単純明快なアプローチを用いてみよう。企業名ごとにコンセプトやコンテンツを分解する方法だ。分析では、特定の企業名を含むコンセプトのみを見ていく。RDE はこうしたコンセプトのサブセットを使いながら、1 つの企業名のみのコンセプトに対して、他のメッセージの評価が高くなるか低くなるかを示すモデルをつくり出す[7]。メッセージはさまざまで、政府が発見や方針について述べたものや、企業自身が発表したもの（企業としてどんな対応を計画しているか）がある。このような分解とモデル化を行うと、同じ外部のメッセージ（FDA のメッセージ）が、企業ごとに売買の反応に異なる影響を及ぼすことがすぐに見て取れる。**表10-4** からは、将来の株価のパフォーマンスに大きな意味を持ちうる特別な相互効果が読み取れる。たとえば、FDA が「すべての予防に関する研究を評価する」と述べると、参加者はメルク株を売り、ワイス株を買う方向へと動く。しかし、FDA が「すべての薬物クラスの安全性について懸念している」と述べると、反対のことが起こる。全種類の鎮痛剤に疑問が呈されるときは、メルクのほうが好調なのだ。

---

7) Alex Gofman, "Emergent Scenarios, Synergies, and Suppressions Uncovered Within Conjoint Analysis," *Journal of Sensory Studies* 21(4) (2006): 8-14.

企業が危機的状況にどう対応するかは、購買意欲により顕著な効果が認められる。同じ対応でも、企業によって、株式を売る方向や買う方向へ動くのだ。たとえば、「この薬をさらに評価するための主な臨床調査のスポンサーとなり、FDAとの共同の取り組みを続けます」という対応で、メルクの名前を添えた場合、「メルク株は売るがバイエル株とワイス株は買う」と回答する参加者が多くなる。**図10-1**は、企業・ブランドとPRメッセージの関係についてビジュアル的にわかりやすくまとめたものだ。[8]

表10-4 ●どのようにメッセージが特定の製薬会社の株式売買の評価に結びつくか。

メッセージの種類	メッセージ	ファイザー	メルク	バイエル	ワイス
FDAの発表	FDAは、適切な予防措置が確実に実行されるように、この薬に関わるすべての予防に関する研究を評価していると述べた。	2	-2	-2	2
	FDAの臨時責任者は、当局はすべての薬物クラスの安全性について懸念していると述べた。	1	2	-5	-2
企業の発表	新しいデータを載せた新しいラベルを貼ってマーケティングを続けることは可能だと思われますが、他の治療の利用可能性やデータによって生じた疑問を考慮して、自主的に発売中止にするという結論に至りました。	-4	-9	3	4
	18カ月以上の服用者に重要な心血管系リスクが発見されましたので、この薬を回収しました。	5	-2	8	9
	アメリカを含む多数の国で、この薬物クラスの別の薬の承認をとる努力を続けます。	-9	-9	6	6
	この薬をさらに評価するための主な臨床調査のスポンサーとなり、FDAとの共同の取り組みを続けます。	0	-10	6	7
	当局がその薬に関する相反する新情報を評価する間、消費者向けの広告を自粛するようにとのFDAからの通告により、当社ではすべての広告を取り下げました。	1	-3	8	13
	当社の医薬品には、強い警告を含めて、黒枠で強調した新しい警告ラベルをつける予定であると発表しました。	0	-7	5	8

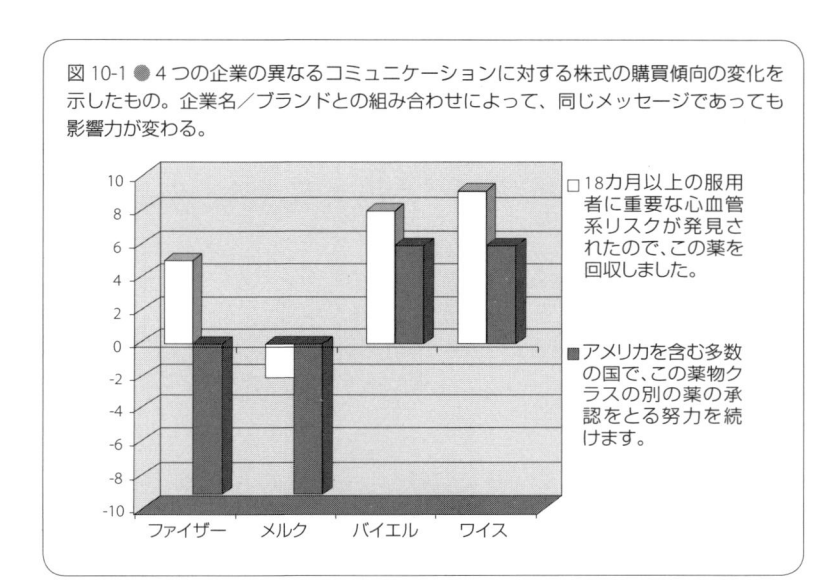

図10-1 ● 4つの企業の異なるコミュニケーションに対する株式の購買傾向の変化を示したもの。企業名／ブランドとの組み合わせによって、同じメッセージであっても影響力が変わる。

□ 18カ月以上の服用者に重要な心血管系リスクが発見されたので、この薬を回収しました。

■ アメリカを含む多数の国で、この薬物クラスの別の薬の承認をとる努力を続けます。

（ファイザー、メルク、バイエル、ワイス）

　このタイプの分析により、RDEにはまったく新しい展望が開かれる。製品やメッセージの開発だけでなく、RDEはいまや、新しいコミュニケーション管理ツールとなりうるのだ。さらに有望な点は、投資家にとってRDEは、悪い状況に陥った場合に、特定企業のメッセージに対して消費者がとりうる反応を推量するツールとなる。

投資家やファンドマネジャーの新しい武器

　ウェブを定期的に「掃除」して、ニュースの中から特定製品寄りのメッセージを見つけ出し、その後、それらを投資家やファンドマネジャーの評価用に提示するようなシステムを開発することは可能だろうか。「YES」という答えがいささか信じがたいなら、このビジョンの大半の要素がすでに実施されている事実を考えてみてほしい。新しいアイディアのためにウェブの掃除に取り組んでいる企業や技術は

---

8) Howard Moskowitz, Alex Gofman, "Bare Market: Uncover Algebra of the Stock Market Mind." *Marketing Research* 18(3) (Fall 2006): 8-14 も参照。

ますます増えている。ウェブ・スパイダーや異なる種類のロボットはいまや、ウェブを（そしておそらく、気づかないうちに、皆さんのコンピュータも）定期的に巡回している。しかも、これは合法的なのだ。たとえば、イスラエル企業のトレンダムはウェブの徹底調査を多頻度行い、どんなアイディアが生まれ、メディアがどんな記事を紹介しているかを見つけるというサービスを発表した。

次のステップははっきりと想像できる。専門的なウェブ・マイニング・スパイダーが、鎮痛剤やiPodといった特定テーマに関するテキスト情報を見つけるのだ。スパイダーはそうした重労働をこなすことができる。

これが利用可能になると、その次のステップは、その情報をカテゴリーと要素に整理して、本書で説明してきたアプローチに従えばいい。大量の情報はその大半を淘汰しなくてはならないが、整理はそれほど大変ではない。実際に、1日から数日で、ウェブは掃除され、部門や製品グループにとって重要なメッセージが選ばれ、テストメッセージがRDEのツールに入力される。

次のステップはこうなる。まず、RDEに基づくインタビュー記事を投資家やアナリストに送り、読むように指示し、それぞれの場合に自分がその株式に対して持ちうる売買の意向について質問に答えてもらう。課題は単純明快で、一晩のうちに、特定の部門や製品群への感情に関する分析結果が、カスタマイズされたモデルの形で戻ってくる[9]。

しかし、アプローチの単純さ以上に考慮すべき点がある。それは規模である。ウェブの自動掃除は、生の素材や新たな分類用のコンテンツ分析ツールを見つけるためにコンピュータの力が解き放たれたことを意味する。簡単に設定できるRDEのテンプレートによって、投資家やアナリストから知識を収集するアプローチは迅速で安価なものとなる。RDEのプロジェクトを実施するための教育を受ければ、世界中の人々を起用できる。実施する人は専門家である必要はない。最後に、成功と失敗、ブランドとメッセージの相互関係といったわかりやすい結果により、証券アナリストと投資家は、どのような人がどんな

行動をとりそうかの感触がつかめる。大衆の声、すなわち「現時点」の特定株式への気配と、アナリストのアドバイスとを比較し、機会の在り処やアナリストと大衆の声の相違点がわかるようになる。

　興味深いチャンスが手招きしている。RDE はこうした機会をナレッジベースの現実にするだろう。

❋　❋　❋

　さて、起業家アリソンはどうしているだろうか。眠れない夜をいくつも経た後、彼女は多くの企業が挙げる理由と同じ理由で株式公開（IPO）を決意した。すばらしいことだ！　しかし、彼女には日常のビジネスの問題に加えて、新たな心配事があった。それは、特に IPO を控えたこの微妙な時期に、危機的状況が起こった場合の対応だった。メディアや競合他社はしばしば敗者に寛大だが、勝者には厳しく、過失はないかと細かくチェックしている。アリソンは、同業者が、根拠の有無に関係なく訴えられたというニュースを聞いてひどく驚いた。次の犠牲者は自社かもしれない。IPO の計画にどんな影響が及ぶだろうか。取扱製品について起こりうる問題について、「即時対応」のシナリオを準備できるだろうか。危機に際して速やかに強力な（正しい）対応をとれば、困難から逃れられるかもしれない。

　危機の可能性を考えてみるだけで、アリソンは身震いがした。彼女は常に、起こりそうな問題を考えることさえ避けてきた。その一方で、RDE での危機対応の調査を総合すると、危機の回避や管理のために足を踏み出せそうなことがわかった。これは思いがけない贈り物だった。アリソンにはすっかりおなじみとなった一定のやり方で準備をしていくためには、問題を深く検討しなければならない。問題が適切に特定されれば、半分は解決したも同然だ。だから、彼女はルーティンワークの一環として、適切なコミュニケーションの知識を獲得するための準備と予防手段の検討という課題に取り組むことにした。

---

9) Alex Gofman, Howard Moskowitz, Samuel Rabino, Don Lowry, "Stock Market Activity: Market Research Meets Applied Economics," *In Proceedings: 2006 ESOMAR Congress in London*, London, 2006.

アリソンは今、市場や自社のさまざまなシナリオをモデル化することで、IPOの適切なタイミングを見極められるかもしれないと考えていた。彼女が成功する可能性はゼロではない……。

ASIA CALLING, LTD.:
THE CHINA ANGLE

第 **11** 章

アジア・コーリング社：
中国を視野に入れよ

ロシア・マフィアに伝わる知恵に、「大きなレンガが直に落ちてきたら、素手では受け止められない」というものがある。現代政治において、BRICs（ブラジル、ロシア、インド、中国）として知られる大国の目覚めは、欧米人の心配の種となっている。たしかに、普通の人はレンガの一撃には直接抵抗できないが、格闘技の専門家の中には対応できる人もいる。少なくともジャッキー・チェンの映画を見る限りは。武力で勝る敵に立ち向かうには、敵よりも敏捷で賢く、用意周到に訓練を積む必要があるようだ。攻撃者の戦術に敵が順応するよりも早く機敏に適応しながら、熟練性や鋭敏さを持たなくてはならない。敵より一歩先んじることは、しばしば生き残れるか、忘れ去られるかの境目となる。

　世界のメーカーの裏庭から始まった中国は強力な経済成長を遂げていて、現在の役割には満足していない。中国メーカーはこれまでさまざまな製品の効率的な作り方を学び、品質改善を続けてきた。中国ビジネスの次のステップは、国内市場と海外市場向けに、オリジナルの製品を設計・製造することだ。中国は今ますます野心的になっている。中国人はよりよい模造品という単なる物真似では飽き足りなくなった。中国は国家として、欧米のようにモノをデザインする方法を学びたがっている。それだけではなく、顧客にアピールするために、よりスタイリッシュで手頃な良品をつくり、欧米に脅威を与える存在になりたがっている。コンサルティング会社オートモーティブ・リソーシズ・アジアの社長のマイケル・デューンによると、「中国人が合弁会社を作る目的はひとつだ。いつか自分たちでそれを製造する方法を学ぶためだ。すでにそうなっている」という[1]。

　中国は安価な労働コストで非常に有利なポジションを得ているが、経験の浅さが足を引っ張っている。今日、西洋のデザイナーの多くは中国企業で働いている。中国でよくあるように、それは長期的な戦略ではない。ジャンプスタートのためにバッテリーを充電し、「経験はあるが動きの鈍い」欧米企業の経験を学ぼうというのだ。何世代も続いた「モノ不足」の後、中国の消費者は魅力的な製品を何でも喜んで買っていたが、そうした「モノに餓えた時代」はもう終わりだ。欧米人と同じように、中国の消費者は選択肢を持てるようになっている。

彼らを説得するために、メーカーや新しく参入するマーケターは顧客マインドを理解しなくてはならない。中国の人々は、直接的な質問に直面すると口を閉ざしがちなので、そうならないように威圧的ではない方法を用いなくてはならない。

RDEのアプローチは中国で爆発的に伸びるチャンスがある。政治的背景により、中国にはフォーカスグループなどの定性調査で必要な「あからさまな表現」を用いる文化がないからだ。RDEは素早く個別対応ができ、具体的な結果をもたらすことに加え、国境や文化、市場に関する事前知識に依存しない。

RDEが中国で成功する8つの理由

中国は類例のないほどRDEの開発に適した場所である。皮肉なことに、自由な表現を制限する歴史でさえ、中国でのRDEの繁栄の助けとなる。RDEが成功する理由として、次の8つが挙げられる。

- **理由1**：中国のデザイナーは製品に関するイノベーティブなアイディアを得たいと思っている。製品の一部は地域市場に欧米製品を適用したり（規模が大きい反面、地域の多様性が非常に大きく、ローカライゼーションが必要だ）、まったくの新製品だったりするかもしれない。こうした未知の領域では、デザイナーはさまざまな地域の何千人ものインプットを必要としている。しかも、その情報は特にスピードが不可欠だ。彼らはまだ、将来を決定するほど重要で、知識に基づきながら調査の枠を超えて推測する迅速なツールを使った経験がほとんどない。RDEはまさに迅速で、拡張性があり、効率的な性質を持つ。中国では、フォーカスグループは直接的な質問を使うのでうまくいかないが、RDEの場合、ただ異なるアイディアや製品について選好や購買意向の度合いを評価するだけなので回答者に脅威を与えない。

1) Gordon Fairclough, "GM's Partner in China Plans Competing Car," *The Wall Street Journal*, 5 April 2006.

- **理由2**：中国や他のアジア地域向けに、デザイナーは比較的少額の追加コストでRDEを活用できる。人口の規模や購買力の成長性を考えると、RDEはまさに中国向きの方法だ。

- **理由3**：中国の消費者は直接的な質問をされると落ち着かなくなる。彼らの直感的な反応は政治的に正しくかつ、インタビュー相手（恐ろしい当局関係者かもしれない）を喜ばせようとするため、ほとんどの市場調査手法、とりわけ定量調査では、他国よりもはるかに乏しい成果しか得られず、実質的に役立たないことも多い。

- **理由4**：中国で中国仕様のRDEを作って分析するのは、欧米企業が母国から中国の調査をするときのコストと比べてはるかに安価にできる。

- **理由5**：中国には、顧客理解のための「標準化」アプローチの歴史がない。したがって、中国メーカーは過去のプロセスに邪魔され、「調和」を重んじて新しいアイディアを阻止してしまうことがない。

- **理由6**：過去何年も、中国の工場は地域市場向けにあらゆる新製品を作ってきたが、マーケティングは行ってこなかった。中国人はコストと価値に対する意識が非常に高いが、価格を安くするという最も単純な戦略以上に、彼らの興味を引くポイントは何か。その製品を選択するように顧客を説得するパッケージは、どのようにデザインすればいいか。上海だけでも約2,000万人、北京にも1,500万人の顧客がいる。上海と北京で違うパッケージを作るにはどうすればよいか。新しいトレンドをつかみ、自分の領域を守るために、2年間で10回変更するには、どうすればよいのか。RDEはそれに対する簡単で手っ取り早い解決策をメーカーに提供する。

- **理由7**：中国と他のアジア諸国を自国でデザインしたブランドで射止めた後、中国企業の努力の矛先は欧米に向くだろう。これはサムソンやLGのような韓国ブランドで現に起こっていることで、

これらのブランドは欧米でますます目立つようになっている。自社ブランドの新製品を作るには、実行可能なインサイトが必要だ。その製品はどうあるべきか。どのようにコミュニケーションすべきか。中国が独自に世界に向けてデザイン、製造、マーケティングを行うなら、すべきこと、言うべきこと、見せるべきことをどう特定できるか。より重要なのは、地域の状況や競争環境に合わせて製品、メッセージ、パッケージを変更しながら、それを進めていくことだ。中国製品はあらゆるところで見かけるが、中国のマーケターは欧米市場についてほとんど知識を持っていない。中国企業の多くにとって、伝統を誇る欧米企業を雇ってこうした問題の調査を委託するには法外な費用がかかる。その解決策となるのが RDE だ。中国からインタラクティブで安価な RDE を大規模に実施すればいい。

- **理由8**：もともと中国人は非常に起業家精神にあふれている。評判がよく効率的な経営を行い、欧米的な考え方をすることで知られる企業は大きな成功を遂げられるだろう。他の中国企業もひっきりなしに彼らを訪ねては、「ドイツでこの道具の最も魅力的なオプションは何か。安く作れるが、何を作ればいいかわからない。どうやってマーケティングすればいいか。どんなパッケージがいいか」と聞くことだろう。この作業はすべて非常に安く効率的にでき、ほぼ一晩で中国からの遠隔調査を実施できる。

次に、顧客のニーズやウォンツの知識を素早く得ることが大きな優位性となる競争の激しい世界で、RDE がどのように機能するかを見ていこう。

まず言語の問題を少し見ていこう。中国に旅行する前に、著者の 1 人（ゴフマン）は休憩時間に中国語を母国語とする従業員の助けを借りて、完璧な発音で「ニンハオ」と言えるように何度も練習した。その従業員の意見では、かなり正確な発音に近づけたはずだった。しかし、中国でいざ挨拶をしてみると、ことごとく惨めな結果に終わった。問題は発音ではなかった（実際に発音は非常に難しいが）。中国人は外国人が中国語を話すとは思っていなかったのだ。だから、自分が

知っている外国語で話そうとするか、自分にはわからない言葉だと頭から決めつけて無視してしまう。中国語を習得する外国人が少ないのはそのせいではないだろうか。

一方、欧米に移住したアジア人の多くは、非常にうまく同化した。シリコンバレーのインド人の起業家から、中国人の科学者や会計士まで、アジア人が新しい本拠地で素早く適応している例は多数見られる。同じレベルで中国に同化した欧米人はどれだけいるだろうか。

結論を述べると、用意周到な中国企業は、欧米の競合よりも、マーケティング情報分野で成功するチャンスが高いだろう。まだそうなっていないが、あと1、2年もすれば、中国人ビジネスマンは世界を理解し、多くの言語を話すようになるだろう。彼らは他国の人が中国語を学ぶことを期待していない。最初は完璧でないにしろ、彼らは新しい言語の習得に熱心だ。外国語学校がブームになっていることからも、中国が外に目を向けていることがわかる。

たとえば、アジアコーリング・リミテッド（ACL）という企業がある。上海市浦東新区にある黄浦江を見下ろす超近代的な高層ビルに本社があり、若くてエネルギッシュで、野心的な地元の大学出身者が働いている。彼らは学習が必要なことを認めていて、学習したいことを隠したりもしない。ACLはトップメーカーからも経営幹部の一部を雇い入れており、同社のDNAにはどうすればビジネスや人々が動くかをめぐって深い知識が埋め込まれている。

ACLは当初、アメリカから知識、技術、方法論を獲得するために、マーケティング情報分野のリーダー企業と緊密に働いていた。いまだにツールの一部はライセンスしているが、そう長くはないだろう。中国ではソフトウエアの開発コストは高くないからだ。また、世界の主要なパネル提供者、数社と良好な関係を築いてきた。ウェブで回答者を募集するのは実質的に透明性が高く、とても簡単で速いうえに、費用対効果が高い。

ACLが掲げているミッションは単純だ。製品やサービスの特徴や

説明について、世界中の見込み顧客のマインドを理解し、それを中国や東南アジアの顧客企業の工場やインドのアウトソースサービス会社に伝えることだ。ACLの顧客の一部は、世界初の製品を作る必要があり、中国の工場に顧客の基準通りにそれを設計・製造してもらいたいと思っている。あるいは、特定の製品カテゴリーでコールセンター向けのオフショアサービスを作る必要があるが、コールセンターが法人顧客にとって魅力的で、かつエンドユーザーにも受け入れられるサービスを提供するために使うべき言語の種類を知らなかったりする。これらの顧客（法人顧客）や消費者（製品やサービスの利用者）はさまざまな国に居住している。とりわけ、アジアの大きな新興市場に自社の製品やサービスを拡大しようと懸命になっている欧米企業が多い。

こうした環境下で、ACLは基本的に世界中の顧客マインドをスキャンし、RDEを使って情報を処理し、素早く安価に強力に、工場が理解しサービスセンターが利用できる詳細情報をもたらす、というダイナミックなビジネスを展開しようとしていた。

RDEのビジョンが自社の目的と完全に合致することを、ACLは発見した。中国メーカーやマーケティング会社や顧客とのすばらしい関係を背景に、ACLは世界的に顧客ニーズを満たす完璧なポジションを獲得した。たとえば、ACLはRDEの技術を用いて、ターゲットであるアメリカやカナダの顧客に、ベッドルームの家具のアイディアを応えてもらうテストを行った。マーケティング会社はオランダとスウェーデンに、製造工場は中国とマレーシアにあったとしても、顧客は第3国や世界の異なる文化圏に居住している場合もある。

ACLはRDEのおかげで、少なくとも4つの異なる業務を遂行できる。それらの業務はすべて、同社の競争優位性を高めるものだ。以下がその業務である。

- **メーカーへのサービスとして、世界の競合情報を定期的に提供する**
　——世界中の企業はトレンド情報を知る必要がある。その場限りの業務をする代わりに、ACLはさまざまな企業に、半年間のプロジェクトの出資者となってもらう。そのプロジェクトでは、

ACL は特定の分野についてインターネットを「掃除」して、どんなタイプの製品、特徴、コミュニケーション、さらにはグラフィックが顧客に提示されているかを見つける。ACL は複数企業で同じ RDE 調査を 2 週間という短期間で行い、有効なアイディアとそうではないアイディアを示すデータベースを作る。この標準化された一連のデータベースは ACL のピグマリオン・データベースである(2)。ピグマリオンは各国で有効なものやマインドセットのセグメントを示す。RDE はこうした競争に欠かせない知識の入手を簡単にするので、企業はピグマリオン・データベースを用いて、トレンドや機会を見つけたり、追跡調査をしたりする。

● **世界中で顧客のニーズを製品デザインに反映させる**──ACL の最も重要な仕事は、顧客企業のマーケティング目標を製品コンセプトへと翻訳し、これらのコンセプトの詳細を中国のメーカーにも提供していることだ。ACL は顧客であるマーケティング会社と共同で、機会を特定し、テスト・コンセプトの構造（どのように見えるべきか、どのタイプの特徴を持たせるべきか）をつくり、テンプレートに代替オプションをつけて、世界中のターゲット層にテストを実施し、結果を得て、データベースを中国のメーカーにフィードバックするという作業に取り組んでいる(3)。市場機会から顧客マインドや工場の詳細情報に至る、この一連のナレッジ構築活動は、1、2 週間に 1 日だけで済むかもしれない。ますます競争が激化する市場で生き残り繁栄するにはスピードが必要だ。

● **マーケティングや販売用のパブリシティの資料を作る**──ACL は RDE のプロジェクトで販売促進用メッセージを特定する。ターゲット層に響く表現（第 4 章を参照）やビジュアル（第 7 章を参照）を特定し、素早く顧客分析を行う。ターゲット顧客について深く理解しようとすると、ほとんどの場合、大規模で多大な費用や時間のかかる調査を実施することになるが、そうした知的努力は報われず、今日の短期的な環境では適切でも生産的でもない。骨折り仕事が終わる頃には、機会は失われ、アイディアは時代遅れになっているだろう。それよりも、ACL は「現時点で」何が具体的に有効かを正確に知ろうとする。そして発見後は、その理由を

探る。RDE の真価は、とりわけリアルタイムで広告向けの詳細情報を特定できる点にある。

● **検索連動型広告の世界で、コミュニケーションをリアルタイムで最適化する**──ACL は顧客と一緒に、RDE を武器に、検索連動型広告に掲載する製品やサービスの最適化に取り組んでいる。現在のサーチエンジン（グーグルなど）は有料検索、いわゆる検索語広告から多くの収益を得ている。RDE のエンジンとグーグルのアドワーズ API を用いて、ACL は検索連動型広告の構成を体系的に変えている。RDE のアプローチは、検索連動型広告で有効なもの、自己最適化すべきものを特定する。クリックを促すアイディアなど、検索時に有効なアイディアは特定・維持される。システムは多数の組み合わせをリアルタイムで扱う。これも、RDE の考え方と技術の簡単な応用である。

ACL は今後 1 年から 3 年で頭角を現し、多数 RDE のビジネス関連アプリケーションをコミュニティに提供するようになるだろう。RDE のアプリケーションはリアルタイムでのコンテンツ最適化やダイナミックな広告支援といった機能により、真のブレークスルーの一助となるだろう。重要なのは、人々と結びつき、経済の現実を踏まえて、硬直的な手法に妨げられない技術が、絶対的な力を生み出せるということだ。この絶対的な力は顧客マインドを吸収して、世界中で増えている小さなセグメント向けに見事にカスタマイズされた優れた製品を輩出する。

もちろん、その道のりはまっすぐで平坦な高速道路を走るようにはいかない。目的地に確実に行き着ける保証もない。フィリップス・デザインのトレンド予測部門のディレクターであるマルコ・ベベロはかつてこう語った。「中国はいつか世界のトップになるが、それは簡単なことではない。……何が魅力的で、何が人々を引きつけ、何が人々

---

2) 古い伝承に題材をとってバーナード・ショウが書いた戯曲『ピグマリオン』（ミュージカル「マイ・フェア・レディ」でも有名）は、ロンドンの下町訛りの人に適切な話し方や振舞い方を教え、その結果として広範囲にわたる影響が見られたという話である。
3) 本章を通じて、このアプローチが実践される様子を見てきた。特にイノベーションに関しては第 6 章を参照。

に夢を見させるのかを理解する必要がある」[4]

　ベベロの同僚でフィリップス・デザインのバイスプレジデントのマレー・キャメロンは、顧客の複雑さを理解しない中国企業は災難に見舞われるかもしれないと警告している。彼は「中国企業がグローバルで成功したいなら、顧客の志向や願望を特定する方法を学び、さらにその要求に応える方法を学ぶ必要がある」と信じている。

　反対に、中国や他の市場に拡大を検討している海外企業は、常に安いほうがよいと頭から決めてかからずに、こつこつと宿題をこなすべきだ[5]。これはまさにACLが目指している、中国製品と顧客との間のギャップを両側から埋めることにほかならない。中国ビジネスでは熾烈な競争が待ち構えている。「市場のペースや先行きの不透明さ——気の小さい企業の場所ではない」と、オムニコム・グループのTBWA上海のマネジングディレクター、ギャビン・ヘロンは言う[6]。

　人々は通常、今後出現しそうなものや知らないものに恐れを抱く。そして、実際に具体化された問題に直面すると、腹をくくる。私たちはBRICsに怯える必要はない。これは脅威ではなく、現実であり、私たちは甘んじて受け入れなくてはならない。インドにIT業務をアウトソースしている現実のように。これは怖いことだろうか。アメリカ企業はいまだに、国内の有資格のソフトウエア開発者をなんとか採用しようと苦労している。

　欧米人は何ができるのだろうか。ベストの答えは、ただ一歩前に進むことだ。

---

4) "Philips Design Execs Say Chinese Firms Face Challenges," *Plastics News* (12 July 2995): www.plasticsnews.com/china/philipsdesign.
5) "Philips Design Execs Say Chinese Firms Face Challenges," *Plastics News* (12 July 2995): www.plasticsnews.com/china/philipsdesign.
6) Geoffrey A. Fowler, "Agencies Find China Land of Opportunity and Unhappy Clients," *The Wall Street Journal*, 17 March 2006.

RDE's "Brave New World!"

第 **12** 章

RDEが導く
新世界へと踏み出そう

古い話になるが、2人の猟師がジャングルに虎狩りに行く準備をしていた。1人は軽くて履き心地のよいランニングシューズを、もう1人は古くてどっしりしたブーツを履いた。「虎が追いかけてきたら、その靴で虎よりも速く走れるとでもいうのか」と、ブーツを履いた猟師が相棒にたずねた。「もちろん無理だ」と相棒は応えた。「ただお前よりも速く走れればいい」

　RDEはそもそも「猟師」が「虎をしとめる」可能性を高める。そうならない場合でも、この話のようにライバルよりも成功する、少なくとも生き残りに必要な距離を先行できるようにする。

　本書は、食品や雑誌、政治や株式市場、1950年代のアメリカの工場や将来のアジアの工場などを取り上げてきた。企業がRDEを使って製品開発、競合の強みや弱みの把握、持続的なイノベーションの方法を理解していった話を紹介した。

　最終章では、RDEにできることや、今後の行方について考えてみたい。取り上げていく内容は、著者たちが長年の間、数々のプロジェクトでの成功事例をもとに選んだものだ。私たちが携わった分野は食品、ホテル、自動車、携帯電話、宝石、家具、出版、テレビCMなど多岐にわたる。

RDEに関するQ&A

　他の人々がRDEから恩恵を受けているという話を聞いて、自分も試そうと思ったかもしれない。読むことと実際にやってみることはもちろん違うが、RDEの場合、その差はさほど大きくも深くもない。たとえ最初はベストの結果でなかったとしても、次回は必ずや成功するだろう。それでも疑問があるなら、このセクションを読んでいただきたい。

質問1：実行可能か？

　専門家ではない普通のビジネスマンがさまざまなタイプの問題に直面したとき、果たして解決できるだろうか。その答えは明確に「YES」である。知識の獲得を神聖視し、統計を魔法の呪文にしたいと思っていたとしても、私たちが説明したRDEのアプローチは非常にシンプルだ。もちろん初歩的な技術ではないが、実行は簡単だ。ただし、RDEでは規律的な考え方が求められている。したがって、単純化した「美人コンテスト」や、最適な数を下回る選択肢の中から最良のものを選ぼうとすることは避けなくてはならない。RDEは稀に見るほど実行しやすいので、怖がらずにぜひ試していただきたい。

質問2：RDEは努力に見合うだけの価値があるか？

　RDEが実行しやすくても、努力に見合うだけの価値が本当にあるかという疑問に直面する。その答えは質問1と同様、もちろんそれだけの価値はある。

　企業は通常、時間に追われている。どの企業も正しく行動し、物事を適切に進める時間が十分にあるとは言えない。考える時間さえすぐに足りなくなる。日々脅威にさらされている状況で、マネジャーが最初に最も簡単なソリューションを探そうとするのは無理もない。たいていそのソリューションは当て推量だ。概して物悲しく疲れきった様子で真摯に語られる「政治的に正しい」答えは、「もちろん、私たちは規律的なアプローチを使いたいと思っているが、そうする時間がない」というものだ。

　しかし著者の見解では、RDEは本当にたいして時間がかからない。実際に導入した企業は「多くの時間や労力やお金の節約」につながっている。RDEで重要なのは、ただ反射的に反応するだけでなく、皆が「問題について考える」ように仕向ける点だ。学校やスポーツでは、宿題や練習の効力はよく知られている。RDEはその練習に当たるものだ。RDEを用いて問題解決への長い道のりを進むためには、体系的に問題を考えていくことが必要だ。実験の際に、変数を集めて理解

することも役に立つ。RDE の最も重要な部分は、マネジャーがリラックスして考える時間や、データ収集や POP の観察から得られるインサイトであったりする。

　しかし、RDE はただ思考を促すから有効かというと、それだけではない。企業の今日のナレッジの多くは観察から得られるが、体系化されていない。確かに企業のファイルにはさまざまなデータベースや調査報告書が多数保管されるが、どれが役に立ち、どれが使えないのか、どの法則が適用できるか、さらには法則が存在するのか否かは、後から探し出せないこともある。

　ここまで「法則」と「普遍性」について繰り返し述べてきた。RDE は法則やデータベースに関するもので、導き出された事実のどれが新しい問題の解決に役立ちそうかを示す。まず思考を構造化し、次に現実を指摘し（1854 年にフランスの生化学者のパストゥールが語ったように「チャンスは用意周到な心構えがあってこそやってくる」ものだ）、その後、データを参考資料として定期的に調べる。そうした規律的なアプローチはうまく機能する。

　あるプロジェクトを行った結果、後から何度も予想外の利用ができ、満足のいく結果が得られるというのは、信じがたいかもしれない。そうした懐疑的な見方をするのは、決まってほとんどインサイトを持っていない企業だ。現代の企業はナレッジベースの経営を行っている。ややもすれば問題が起こった後で、古い報告書や調査研究、データベースを検索し、答えを探し出す課題を社内の誰かに与える。RDE のデータも、他の多数のデータが表面化するのと同じ方法で見つかるが、大きな違いは RDE のデータはすでに体系化されていることだ。

質問3：RDE でできることに限界はあるか？

　RDE の背後にある意図は何か。指示通りのことができるか。RDE は魔法の特効薬なのか。

　推測通りにいくならば、体系的な実験は事実に基づいているので、

長期的には当然成功する。ただし、誰かが体系的な観察をしたからといって、万物の法則が変わるわけがない。もちろん、利用者の創意工夫によりけりだが、RDEにはたくさんの可能性がある。とはいえ、RDEはハッカーを名人にしたり、無知な個人をビジョナリーにすることはない。測定よりもヤマ勘を好んだり、きちんと事実を発見することよりも目的のない仮説を好んだりする人に宇宙の秘密を明らかにすることもない。

その一方で、RDEは体系化された方法をとるので、必然的に一貫した効果をもたらす。RDEは規律を生み出し、ユーザーに代替案の検討を促す。思考は重要だ。社内の人が何と言おうと、過去の経験からは今後の成功や失敗は必ずしも予測できない。産業界には評論家の記事が散乱しているが、彼らは最初の2、3年はもてはやされても、他の知識人に人気が移ると見捨てられてしまう。RDEの長所は、評論家にコントロールさせない点にある。RDEはただ考えさせるだけでなく、実験を促す（いわゆる化学の「dry-labbing（テストをせずに科学的データを作ること）」である）。人々が思考し、測定し、実際に起きていることを把握するとき、魔法のように成果が現れる。

本書では、RDEがどのように食品や飲料を作り、競合を分解し、「決め手となるメッセージ」を特定し、さらには政治や株式市場の世界にも通用するかを見てきた。これらは一部の応用例にすぎない。人々の選択や見解が重要なテーマはないだろうか。人々にテストをしてもらい、その反応を測定し、パターンを識別する体系的な実験は可能だろうか。代替案、コンテンツやその組み合わせ、それらへの反応を考えていくと、RDEを活用できる他の分野がきっと見つかるはずだ。そして、実験を続けよう！

エピローグ

　最後に、RDEの世界にためらうことなく飛び込んだ起業家アリソンが、どこに導かれていったのか。2、3年後の彼女の姿を紹介しよう。

　「ママ、またいつものゲームをしようよ。どの棚から始める？」

　近所のスーパーマーケットで、アリソンの娘は母親にせがんだ。そのゲームとは、ある棚の前に立って、子供が適当に製品を指差すと、母親がその製品にまつわる短い話をするというものだ。

　棚に並ぶさまざまな製品が、最適化された味や中身、外観、パッケージ、場所、ブランド拡張、宣伝、広告などにおいて、RDEの恩恵を受けてきたことは驚くまでもない。RDEを使用しなかった製品は結局シェアを失い、棚から消えたり、低い棚に移されたり、ランキング調査で最下位になったりした。RDEを使ってひと財産を築いたアリソンは、この最高の「ビジネスの秘訣」を他の人にも伝えなくてはならないと感じていた。彼女は多くの時間をかけて、同僚や、より広いコミュニティにアイディアを広めた。そして今では、誇らしげにその活動の成果を列挙できるようになっている。

　アリソンはこのゲームを静かに楽しんでいる。娘はこのゲームほどは、母親の専門的、財務的、社会的地位に感銘を受けていない。子供たちは置かれている環境に慣れてしまい、両親は「話す付属品」程度の存在でしかないようだ。

　「これもママがつくったの？　昨日のテレビで見たよ！」
　「私ではなく、ジョンの会社のものよ。ただし、ジョンがRDEの長所を説明していたのは覚えているわ」
　「ジョンってだれ？」
　「フォーチュン500に入る企業のCEOで、とても成功している人よ」

小さな起業家としてスタートしたアリソンは、成功する味覚、外見、パッケージ、その他の特徴について実験しながら、その斬新な製品で市場に地位を築こうとしてきた。RDEは、彼女が大企業と競う際の助けとなり、何度も勝利をもたらした。最初は望ましい結果が得られなくても、繰り返し実験をするのは非常に簡単だった。

　アリソンの小さなベンチャー企業は多国籍企業へと成長し、他の分野にも素早く進出している。名誉あるビジネスクラブに所属する彼女の友人の多くは、RDEというアイディアを採用し、テレビ番組、教育、ウェブのコンテンツの最適化などへと拡張して使っている。

　皆さんも、ぜひ実際に試していただきたい。実際にRDEを使ってみれば、不可能だと思っていたアイディアが実現するかもしれない。★

★　RDEについてさらに詳しく知りたい方はウェブサイト www.SellingBlueElephants.com を参照。

謝辞

　本の執筆はもちろんのこと、コラムの執筆でさえ、独力では成しえないものだ。私たちもすばらしい人々に協力していただいたことに心から感謝の意をお伝えしたい。

　モスコウィッツ・ジェイコブズのきわめて有能な技術チームの面々、マンドゥ・マンチャニア、ジョン・マー、プラサド・ツンガターティに感謝の言葉を述べたい。彼らはRDEのためにIdeamap.Net®ツールを考案し、何度も検証を重ね、世界のどこからでも誰でもRDEのプログラムにアクセスし利用できるようにした。その尽力により、世界中の多数の企業のマーケティングや販売目標の達成をサポートした。

　エジンバラにあるフィリップス・デザインのマルコ・ベベロにも謝意を述べたい。彼は私たちにインスピレーションを与え続けてくれた。私たちのビジネス・アイディアに対して、ユニークで芸術的で、しばしばまったく新しい観点を提供してくれた。彼はすばらしい友人であり、かけがえのない同僚である。

　私たちは非常に啓発に満ちた2年間を過ごしたが、その間ずっと一緒に取り組んだウォートン・スクール・パブリッシングのチームの皆様にもお礼を申し上げたい。彼らはアイデア、インスピレーション、アドバイス、教えを次々と提供し、楽しい話し相手にもなってくれた。特に次の3人にはお世話になった。

　ウォートン大学のジェリー・ウィンド教授は、メンターとして、本書の執筆と新しい応用の検討において私たちを導いてくれた。他では得られないインスピレーションを与えてくれたことに、心からお礼を申し上げたい。

　ウォートン・スクール・パブリッシングのティム・ムーアは、励ましの言葉やアドバイスをくれただけでなく、何よりも頼りになる存在だった。適切な言葉づかいやバランスや方向性をめぐって私たちが苦

しんでいるときに、何度もやる気を引き出してくれた。惜しみなく与えてくれたご指導に本当に感謝している。

ウォートン・スクール・パブリッシングのマーサ・クーリーは、出版の複雑な部分において、私たちの案内人であり、参考書のような存在であった。私たちはいつも彼女のアドバイスや視点、出版業界に関する指示を頼りにした。一緒に働けて本当にありがたかった。

それから、実際に本書をまとめ、広報活動を行い、執筆や編集の間、私たちが足並みをそろえて取り組めるようにしてくれた人々抜きに、謝辞を締めくくることはできない。編集アシスタントのパム・ボーランド、ディベロップメント・エディターのラス・ホール、マーケティング・ディレクターのエイミー・ファンドリー、マーケティング・コーディネーターのメガン・コルヴィン、プロダクション・エディターのマイケル・サーストン、カバーデザイナーのアラン・クレメンツ、コピーライターのビル・カマーダ、コピー・エディターのクリスタ・ヘンシング、校正をしてくれたウォーター・クレスト・パブリッシングのサラ・キアンズにお礼を申し上げたい。

追悼

キャスリーン・マクダネル（1949〜2007年）は、友人であり、同僚であり、初期の支援者であり、RDEの忠実なパトロンだった。キャンベル・スープでの機会に恵まれたのは、ほかでもない彼女のおかげである。私たちがRDEをさらに進化させて今日の姿にすることができたのは、このときのプレゴの成功によるものだ。心より哀悼の意を伝えたい。

ハワード・モスコウィッツ
アレックス・ゴフマン

訳者あとがき

　21世紀は情報の時代だ。情報を入手するためのツールも着実に進化している。難解なプログラミング言語を知らなくても、パソコンを難なく操作しウェブ情報にアクセスし、高度な専門知識がなくても、消費者調査や統計処理ができる。

　本書で紹介した「RDE（Rule Developing Experimentation）」も、そうした便利な調査ツールの1つだ。インターネットも活用しながら、調査の設計、被験者の募集、データの集計、統計解析などの一連のプロセスを手順に沿って手軽に安価に実施し、意思決定に必要な勝利の法則（被験者に支持される要素）を導き出すというものだ。コスト面や統計知識の面で敷居が高くて、うまく調査を活用できずにいる方には朗報だろう。

　RDEの特徴は、コンジョイント分析ならではの複数要素の組み合わせをテストすることに加えて、その応用範囲の広さにある。本書で紹介されている調査テーマも、製品開発、ビジュアル・デザイン、競合分析など多岐に渡る。事例に取り上げられた企業も、食品、エレクトロニクス製品、金融機関、出版などさまざまだ。さらにマーケティングの枠を越えて、企業の危機管理、世論や株式市場への影響予測への応用も試みられている。それでいて、いずれの場合もツールの使い方やプロセスはほぼ同じで、いたってシンプルなのだ。

　「RDEは使い方によって、いかようにも有効な意思決定ツールとなる」という作者の強いメッセージが端的に表わされているのが、章末に出てくる起業家アリソンのストーリーだろう。アリソンはアメリカン・ドリームを果たしていく過程で、消費者や有権者の顕在的・潜在的な心理を理解するためにRDEを

駆使し、意思決定に役立てていく。単なる夢物語ととれるかもしれないが、それだけではない。簡単に使えるツールであればあるほど、使う側の力量、つまり企画構想力、クリエイティビティ、応用力が試され、それがアウトプットの差につながることが示されている。それは情報時代に生きる私たちにとっての重要なメッセージだ。

　本書は多くのリサーチ専門書と違って、難しい統計用語はほとんど出てこない。所々に挿入されているコラムや小話は筆者のユーモア感覚がにじみ出ていて、読み物としても楽しめる。同時に、企業の活用事例は非常に示唆に富み、実務現場で活用できそうな場面が浮かんでくるのではないだろうか。リサーチの初心者から経験者まで、さまざまな分野で情報活用が必要な方に読んでいただき、実務におけるヒントとしていただければ幸いである。

　本書の選定や出版にあたって、英治出版の高野達成氏に大変お世話になった。内容面のフィードバックだけでなく、冒頭に出てくるサムに負けない情熱で、どれだけ読みやすい横書きの本にできるかでレイアウト面の試行錯誤もしていただいた。改めて感謝の意を表わしたい。

2008年5月　渡部典子

● 著者紹介

ハワード・モスコウィッツ
Howard Moskowitz

1981年設立のモスコウィッツ・ジェイコブズ・インクのCEO（最高経営責任者）兼社長。著名な実験心理学者で、世界有数の市場調査技術の開発者でもある。ニューヨーク市立大学クイーンズ校で数学と心理学の学位を取得し、学業優秀者に贈られるPhi Beta Kappa（ファイ・ベータ・カッパ）を受賞。1967年にハーバード大学で実験心理学の博士号を取得。著書や編著は16冊、寄稿は300以上、主要雑誌の編集委員にも名を連ねている。科学や市場調査の学会での幅広い講演活動や、トップ・ビジネススクールや大学の食物科学部の客員講師として活躍している。David R. Peryam Lifetime Achievement Award (American Society for Testing and Materials) や、製品開発、顧客のコンセプト、パッケージデザインの最適化などの分野での貢献を評価されて、市場調査のノーベル賞に相当するCharles Coolidge Parlin Award（American Marketing Association）や、最もイノベーティブな調査に贈られる2006 ARF Innovation Award など数々の賞を受賞している。過去二年間、モスコウィッツはABCのニュース番組「NewsNow」で飲食料業界の若い起業家を取り上げる10分間のコーナーのホストを務めている。

アレックス・ゴフマン
Alex Gofman

モスコウィッツ・ジェイコブズ・インクのバイスプレジデント兼CTO（最高技術責任者）。世界で名立たる市場調査技術の共同開発者で、実験心理学とコンピュータ科学の両分野にまたがる研究業績で知られる。1992年に入社して以来、新しい技術やアルゴリズム、ソフトウエア・アプリケーションの開発を指揮してきた。食品データベース Ideamap® の設計者でもある。以前は、アメリカと東欧でハイテク・ソフトウエア開発の国際的企業で勤務していた。執筆・共同執筆した論文は30を数え、18の特許を保有している。コンセプト・リサーチの書籍で貢献し、世界中の国際会議で論文を発表し、いくつもの賞の候補者となった。ウクライナ出身のゴフマンは、1981年にドネツク国立工科大学のコンピュータサイエンス学部を主席で卒業し修士号も取得している。

● 訳者紹介

渡部典子
Noriko Watanabe

お茶の水女子大学修了。慶應ビジネススクールでMBA取得。高校教員、研修・出版業務を経て独立。ビジネス書の翻訳・編集・執筆、研修講師、コンサルティング等を行う。翻訳書『ブランド・ストレッチ』、共訳書『石油　最後の1バレル』『グラミンフォンという奇跡』（以上、英治出版）、共著『新版MBAマネジメント・ブック』（ダイヤモンド社）などがある。

● 英治出版からのお知らせ
弊社ウェブサイト（http://www.eijipress.co.jp/）では、新刊書・既刊書のご案内の他、既刊書を紙の本のイメージそのままで閲覧できる「バーチャル立ち読み」コーナーなどを設けています。ぜひ一度、アクセスしてみてください。また、本書に関するご意見・ご感想を E-mail（editor@eijipress.co.jp）で受け付けています。たくさんのメールをお待ちしています。

モスコウィッツ博士のものづくり実験室
「心の中の商品」を作ろう！

発行日	2008年 5月30日 第1版 第1刷
著者	ハワード・モスコウィッツ、アレックス・ゴフマン
訳者	渡部典子（わたなべ・のりこ）
発行人	原田英治
発行	英治出版株式会社 〒150-0022 東京都渋谷区恵比寿南 1-9-12 ピトレスクビル 4F 電話 03-5773-0193　　FAX 03-5773-0194 http://www.eijipress.co.jp/
プロデューサー	高野達成
スタッフ	原田涼子、秋元麻希、鬼頭穣、大西美穂、岩田大志、藤竹賢一郎 松本裕平、浅木寛之、佐藤大地、坐間昇
印刷・製本	大日本印刷株式会社
装丁	長島真理

Copyright © 2008 Noriko Watanabe
ISBN978-4-86276-020-3　C0034　Printed in Japan

本書の無断複写（コピー）は、著作権法上の例外を除き、著作権侵害となります。
乱丁・落丁本は着払いにてお送りください。お取り替えいたします。

● 英　治　出　版　の　本　　好　評　発　売　中 ●

石油　最後の1バレル
著者：ピーター・ターツァキアン
訳者：東方雅美・渡部典子
四六判　上製　384ページ　本体 1,900 円＋税

グラミンフォンという奇跡
「つながり」から始まるグローバル経済の大転換
著者：ニコラス・P・サリバン
訳者：東方雅美・渡部典子
四六判　上製　336ページ　本体 1,900 円＋税

チョコレートの真実
著者：キャロル・オフ
訳者：北村陽子
四六判　並製　384ページ　本体 1,800 円＋税

未来をつくる資本主義
世界の難問をビジネスは解決できるか
著者：スチュアート・L・ハート
訳者：石原薫
四六判　上製　352ページ　本体 2,200 円＋税

ワールドインク
なぜなら、ビジネスは政府よりも強いから
著者：ブルース・ピアスキー
訳者：東方雅美
四六判　上製　352ページ　本体 1,900 円＋税

ディープエコノミー
生命を育む経済へ
著者：ビル・マッキベン
訳者：大槻敦子
四六判　上製　336ページ　本体 1,900 円＋税

インドの虎、世界を変える
超国籍企業 ウィプロの挑戦
著者：スティーブ・ハーン
訳者：児島修
四六判　上製　320ページ　本体 1,800 円＋税

感じるマネジメント
編著者：リクルートHCソリューショングループ
四六判　並製　224ページ　本体 1,300 円＋税

ビジョナリー・ピープル
著者：ジェリー・ポラス ほか
訳者：宮本喜一
四六判　上製　408ページ　本体 1,900 円＋税

芸術の売り方
劇場を満員にするマーケティング
著者：ジョアン・シェフ・バーンスタイン
訳者：山本章子
四六判　上製　336ページ　本体 2,400 円＋税

シンクロニシティ
未来をつくるリーダーシップ
著者：ジョセフ・ジャウォースキー
訳者：野津智子
四六判　上製　336ページ　本体 1,800 円＋税

ダイアローグ
対立から共生へ、議論から対話へ
著者：デヴィッド・ボーム
訳者：金井真弓
四六判　上製　200ページ　本体 1,600 円＋税

勇気ある人々
著者：ジョン・F・ケネディ
訳者：宮本喜一
四六判　上製　384ページ　本体 2,200 円＋税

「社会を変える」を仕事にする
社会起業家という生き方
著者：駒崎弘樹
四六判　並製　256ページ　本体 1,400 円＋税

● Business, Earth, and Humanity.　www.eijipress.co.jp ●